DELIUS KLASING

JÖRG-M. HORMANN

Flugschiff DO-X

DIE CHRONIK

DELIUS KLASING VERLAG

Die Abbildungen auf dem Bucheinband zeigen:
Kurz vor dem Abheben: Flugschiff DO-X »auf Stufe«
auf dem Bodensee im Oktober 1930 (Vorderseite).
Das Flugschiff DO-X vor der Skyline von Manhattan kurz
vor der Wasserung vor der Battery von New York
am 27. August 1931 um 11.20 Uhr Ortszeit
(Rückseite, zeitgenössischer Titel der Zeitschrift »Aero-Revue«).

Bibliografische Information der Deutschen Nationalbibliothek
Die Deutsche Nationalbibliothek verzeichnet diese Publikation in der
Deutschen Nationalbibliografie; detaillierte bibliografische
Daten sind im Internet über »http://dnb.d-nb.de« abrufbar.

1. Auflage
ISBN 3-7688-1841-1
ISBN 978-3-7688-1841-4

Einbandgestaltung und Layout: Ekkehard Schonart
Reproduktionen: scanlitho.teams, Bielefeld
Druck: Westermann Druck, Zwickau
Printed in Germany 2006

Delius Klasing Verlag, Siekerwall 21, D - 33602 Bielefeld
Tel.: 0521/559-0, Fax: 0521/559-115
E-Mail: info@delius-klasing.de
www.delius-klasing.de

Inhalt

Einleitung

Hier entstand die DO-X im Kopf und am Zeichenbrett. Nach der Fertigstellung in der Werft der Dornier AG im schweizerischen Altenrhein überfliegt das größte Flugzeug seiner Zeit die Dornier-Werft von Manzell bei Friedrichshafen im Sommer 1929. Dort agierte die Konstruktionsabteilung der Dornier-Flugschiffe vom Typ DO-X.

Als sich das zwölfmotorige Flugschiff Dornier DO-X am Freitagmorgen des 12. Juli 1929 erstmals vom Wassersog des Bodensees löst und in sein zweites Element, die Luft startet, staunt die Welt: Rund 50 Tonnen Masse zum Fliegen zu bringen, hielt man vor über 75 Jahren für unmöglich. Und damit über den Atlantik nach Amerika zu fliegen erst recht. Claude Dornier (1884–1969) steht mit seiner Konstruktion der DO-X – einem Meilenstein deutscher Luftfahrttechnik und -geschichte – am Anfang der Entwicklung des Luftverkehrs. Sein Flugschiff war am Ende der zwanziger Jahre des 20. Jahrhunderts ebenso ein Technologiesprung, wie wir ihn aktuell mit dem Airbus A 380 erleben.

Seit September 1924 beschäftigte sich Claude Dornier mit Entwürfen für zivile Riesenflugzeuge. Nach seiner Überzeugung würden zukünftig nur große Flugzeuge mit hoher Zuladekapazität von Passagieren und Fracht wirtschaftlich fliegen können. Seine Visionen des Luftverkehrs entsprachen durchaus der Realität von heute, allerdings mit einem bemerkenswerten Irrtum: Dem Landflugzeug mit Räderfahrwerk gab er keine Chance für den Transatlantikverkehr zwischen Europa und Amerika. Da die Flugzeugmotoren der damaligen Zeit ihre »Mucken« hatten und die Sicherheit einer möglichen Wasserlandung auf den weiten Atlantikrouten gewährleistet sein musste, kamen für Dornier nur Flugschiffe oder -boote infrage.

Am 19. Dezember 1927 begann die Fertigung der DO-X im modernsten Flugzeugwerk Europas. Bedingt durch Beschränkungen des Versailler Vertrages, war Dornier für den Bau seines visionären Flugzeuges gezwungen, in die Schweiz auszuweichen und ließ in Altenrhein am Bodenseeufer eine Flugzeugfabrik für die Serienfertigung des Flugschiffes errichten. Dort öffnete sich dann knapp zwei Jahre später das riesige Hallentor für die Erstvorstellung der technischen Sensation des Jahres 1929: der DO-X.

Der erste »Jumbo« der Luftfahrtgeschichte hatte drei Decks: unten das Betriebsdeck mit Benzintanks, darüber das Fluggastdeck mit geräumiger Kabine für die Passagiere und das Kommandodeck mit Führer-, Navigations- und Funkraum. Das alles in einem relativ schlanken, scharf gekielten Schiffskörper. Zwei ausladende Seitenstummel als Auftriebshilfen in der Luft und zur Seitenstabilität beim Rollen auf dem Wasser sowie die große, durchgehende, mit den Stummeln verstrebte Tragfläche des Schulterdeckers mit der Antriebsanlage komplettierten den Entwurf von Claude Dornier.

103 Erprobungsflüge – darunter ein Rekordflug mit 169 Personen an Bord – mit den zwölf luftgekühlten Siemens-Jupiter-Sternmotoren zeigten ein Motorenfiasko. Die Motoren waren für den Dauerbetrieb stundenlanger Flüge zu schwach, und die hintere Motorenreihe hatte erhebliche Kühlprobleme. Da in Deutschland die notwendigen Triebwerke nicht gebaut werden durften, halfen die Amerikaner, und der Flugmotorenhersteller Curtiss verlieh zwölf seiner nagelneuen flüssigkeitsgekühlten Conqueror-Reihenmotoren an Dornier. Damit konnte das Flugschiff am 5. November 1930 zu seinem Überführungsflug in die USA starten.

Der ersten Flugetappe vom Bodensee nach Amsterdam sollten als weitere Ziele Southampton, Le Havre, La Coruña, Lissabon, die Azoren und Bermudas und schließlich das Endziel New York folgen: Noch ahnte keiner, dass aus dem geplanten Flug von etwa drei Wochen eine eineinhalbjährige Odyssee werden würde.

Bis zur Rückkehr auf den Müggelsee bei Berlin am 24. Mai 1932 erlebten die Beteiligten Höhen und Tiefen: eine abgebrannte Tragfläche in Lissabon, die Havarie mit den Atlantikwellen in der Gando-Bucht auf Gran Canaria, über 20 verzweifelte Startversuche im schwülen Klima der westafrikanischen Küste bei Bolama und die glückliche Überquerung des Südatlantiks. Die Auswirkungen der Weltwirtschaftskrise brachten das Unternehmen mehrmals in die Nähe des Scheiterns.

Symbolhaft für das »Leben« des Flugschiffes Dornier DO-X: Internationale Präsentation einer Lösung für den Transozeanflugverkehr der Zukunft, faszinierende Sensation für eine technikbegeisterte Welt, knochenharte Arbeit und Stress ohne Ende bei Bau und Erprobung der DO-X für alle Beteiligten. Von links nach rechts: Kommandant Friedrich Christiansen in Dornier-Uniform, begeisterte Besucherin während des Detuschlandfluges im Sommer 1932 und Navigationsoffizier Wilhelm Niemann im verölten Arbeitsoverall.

Nach dem Hopping an der südamerikanischen Küste und in der Karibik von Rio de Janeiro bis Antilla de Cuba kam endlich Nordamerika und schließlich New York in Sicht. Am 27. August 1931 erfolgte die Landung vor der Battery von Manhattan: großer Jubel der Amerikaner und vielfache Ehrungen der DO-X-Besatzung mit allen Höhepunkten. Man war am Ziel und hoffte nun auf die Charter- und Bauaufträge für die Flugschiffsflotten der Zukunft. Doch nichts geschah. Vom Souvenirverkauf und Besichtigungseintritt konnte die Besatzung in New York nicht leben, und sie fuhr mit dem Dampfer nach Hause.

Nach dem Winterlager begann der Rückflug von New York nach Deutschland am 19. Mai 1932. Diesmal über den Atlantik mit den Stationen Neufundland, Azoren, Vigo, Calshot bei Southampton und Berlin.

Die Berliner, genauso begeistert wie die New Yorker, bereiteten »ihrer« DO-X einen rauschenden Empfang. Der folgende »Deutschlandflug« sorgte dafür, dass Großeltern noch heute über das dröhnende Flugschiff mit glänzenden Augen berichten können. Nahezu eine Million Menschen an 26 Reisestationen besichtigten die technische Sensation der Zeit, und der Trubel sollte 1933 unter der Regie der Deutschen Luft Hansa weitergehen. Doch ein Landeunfall in Passau riss dem Flugschiff das Leitwerk ab, und Dorniers Flugschiffsidee schien sich überlebt zu haben. So landete die DO-X in der Deutschen Luftfahrtsammlung in Berlin, wo sie bei einem Bombenangriff im Frühjahr 1944 völlig zerstört wurde.

September 1924 bis Juni 1929

Vom Zeichenbrett in die Werkhalle

Bereits die Ideen des Grafen Zeppelin von 1914 für ein riesiges Amerika-Luftschiff aus Metall, das den Atlantik überqueren sollte, faszinieren und beschäftigen Claude Dornier. Der junge Konstrukteur in der Versuchsabteilung der Luftschiffbau Zeppelin GmbH in Friedrichshafen erhält vom Grafen Zeppelin den Auftrag zur Konstruktion von Riesen-Flugbooten. Damit ist Dornier am Beginn seiner ureigenen Zukunft angekommen. Seine Vision für die nächsten zwei Jahrzehnte ist in einem Satz zusammengefasst: »Mit einem Fluggerät für die Verkehrsluftfahrt über den Atlantik.« Für ihn nur als Flugboot oder besser Flugschiff aus Metall denkbar, das Fracht oder Passagiere über große Strecken rentabel zu transportieren hat – revolutionäre Luftfahrtgedanken in der flugzeugtechnischen Welt seiner Zeit. Der Weg dorthin, zum Flugschiff DO-X, ist geprägt von deutscher Zeitgeschichte im Jahrzehnt nach dem Ersten Weltkrieg.

Das Flugschiff hat Priorität. Claude Dornier (14.05.1884–05.12.1969), genialer Kopf der DO-X und geschickter Unternehmer, Mitte der 1920er-Jahre an seinem Schreibtisch in Friedrichshafen-Manzell.

1924

27. September, Sonnabend

Mit 48 Metern Spannweite, einer Länge des Bootsrumpfes von 39 Metern und zwölf Motoren in sechs Gondeln gilt Claude Dorniers Entwurf P 1190 als Ursprung der DO-X.

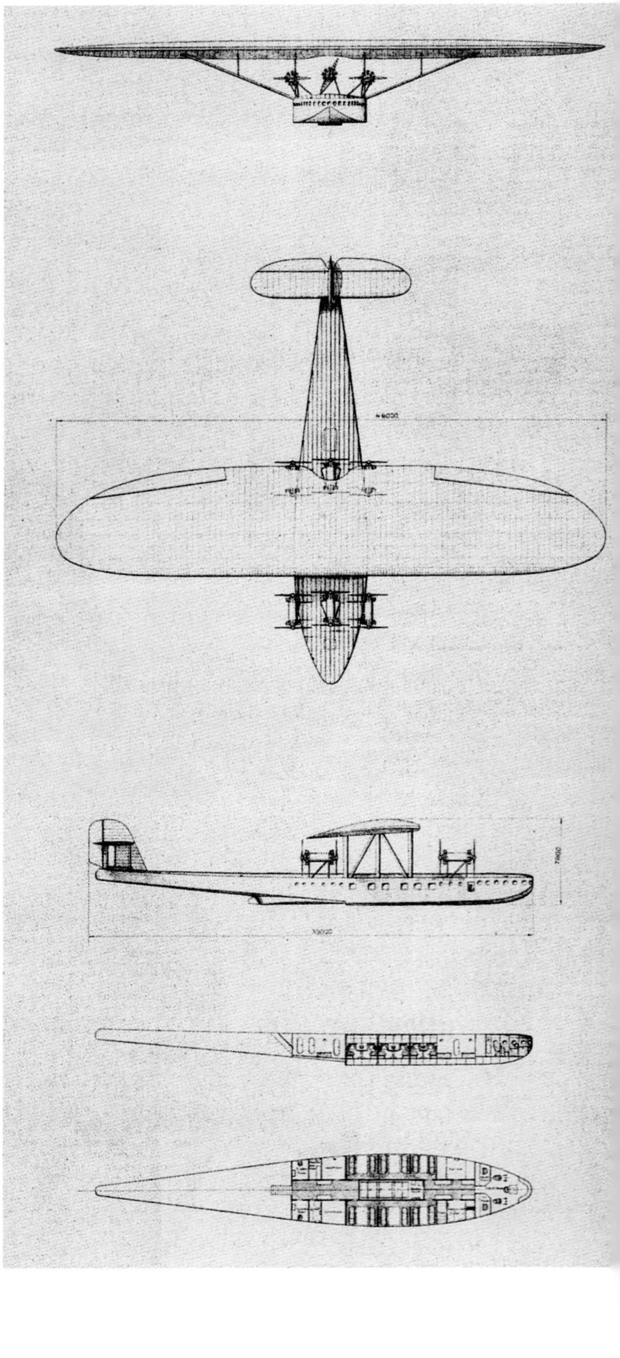

DO-X-Ursprungsentwurf »Dornier Metall-Riesenflugboot für Verkehrszwecke 5000–6000 PS«. Dieser Entwurf P 1190 steht am Anfang eines »Riesenflugboot«-Projektes bei Dornier. Heinrich Schulte-Frohlinde (1887–1965), einer der wichtigen Ingenieure in der Geschichte des Flugschiffes, bringt es später auf den Punkt: »... *Dr. Dornier wollte ein Flugzeug schaffen, welches das Zeppelin-Luftschiff ersetzt und sicher die Ozeane bezwingen kann.«* Bis auf die sechs Motorengondeln mit jeweils zwei Motoren und die Riesen-Dimensionierung hat der Entwurf noch keine konstruktive Ähnlichkeit mit der späteren DO-X. Fünf Jahre weiter bezeichnet Claude Dornier (1884–1969) den Entwurf P 1190 als Ursprung des Flugschiffes. Mit dem Bezeichnungskürzel »R« für Riesen, zum Beispiel »R-Flugboot«, arbeitete Dornier bereits beim Zeppelin-Werk Lindau GmbH in Reutin Anfang 1918.

Ende des Jahres

Nach Eingliederung des Reichsluftamtes in das Reichsverkehrsministerium (RVM) wird Ministerialdirigent Dr. Ernst Brandenburg (1883–1952) Leiter der Abteilung Luftfahrt im RVM. Mit dem preußischen Tapferkeitsorden Pour le Mérite ausgezeichnet, war Brandenburg im Ersten Weltkrieg Geschwaderkommandeur des »Bogohl 3«, des dritten Bombengeschwaders der Obersten Heeresleitung, einem der wenigen deutschen Kampfgeschwader. In den nächsten Jahren ist Brandenburg die Schlüsselstelle bei der Vergabe von Reichsmitteln für innovative Flugzeugtechnik und Luftverkehrsentwicklung. Mit Brandenburgs Eintritt in das Ministerium wird Albert Mühlig-Hofmann (1886–1980) einer der wichtigen Mitarbeiter in seiner Abteilung. Bei der Einsetzung Hermann Görings als Reichskommissar für die Luftfahrt, am 30. Januar 1933, ist die Luftfahrtabteilung des RVM die Keimzelle des späteren Reichsluftfahrtministeriums (RLM), dann jedoch ohne Ministerialdirektor Brandenburg. Sein Engagement für den »Sturmvogel«, den »Fliegerbund der Werktätigen«, nehmen die Nazis Ernst Brandenburg besonders übel. Dieser äußert sich über seinen Widerpart Göring 1932: *»… von diesem Putschisten halte ich nicht viel. Ein ungeeigneter Mann an einem für ihn ungeeigneten Platz.«* Brandenburg wird in die ihm wesensfremde Wasserstraßenabteilung des RVM versetzt. Ministerialrat Mühlig-Hofmann darf dagegen seine Karriere im RLM fortsetzen.

1925

Die Dornier Metallbauten GmbH Friedrichshafen mit etwa 400 Mitarbeitern steckt in finanziellen Schwierigkeiten. Bei geringer Produktionsauslastung ist ein Darlehen des Reichsverkehrsministeriums von mehreren hunderttausend Reichsmark zur Rückzahlung fällig. Gesellschafter der D.M.B. sind die Luftschiffbau Zeppelin GmbH (56,6 Prozent), Aero Union, später Luft Hansa (33,3 Prozent) und Claude Dornier als Privatier (10,1 Prozent). Von November 1924 bis Mitte 1925 ist Claude Dornier für sieben Monate auf Geschäftsreise in Japan.

Vermutlich im Juli

Initialgespräch zwischen Claude Dornier, Fregattenkapitän Rudolf Lahs (1880–1954), seit Juni 1925 Leiter des Referates A II in der Seetransportabteilung des Reichsmarineamtes in Berlin, und einem »geheimnisvollen unbekannten Marinemann«. Falls Dornier »ein ganz großes Boot« konstruieren und bauen würde, stünden ihm alle nötigen Geldmittel zur Verfügung. Dieses Angebot macht vermutlich Kapitän zur See Walter Lohmann (1878–1930), der Chef der Seetransportabteilung. Claude Dornier schildert 30 Jahre später die Begegnung:

»Lahs stellte mich vor. Er sprach den Namen des Herrn so undeutlich aus, dass ich denselben nicht verstehen konnte. Ich nenne ihn den ›Unbekannten‹. Er beteiligte sich sofort an unserem Gespräch. ›Na, Herr Dornier‹, sagte er, ›wie viele Millionen brauchen Sie denn, um uns ein großes, schönes Schiff zu bauen?‹ Ich konnte diese Frage natürlich nicht aus dem Stegreif beantworten und meinte nur, dass es viel Geld und Zeit erfordern würde,

Ernst Brandenburg, hochdekorierter Weltkriegsflieger, wird in den 1920er-Jahren das Zünglein an der Waage bei der staatlichen Mitsprache in der deutschen Luftfahrtentwicklung.

Claude Dornier entwirft das Flugschiff DO-X und lässt es Realität werden; hier in Manzell im Herbst 1925.

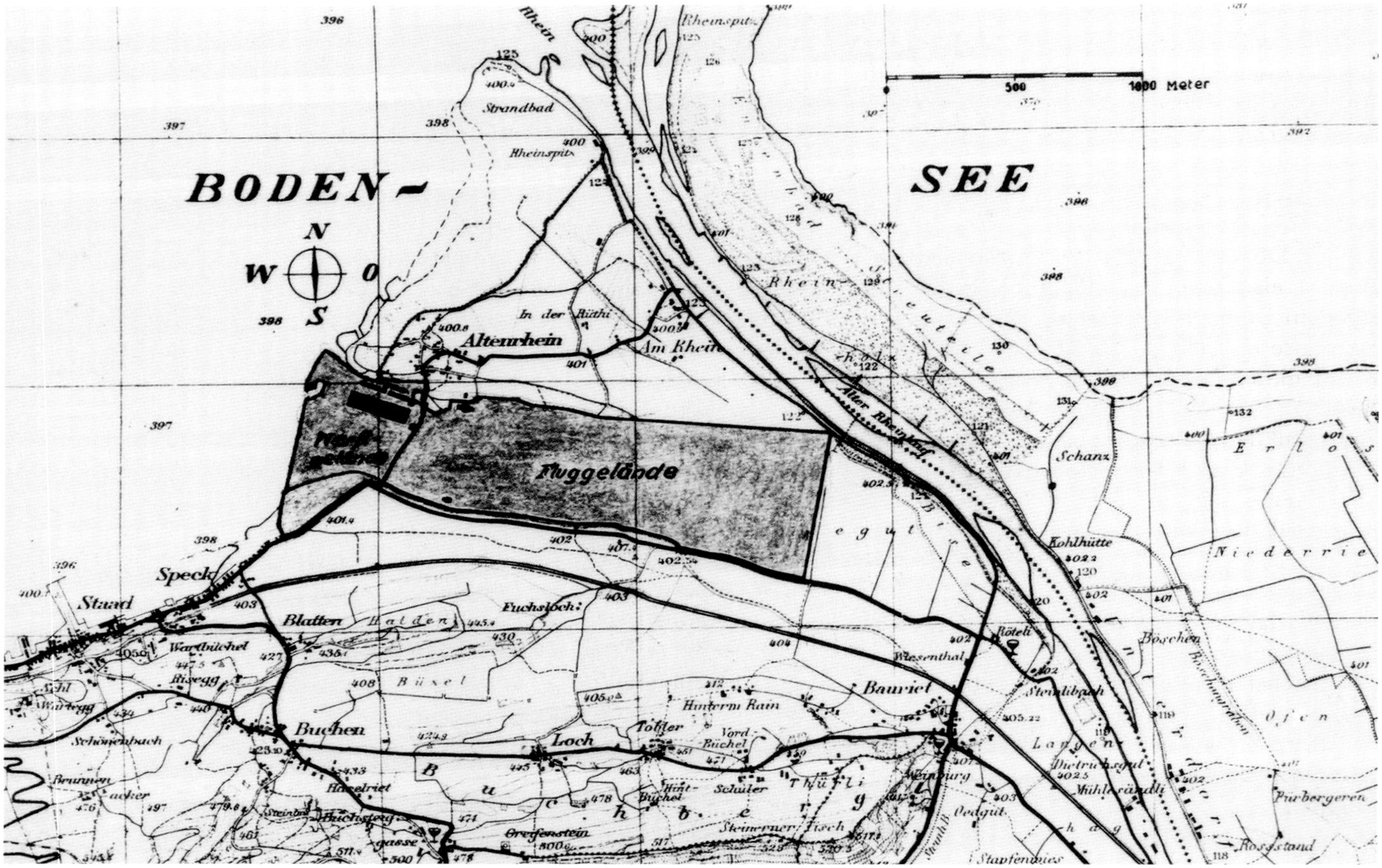

Übersicht des Areals in Altenrhein mit der Flugplatzerweiterungsfläche.

um eine derartige Aufgabe zu bewältigen. ›Das Geld ist da‹, antwortete er. ›Aber hätten Sie den Mut, sich an die große Aufgabe zu wagen?‹ Ich antwortete ihm, dass ich mir keine schönere Aufgabe vorstellen könnte und auch des Glaubens wäre, dieselbe zu bewältigen. Mit dem Geld alleine wäre es aber nicht getan. Ich würde dazu auch noch Vertrauen und Zeit brauchen. ›Das sollen Sie beides bekommen‹, meinte der Unbekannte. Ich kam mir vor wie Hans im Glück. (…) Der Unbekannte schüttelte mir die Hände und empfahl sich. Ich habe ihn nie wiedergesehen. Lahs überhörte meine Frage, woher das Geld käme. ›Sie werden mit dem Verkehrsministerium einen Vertrag machen, und von dieser Stelle aus fließt Ihnen das Geld zu. Fragen Sie nicht weiter.‹« Ob die Reichsmarineleitung als alleiniger Auftraggeber der DO-X gesehen werden kann, ist bis heute nicht eindeutig geklärt. Auf Vorschlag des Reichswehr- und des Reichsfinanzministeriums stellt das Reichsverkehrsministerium die versprochenen Mittel aus seinem Etat zur Verfügung. Mit ihm schließt Claude Dornier die entsprechenden Verträge über anfangs 3,5 Millionen Reichsmark ab. Davon sind zwei Millionen für den Bau der neuen Flugzeugfabrik und 1,5 Millionen für die Produktion des ersten Flugschiffes vorgesehen. Als Einsatzrolle des »Riesenflugbootes« sieht die Reichsmarine ein »seefähiges Versuchsboot größtmöglichen Ausmaßes, das als Fernaufklärer, Minenleger oder Torpedoträger Verwendung finden soll«.

Im September

Claude Dornier lässt für das Riesenflugboot-Projekt eine besondere Planungsgruppe mit eigenem Büro im Dornier-Werk Manzell am Bodensee einrichten. Daraus wird später die Konstruktionsabteilung des Flugschiffes Typ DO-X.
Zum Kalkül des Denkens bei der Planung und Produktion der DO-X gehört ein ausgeprägter Sicherheitsanspruch. Nur Erprobtes und Bewährtes darf verwendet werden – keine Experimente bei der Konstruktion und dem Bau des Bootes und der verwendeten Materialien, Teile und Verfahren. Gefühl oder vermeintliche Erfahrungen, in der stürmischen Luftfahrttechnik zwischen den Weltkriegen noch übliche Entscheidungskriterien, haben bei der DO-X keinen Platz. »Errechnen und Erproben über 100 Prozent hinaus« heißt die Devise.

Im Dezember

Auswahl und Kauf eines günstigen Grundstücks am schweizerischen Bodenseeufer im Delta des alten Rheinlaufes in Altenrhein. Durch die Beschränkungen des Versailler Vertrages muss das neue Flugzeugwerk im Ausland, in der Schweiz, entstehen. Die Reichsmarine will dort später auch die Waffenerprobung für das Flugschiff vornehmen. Der kleine Ort für das geplante neue Flugzeugwerk liegt etwa zwölf Kilometer von Rorschach entfernt. Im Nachbarort Staad, etwa vier Kilometer entfernt, ist das nächste Postamt.

1926

Anfang des Jahres

Gründung der Aktiengesellschaft für Dornier-Flugzeuge im schweizerischen Thal zum Zweck der Errichtung einer Flugzeugfabrik und eines Flugplatzes (ab 1928) in Altenrhein. Mithilfe des Schweizer Industriellen Jacob Schmidheiny II. (1875–1955) initiiert Claude Dornier die Gründung der Aktiengesellschaft, kurz Do-Flug AG genannt. Vom anfänglichen Aktienkapital über 3 150 000 Schweizer Franken hält das Deutsche Reich 51 Prozent, 49 Prozent teilen sich zur Hälfte Dr. Claude Dornier und die Dornier Metallbauten GmbH. Diese 49 Prozent sind ein zinsloses, bis zum 31. Dezember 1935 unkündbares Reichsdarlehen. Mit den zu erwartenden Dividenden der Aktienanteile soll das Darlehen zurückgezahlt werden. Eine durch »Unvorhergesehenes« erzwungene Kapitalerhöhung von 1 650 000 Schweizer Franken im Jahre 1928 beschert dem Reich 76 Prozent Aktienmajorität. Claude Dornier und die Dornier Metallbauten GmbH teilen sich die restlichen 24 Prozent. Marcel Dornier (1893–1988), jüngster Bruder von Claude Dornier, entwirft das Firmensignet der Do-Flug AG: zwei stilisierte Schwingen über einem Bullauge mit Seehorizont. Die grafische Verbindung von Schiff und Flugzeug ziert später die Bugspitze der DO-X und, vor Anker liegend, die dort zu setzende Kontorflagge als Gösch.

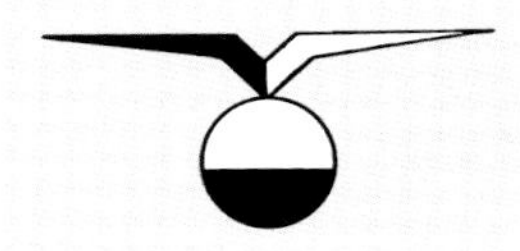

Firmensignet der Do-Flug AG, ein Entwurf von Marcel Dornier. Die stilisierten Schwingen über dem Bullauge zieren später die Bugspitze der DO-X.

Im Frühjahr

Baubeginn des Flugzeugwerkes Altenrhein. Gebaut werden eine freitragende Montagehalle

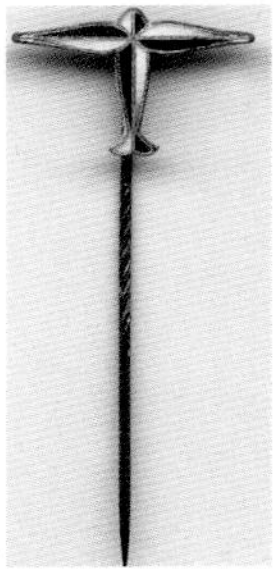

Auch ein Entwurf von Marcel Dornier: Firmensignet der Dornier Metallbauten GmbH als Anstecknadel.

mit 40 x 60 m Grundfläche und gut zehn Metern Durchlasshöhe, eine Bauhalle mit 75 x 60 m Grundfläche und zwei Werkshallen mit je 60 x 60 m Grundfläche in einer Reihe hintereinander für die Serienfertigung. Zusammen mit den Verwaltungsgebäuden entsteht das modernste Flugzeugwerk in Europa. *»Es entstand eine für den Arbeitsfluss wahrhaft vorbildliche Werft, mit einer großzügig ausgeführten Aufschleppanlage auf der Seeseite und einem großen Flugplatz auf der Landseite dieser überzeugend zweckmäßigen Anlage«* (Heinrich Schulte-Frohlinde). Ursprünglich zwei Millionen Reichsmark Bau- und Einrichtungskosten müssen durch diverse Bauschwierigkeiten, zum Beispiel den unerwarteten Anstieg des Bodenseespiegels, um 500 000 Reichsmark aufgestockt werden. Die Gründung der Do-Flug AG in der industriell wenig entwickelten Ostschweiz ist volkswirtschaftlich von erheblicher Bedeutung. Bereits ein Jahr später wird eine eigene Lehrwerkstätte eingerichtet, um die Flugzeugbauer für die DO-X-Fertigung auszubilden. Die Hallen stehen heute noch und gehören zum Gewerbe-»Park Altenrhein« in direkter Nachbarschaft des Flugplatzes und eines Fliegermuseums.

Die Bauweise des Dornier-Werkes in der Schweiz hat sich bewährt. Die Hallen stehen heute noch als Gewerbe-»Park Altenrhein«.

22. Mai, Sonnabend

Pariser Vereinbarungen über Luftfahrt. Nach Unterzeichnung des Versailler Vertrages im Januar 1920 war der Bau von Flugzeugen in Deutschland generell verboten. Zwei Jahre später hoben die Siegermächte das Bauverbot wieder auf und ersetzten es durch die so genannten »Begriffsbestimmungen«. Nun vorgeschriebene Leistungsdaten neuer Flugzeugbaumuster sollten eine militärische Verwendbarkeit ausschließen. Sie vereitelten allerdings auch den Bau international konkurrenzfähiger moderner Verkehrs- und Transportflugzeuge. Erst die »Pariser Vereinbarungen über Luftfahrt« heben viele Beschränkungen für die deutsche Verkehrsluftfahrt und Luftfahrttechnik auf.

Altenrhein aus der Vogelperspektive mit den Werkshallen und dem Werfthafen sowie der DO-X auf dem Bodensee.

Zweiter Entwurf des Metall-Riesenflugbootes, das noch nicht DO-X heißt, mit sechs Motorengondeln für jeweils zwei Motoren.

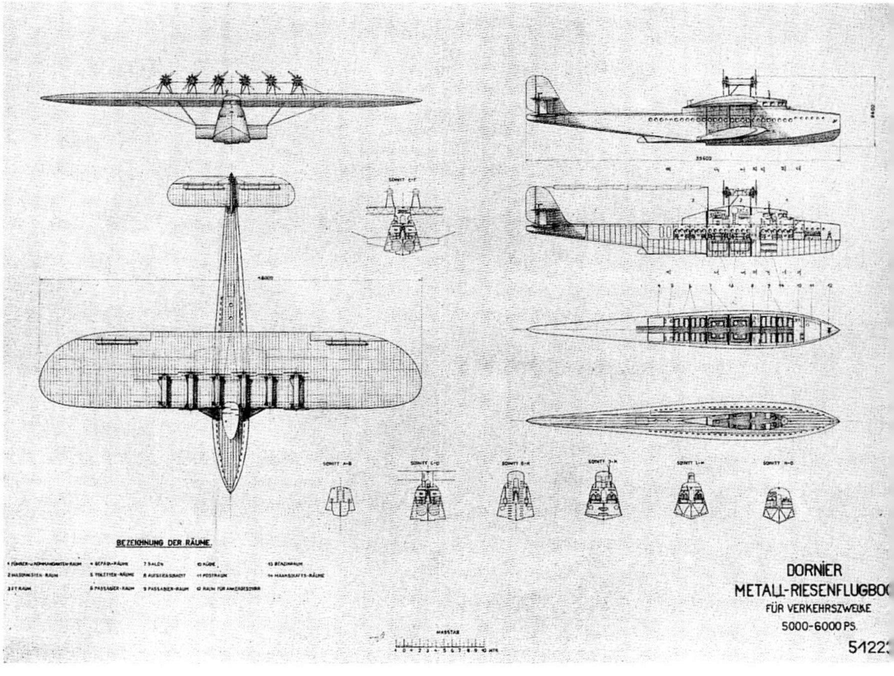

21. Juni, Montag

Zweiter Riesenflugboot-Entwurf. Weiterhin mit *»Dornier Metall-Riesenflugboot für Verkehrszwecke 5000–6000 PS«* titelt die Projektzeichnung 51223 P. Die detaillierte Entwurfszeichnung zeigt jetzt bereits alle Merkmale des späteren Flugschiffes.

1. Oktober, Freitag

Paul Berner wird Betriebsleiter der Do-Flug AG. Seit 15. Januar 1922 Betriebsleiter der italienischen Dornier-Werke in Marina di Pisa, hat Paul Berner (1886–1952) die Costruzioni Meccaniche Aeronautiche Societa Anonima (CMASA) unter schwierigen Verhältnissen auf eine beachtliche Höhe gebracht. Dort lässt Dornier seine berühmten WAL-Flugboote bauen. Als Betriebsleiter der Do-Flug AG leitet Paul Berner maßgeblich Planung und Bau sowie Einrichtung der neuen Flugzeugfabrik und nach Fertigstellung des Werkes den gesamten technischen Betrieb. Die kaufmännische Leitung in Altenrhein obliegt Alfons Keppler.

Betriebsleiter Paul Berner (rechts) und ein nachdenklicher Claude Dornier.

22. Dezember, Mittwoch

Konstruktionsfreigabe des DO-X-Entwurfes. Im Rahmen einer kleinen Feier erfolgt durch Claude Dornier die Konstruktionsfreigabe des leicht modifizierten Projektes 51335 P *»Dornier Metall-Flugschiff Type DO-X 12 x 500 PS«.* Für die erstmals nachweislich verwendete Bezeichnung »DO-X« gibt es später zwei Ableitungen. Zum einen leitet sich die Typbezeichnung von »Dornier« und dem »X« als der unbekannten Größe im technischen Sinn ab. Logischer ist aber der Bezug zur damals bei Dornier-Flugzeugen üblichen Typbenennung durch Großbuchstaben des Alphabets. Das »X« stand in der Reihenfolge der Modellbuchstaben als nächstes. Vereinzelt erhielten die Flugzeugtypen auch noch einen Namen. Die Typbezeichnung DO-X steht bald für sich allein und wird zum Image aufgebaut. Auch der jetzt verwendete Begriff »Flugschiff«, ursprünglich vom Grafen Zeppelin in die Diskussion zum Luftverkehr der Zukunft bereits 1903 eingebracht, wird zum legendären Imagefaktor. Zeppelins damaliger Aufruf *»Notruf zur Rettung der Flugschifffahrt«* meinte zwar die Luftschifffahrt, doch der Begriff »Flugschiff« war damit in der Welt.

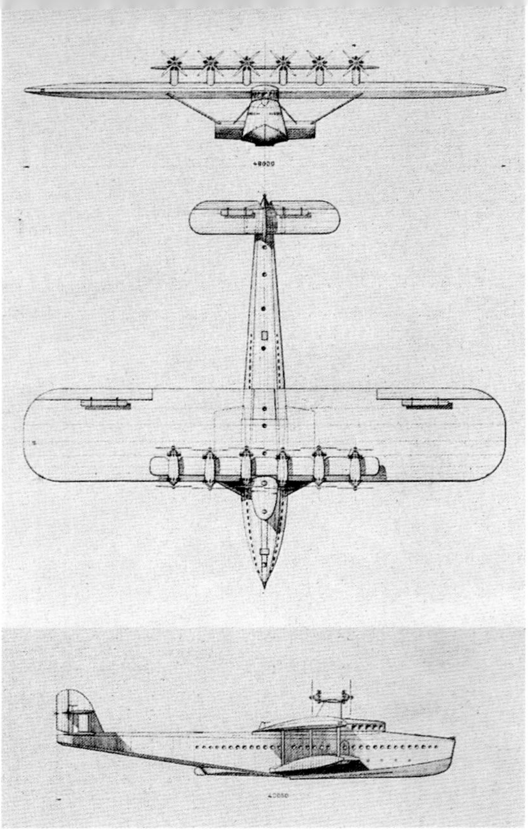

Endgültiger Entwurf zum Durchkonstruieren. Das Metall-Flugschiff Typ DO-X steht auf dem Papier.

Konstrukteure des Flugschiffes in ihrem Zeichenbüro in Manzell. Von links nach rechts: Lesch, Jäger, Henning (Leiter der Abteilung), Schlüter, Gramlich und Lutz.

1927

4. April, Montag

Rentabilitätsberechnung für den Luftverkehr zwischen Lissabon und New York mit Flugschiffen. Seit Anfang des Jahres weiß die Luft Hansa vom Entwicklungsauftrag an Dornier und wird angeregt, sich über den Einsatz des Flugschiffes im Luftverkehr Gedanken zu machen. Luft Hansa-Direktor Erhard Milch (1892–1972) unterrichtet Oberstleutnant Helmut Wilberg (1880–

1941, Fliegertod), zuständig für Luftfahrtfragen im Heerestruppenamt, über die Berechnungen der Luft Hansa, mit sechs Flugschiffen vom Typ DO-X den Luftverkehr über den Atlantik einzurichten. Als Flugroute ist Lissabon–Flores (Azoren)–St. John's–New York vorgesehen (genau auf diesem Weg wird die DO-X im Mai 1932 nach Deutschland zurückfliegen). Das Ergebnis der Studie *»Schema einer Rentabilitätsberechnung für den Luftverkehr zwischen Lissabon und New York«* ist positiv für die Einrichtung. Sie rechnet mit 2,3 Millionen Mark Anschaffungskosten pro Flugschiff einschließlich der Motoren und kommt auf einen Gesamtkapitalbedarf für die Einrichtung des Linienbetriebes von 30 Millionen Mark. Als besonders attraktiv werden mögliche Erlöse aus dem Posttransport dargestellt.

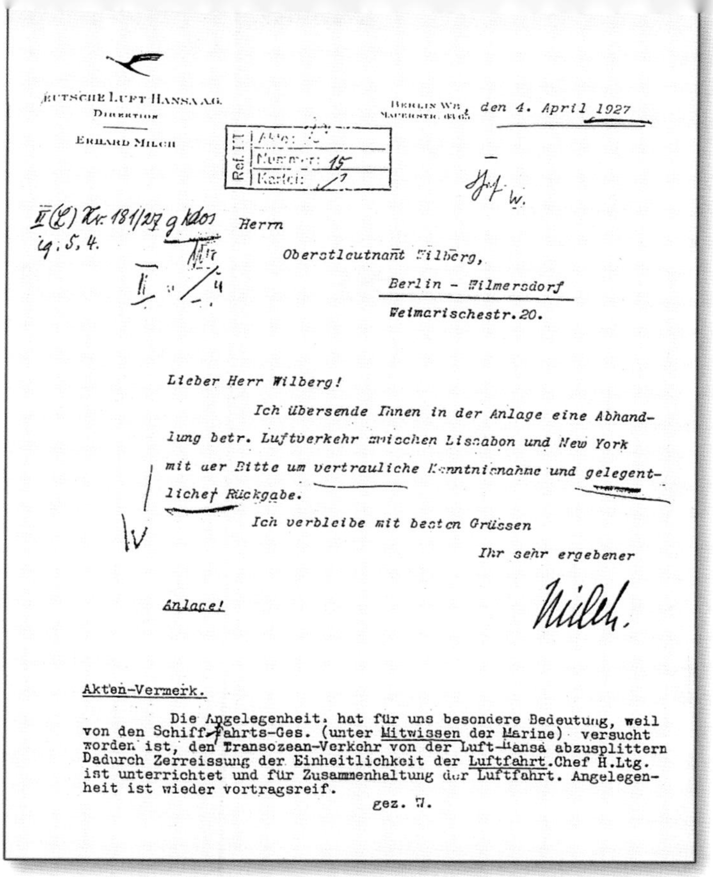

EUTSCHE LUFT HANSA A.G.
DIREKTION
ERHARD MILCH

Berlin W8, den 4. April 1927

Ref. III
Akte:
Nummer: 15
Kartei:

Herrn
Oberstleutnant Wilberg,
Berlin – Wilmersdorf
Weimarischestr. 20.

Lieber Herr Wilberg!

Ich übersende Ihnen in der Anlage eine Abhandlung betr. Luftverkehr zwischen Lissabon und New York mit der Bitte um vertrauliche Kenntnisnahme und gelegentlicher Rückgabe.

Ich verbleibe mit besten Grüssen

Ihr sehr ergebener

Milch.

Anlage!

Akten-Vermerk.

Die Angelegenheit. hat für uns besondere Bedeutung, weil von den Schiffahrts-Ges. (unter Mitwissen der Marine) versucht worden ist, den Transozean-Verkehr von der Luft-Hansa abzusplittern Dadurch Zerreissung der Einheitlichkeit der Luftfahrt. Chef H.Ltg. ist unterrichtet und für Zusammenhaltung der Luftfahrt. Angelegenheit ist wieder vortragsreif.

gez. W.

»Geheime Kommandosache« in Sachen DO-X. Streitereien zwischen Seefahrt und Luftfahrt um den Transozeanverkehr.

Mitte des Jahres

Karl Alfred Ziegler ist Werksfotograf bei der Aktiengesellschaft für Dornier-Flugzeuge in Altenrhein. Seine fotografischen Arbeiten dokumentieren das Entstehen und die Erprobung der DO-X in den nächsten Jahren. Fast alle offiziellen Werksfotos des Flugschiffes in Altenrhein stammen von Ziegler.

Erstmals reist Claude Dornier in die USA. Er wird 1929 mit General Motors einen Lizenz- und Bauvertrag abschließen. Die Amerikaner sind an Dorniers innovativer Technik des Flugzeugbaus interessiert. Anfangs geht es um Fertigung und Einsatz des neuen SUPERWALES, einer Fortentwicklung des WAL-Flugbootes. Zwei von ihnen mit jeweils vier Pratt & Whitney-Hornet-Motoren in zwei Tandem-Gruppen liefert Dornier in die USA. In Philadelphia werden die SUPERWALE zusammengesetzt, und Dornier-Flugkapitän Miguel Kryguin startet sie erfolgreich vom Delaware River zur Platzrunde über der Marinewerft. Die Stout D. & C. Air Line Corporation will mit ihnen versuchsweise den Liniendienst auf den großen Seen erproben. Vorgesehen ist der Betrieb – mit Platz für 30 Passagiere pro Flug – zwischen Cleveland und Detroit. Weitergehender Hintergrund des Engagements in den USA ist aber die Marktvorbereitung des Flugschiffes vom Typ DO-X. Schon sehr früh wird mit General Motors vertraglich vereinbart, dass die DO-X in die USA kommt.

Im Juli

Fertigstellung des Holzmodells. Seit 1924 hat sich Dornier, zusätzlich zum bereits etablierten Luftschiffbau-Zeppelin, in Friedrichshafen-Löwental eingemietet. Die veraltete Luftschiffhalle auf dem Gelände erfüllt noch einmal einen Zweck. Dort entsteht seit Herbst 1926 aus Latten und Sperrholzplatten eine 1:1-Holzattrappe

Das 1:1-Holzmodell des Flugschiffes in der Löwentaler Luftschiffhalle beeindruckte jeden Besucher, der es sehen durfte.

»Luft Hansa-Halle« auf dem Priwall bei Travemünde. Direkt am Wasser der Pötenitzer Wiek gelegen, ist sie mit 60 x 60 Metern Grundfläche und zwölf Metern lichter Höhe für DO-X-Abmessungen gebaut.

der DO-X, notwendig für das Studium bis dahin unbekannter Konstruktionsdetails und der proportionalen Dimensionen der Zelle und des Innenraums. Gleichzeitig erfolgen umfangreiche strömungstechnische Untersuchungen mit miniaturisierten Metallmodellen in Wasser- und Windkanälen in der Aerodynamischen Versuchsanstalt in Göttingen.
Eine Abordnung hoher Offiziere der Reichsmarine besichtigt das Modell im Sommer des Jahres 1927, und erste Fragen nach dem militärischen Nutzwert werden laut. Auch Horst Merz (1891–1979) hat Gelegenheit, das Modell zu sehen: *»Ich war so beeindruckt, dass mir der Mund offen stehen blieb und ich vor Ehrfurcht die Mütze vom Kopf nahm«*, erinnert sich Merz später. *»Ich hatte nur einen Wunsch im Kopf: einmal die DO-X fliegen zu dürfen.«* Sein Wunsch soll in Erfüllung gehen. Da die alte Halle für die Flugplatzerweiterung im Weg steht und für die kommende Luftschiffgeneration zu klein ist, werden sie und das Holzmodell der DO-X 1928 abgebrochen.

2. November, Sonntag

Gründung der »Hanseatische Flughafen Gesellschaft Lübeck-Travemünde GmbH«. Unter Mitwirkung des Deutschen Reichs und der Hansestädte Lübeck und Hamburg als Gesellschafter soll die Halbinsel Priwall bei Travemünde zum »Luftkreuz des Nordens« ausgebaut werden.
Ein vorgesehenes Flugplatzgelände wird um zwei Meter erhöht und eingedeicht. Außerdem sorgt eine Pumpenanlage für die automatische Entwässerung. Nach Plänen des Lübecker Oberbaurates Fritz Neufeldt entsteht eine Werfthalle entsprechend den vorliegenden Abmessungen der DO-X.
Die spätere »Luft Hansa-Halle«, nur wenige Meter von der acht Meter tiefen Pötenitzer Wiek entfernt, hat eine Grundfläche von 60 x 60 Metern und eine Höhe von zwölf Metern und ist seinerzeit die größte Flugzeughalle in ganz Deutschland. Hier soll die Basis für eine Flotte von Flugschiffen entstehen.
Zeitgleich baut die Lübecker Flender-Werft nach der Konstruktion ihres Direktors Holzmüller ein Spezialschwimmdock für Wasserflugzeuge, das sich nach der Größe und dem Gewicht der DO-X ausrichtet. Direktor der Betriebsgesellschaft und Leiter des neuen »Land- und Seeflughafens Lübeck-Travemünde« wird Kapitänleutnant a. D. Hermann Mans.
Mit 1053 Landungen rangiert der »Reichsüberseeflughafen« im Jahr 1928 an 21. Stelle aller deutschen Flughäfen. Zehn Jahre später wird die Gesellschaft liquidiert und die Firma am 12. Februar 1938 gelöscht.

Heinkel He 6b mit runder Funkpeilantenne und 880-PS-Motor. Das »Kraftpaket« soll für Ernst Heinkel den Atlantik überwinden. Mit Pilot Horst Merz am Steuer geht die D-1220 vor Horta am 13. November 1927 zu Bruch.

13. November, Sonntag

Missglückter Start der He 6b zum Atlantiküberflug. Mit der Werknummer 286 ließ Ernst Heinkel in seinem Warnemünder Flugzeugwerk ein Wasserflugzeug bauen, mit dem er einen »Paukenschlag« vorhatte. Auf eigene Rechnung und Risiko entstand die He 6b: ein Tiefdecker als Wasserflugzeug mit Schwimmern und ringsum verglaster Kabine. Ausgerüstet mit dem stärksten damals für Heinkel erreichbaren Motor, einem Packard 3 A 250 mit 880 PS Leistung, und vollgestopft mit Treibstofftanks, sollte die Maschine möglichst weit, über 4000 Kilometer, ununterbrochen fliegen können. »*... Die Geschwindigkeit war demgegenüber nicht von so großer Bedeutung. Trotzdem erreichte die Maschine 205 km/h. Mein Flugzeug sollte überraschend von Lissabon aus starten, während des ersten Fluges bei den Azoren zwischenlanden und dann Neufundland erreichen, in der Folgezeit aber den Atlantik einmal ohne Unterbrechung überwinden ...*«, vermerkt Ernst Heinkel in seinen Erinnerungen von 1955.
Am 12. Oktober starten Luft Hansa-Flugkapitän Horst Merz, der spätere Flugzeugführer der DO-X, und seine Besatzung, bestehend aus Bordwart Bock sowie Funker Rohde, mit der D-1220 in aller Stille in Warnemünde. Über Brunsbüttel, Amsterdam und Vigo erreichen sie Lissabon am 18. Oktober. Nach dem Abwarten besseren Wetters erfolgt am 4. November der Flug nach Horta auf der Azoreninsel Faial, das sie nach neun Stunden und 25 Minuten glücklich erreichen. Jetzt versucht Horst Merz mit dem schwer beladenen Wasserflugzeug aus dem Hafen heraus gegen die Atlantikdünung mehrmals zu starten, was ihm nicht gelingt. Ein letzter Versuch zum Weiterflug nach Harbour Grace (Neufundland) endet am 13. November in einem Fiasko. Bereits vom Wasser abgekommen, sackt die D-1220 noch einmal durch. Ein Schwimmer unterschneidet einen Wellenkamm, wird abgerissen, und die He 6b überschlägt sich. Alle Besatzungsmitglieder kommen schnell genug aus der geschlossenen Kabine heraus und können sich am aufschwimmenden Wrack halten, bis sie von einem Motorboot gerettet werden. Damit sind Heinkels Träume, mit großem finanziellen Verlust, vor Horta versenkt – gut fünf Monate nach dem Atlantik-Non-Stop-Flug von Charles Lindbergh und fünf Monate vor der deutschen Ost-West-Überquerung von Köhl, Fitzmaurice und von Hünefeld.

25. November, Freitag

Kapitän zur See Walter Lohmann, der wegen der Verwicklung des Reichswehrministeriums in die Geschäfte der bankrotten Phöbus-Film AG in die Schlagzeilen geraten ist, wird seines Amtes enthoben. Als Chef der Seetransportabteilung des Reichsmarineamtes hat er diverse Steuermillionen am Reichstag vorbeigeschleust und sie für militärtechnische Zwecke zur Verfügung gestellt.
Zu seinen mit »Sondermitteln« aus Etatposten des Reichshaushaltes, des Ruhrfonds und Bankkrediten finanzierten Projekten gehören seit 1923 die Weiterentwicklungen von Schnellbooten, U-Booten, Marineflugzeugen und wohl auch der DO-X – alles Rüstungsprojekte, die die Versailler Bestimmungen untersagt haben. Die Aufdeckung seiner Aktivitäten gipfelt in der »Lohmann-Affäre«, in deren Folge erst Reichswehrminister Otto Geßler (1875–1955) am 14. Januar 1928 zurücktreten muss, ihm folgt der Chef der Marineleitung Admiral Hans Zenker (1870–1932) am 30. September 1928. Die Verletzung des Haushaltsrechts und die Kanalisierung von Geldern in privatwirtschaftliche Unternehmungen ergeben einen Verlust von 26 Millionen Mark zu Lasten der Reichskasse.

Ende des Jahres

Die Bezirksleitung See der Luft Hansa richtet auf dem Priwall ihre Außenstelle ein. Unter der Leitung von Seeflugkapitän Fritz Kiessner bekommen die Seeflugzeugführer der Luftverkehrsgesellschaft hier ihren letzten Schliff. Nach der Flugzeugführerausbildung auf Verkehrsflugbooten bei der Deutschen Verkehrsfliegerschule in Warnemünde und List auf Sylt folgt auf dem Priwall die praktische Sonderausbildung in Blindflug, Überseenavigation und Seestreckenerfahrung. Sie schließt ab mit der Seeflugbefähigung der Führerscheine C1 und C2 für große Verkehrsflugzeuge. Weiterhin bedient die Luft Hansa von Lübeck-Travemünde aus ihr Flugstreckennetz. Hier landen die Flugzeuge der kontinentalen Strecken aus Ost, Süd und West, um Passagiere, Fracht und Post an die großen Flugboote abzugeben, die sie weiter nach Kalmar, Stockholm, Kopenhagen, Göteborg und Oslo bringen.

19. Dezember, Montag

Baubeginn der DO-X 1 bei der Aktiengesellschaft für Dornier-Flugzeuge (Do-Flug) in der neuen Flugzeugwerft in Altenrhein. Fertigstellung in etwa 570 Tagen Werksarbeit mit zusammen 240 000 Arbeitsstunden. Die Konstruktionsabteilung bleibt weiterhin in Manzell.

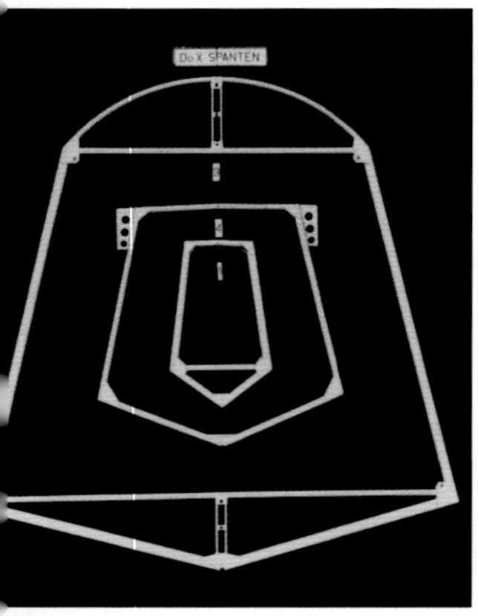

Ein kleiner Vergleich der DO-X-Spanten lässt den Kiel des Flugschiffes erkennen.

1928

im Juni

In einem endgültigen Vertrag wird die Kostenübernahme der Vorkalkulation für den Bau der DO-X in Höhe von 2 939 916 Schweizer Franken, entsprechend 2 370 900 Reichsmark, festgesetzt. Das Flugschiff ist bereits jetzt fast 900 000 Reichsmark teurer als 1925 angenommen. Nach Fertigstellung und der ersten Erprobungsphase, inklusive der Versicherungen, wird die DO-X 2,6 Millionen Reichsmark kosten. Ende 1930 summieren sich die Kosten nach dem Motorenwechsel und Einbau der Inneneinrichtung auf 3 549 182,61 Reichsmark. Ein Fass ohne Boden, wie die Auftraggeber feststellen müssen. In einem späteren internen Bericht resümiert der Reichsverkehrsminister, dass weitere Bestellungen des Typs DO-X nicht infrage kommen und vielmehr über das Abstoßen der Beteiligungen an der Do-Flug AG nachgedacht werde.

1929

1. Januar, Dienstag

Gründung einer Seeflugzeug-Erprobungsstelle in Travemünde. Unter der zivilen Tarnbezeichnung »Reichsverband der Deutschen Luftfahrtindustrie (RDL), Gruppe Flugzeugbau, Erprobungsstelle Travemünde« werden die Anlagen der liquidierten Caspar-Flugzeugwerke auf dem Priwall genutzt. Bis dahin haben die von Lohmann erworbenen Caspar-Werke im Auftrag des RDL Erprobungen von Seeflugzeugen durchgeführt.
Als Zivilangestellte getarnt, haben die eigentlich militärischen Mitarbeiter der kommenden Erprobungsstelle der Luftwaffe ein besonderes Erkennungszeichen: »Räuberzivil« und das RDL-Emblem an ihren Schirmmützen.

22. März, Freitag

15 Flugzeugführer der Deutschen Luft Hansa erhalten nach halbjährigem Lehrgang auf der Seefahrtschule in Lübeck ihr Patent als »Schiffer auf große Luftfahrt«, gleichgestellt mit dem Patent für Kapitäne auf Seeschiffen. Mit den bereits ausgebildeten Flugzeugführern sind jetzt insgesamt 35 Männer zum Langstrecken- und transatlantischen Flugverkehr befähigt.

Reichsüberseeflughafen Lübeck-Travemünde um 1928. In der Mitte des Priwalls sind die Hallen und Gebäude der Caspar-Flugzeugwerke und der Landflugplatz zu erkennen.

Fast fertig für die Öffentlichkeit: das Flugschiff nach 570 Tagen Werksarbeit mit zusammen 240 000 Arbeitsstunden.

Juli 1929 bis Oktober 1930

Höhen und Tiefen der Erprobung

21. Oktober 1929. Rekordflug: Mit 169 Menschen an Bord in niedriger Höhe am Motorboot der Presse- und Filmleute vorbei, dreht das Flugschiff seine Runden über dem Bodensee. Ein Rekord, der erst über 30 Jahre später egalisiert wird.

»Das Erscheinen der DO-X war sowohl in technischer Hinsicht ein aufsehenerregendes Ereignis als auch für die weitere Öffentlichkeit eine Angelegenheit lebendigen, lang anhaltenden Interesses. Man begriff allgemein die Bedeutung dieses Flugschiffes als bahnbrechenden Schrittmacher für den zukünftigen Luftverkehr über weite Meeresstrecken in einem Luftfahrzeug größter Sicherheit und Bequemlichkeit. Die Hochstimmung der Dornier-Leute gipfelte im Bewusstsein, dass ein die ganze Welt bewegender Fortschritt in vollendeter Form gemacht sei. Zu dem Glauben an eine großartige, aus dieser Leistung hervorgegangene Entwicklung gesellte sich der Stolz auf ihren Chef, dem Idee, Planung, Entwurf und Verwirklichung zu danken waren.« Den Worten von Heinrich Schulte-Frohlinde (1887–1965), Erprobungsleiter des DO-X-Projektes, muss nichts hinzugefügt werden.

1929
im Juni

Dipl.-Ing. Heinrich Schulte-Frohlinde (1887–1965) ist Erprobungsleiter des DO-X-Projektes. Sein Flugzeugführer ist Dornier-Chefeinflieger Richard Wagner (1893–1935). Die Erprobung und das Einfliegen eines neuen Flugzeugmusters werden bei Dornier traditionell von einem Ingenieur geleitet. DO-X-Erprobungskommandant Schulte-Frohlinde und sein Pilot Wagner kennen sich bereits aus ihrer langjährigen Zusammenarbeit während der Erprobung des WAL-Flugbootes in Marina di Pisa: Sie hatten mit dem WAL mehrere lange Mittelmeerflüge nach Spanien und Marokko unternommen. Nach siebeneinhalbjähriger Tätigkeit für Dornier in Italien wird Heinrich Schulte-Frohlinde von Claude Dornier nach Deutschland zurückgeholt. Er wird Leiter der DO-X-Erprobung in Altenrhein und später Chef der Deutschen Flugschiff Gesellschaft mit Sitz in Berlin. Von dort aus organisiert er den Deutschlandflug der DO-X im Sommer und Herbst 1932. Ab 1933 ist Schulte-Frohlinde zuständig für die Norddeutschen Dornier-Werke in Wismar, Berlin und Lübeck.

DO-X-Erprobungsmannschaft im Juli 1929. In der Mitte in Uniform Dornier-Chefeinflieger Richard Wagner. Rechts neben ihm Heinrich Schulte-Frohlinde, links Paul Berner.

9. Juli, Dienstag

Das Flugschiff wird in Altenrhein erstmals der Presse für die Berichterstattung und damit der Öffentlichkeit vorgestellt: »... *Vertreter aus allen Ländern hatten sich vor den geschlossenen Toren der Riesenhalle versammelt, wo Dr. Ing. Dornier die Anwesenden begrüßte und mit schlichten Worten hervorhob, dass dieser in der Stille durchgeführte Flugzeugbau dessen ungeachtet das Interesse in allen Ländern wachgerufen hatte und man mit Spannung der Vollendung entgegensah. Bei den Worten ›Hier ist nun das Flugschiff‹ rollten die Riesentore des Hangars auseinander und den Beschauern zeigte sich der gigantische Bau ...*«

12. Juli, Freitagmorgen

Mit eigener Motorenkraft ins feuchte Nass. Auf einem schienengeführten Bootswagen ziehen starke Elektromotoren das fertige Flugschiff aus der Montagehalle. Zwölf laufende Motoren sollen es über den Schienenweg und die anschließende Slipanlage von selbst in das Bodenseewasser ziehen. Um 7.44 Uhr wird der erste Motor angeworfen, um acht Uhr laufen acht Motoren. Auf die restlichen vier Motoren wird verzichtet, da das Schiff zu schwingen beginnt. Langsam gleitet das Flugschiff mit eigener Kraft ins Wasser und schwimmt um acht Uhr vom Wagen frei. Die Do-Flug Motorbarkasse ALTENRHEIN nimmt die DO-X in Schlepp und zieht sie in nördlicher Richtung auf den Bodensee hinaus, wo um 8.14 Uhr die Leine losgeworfen wird. Auf der ALTENRHEIN befindet sich Claude Dornier als Leiter der Ersterprobung. Ein zweites größeres Motorboot ist besetzt mit Gästen und Pressevertretern. Zwischen dem Dienstboot der Oberleitung und dem Flugschiff sind zur Kommunikation Flaggensignale mittels einer Signaltafel vereinbart.

Im Flugschiff erwarten 17 Mann Besatzung mit viel Anspannung die nächsten Minuten und Stunden. Ein Monteur für jede Gondel und Facharbeiter für die elektrischen Anlagen und die Instrumente sind an Bord, um kleinere Probleme sofort beheben zu können. Einflieger Richard Wagner steuert das Flugschiff vom linken Führersitz aus allein. Erprobungsleiter Heinrich Schulte-Frohlinde, zugleich Zweiter Flugzeugführer auf dem rechten Führersitz, ist vorbereitet, um auf Fingerzeig mitzusteuern, falls größere Kraftanstrengungen nötig werden.

Hier gibt es die einzige wirkliche Unbekannte bei Erprobungsbeginn. Sind die Ruderflächen für die Flugschiffsgröße zu groß oder zu klein, stimmt die angegebene Trimmung? Bei mangelhaftem Ausgleich und ohne die Hilfe einer Rudermaschine würde die Muskelkraft von Wagner allein am Steuer womöglich nicht ausreichen, um das Flugschiff zu halten. »*... Um es gleich vorwegzunehmen, das Flugschiff erwies sich beim ersten Sprunge vollständig ausgeglichen und sehr leicht steuerbar ...*«, so Schulte-Frohlinde zu diesem Thema.

Im Navigations- und Kommandantenraum direkt hinter den Flugzeugführern übermittelt Betriebsleiter Paul Berner notwendige Informationen zwischen der Maschinenzentrale unter der Leitung von Otto Eitel mit den Flugzeugführern. Dies geschieht auf Zuruf und durch Handzeichen. Folgendes Programm ist für den Tag vorgesehen: 1. Feststellen der Steuerbarkeit auf dem Wasser, 2. Motorenprobe, 3. Rollversuche auf der Stufe, 4. Startversuche, 5. Längerer Flug.

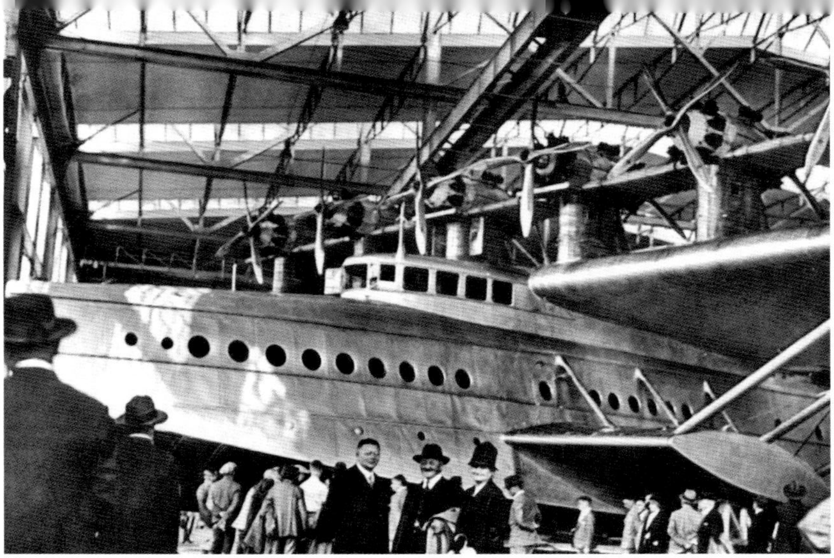

Nach dem freien Blick auf das Flugschiff stehen viele Pressevertreter am 9. Juli 1929 mit offenem Mund da. Das Gerät soll fliegen?

Fliegen wie mit zwei Motoren – Heinrich Schulte-Frohlinde beschreibt die absolute Novität des Flugschiffes mit Auswirkungen auf die Flugzeugtechnik der nächsten Jahrzehnte: »*... Die sonst so verwirrende Fülle von Instrumenten bei großen mehrmotorigen Flugzeugen war in zwei Gruppen unterteilt, solche, die für die Überwachung des Flugzustandes erforderlich waren und diejenigen, welche die Motorenanlage betrafen. Dem Flieger zeigte bezüglich der Motoren ein Drehzähler die mittlere Drehzahl der sechs auf jeder Seite befindlichen Motoren zusammenfassend an. Alle sonstigen zur Überwachung der Motoren benötigten Instrumente befanden sich übersichtlich in einem Maschinenstand. Jeder Motor konnte unabhängig vom Flugzeugführer angelassen, einreguliert, auf*

Maschinenzentrale des Flugschiffs, Arbeitsplatz des Bordingenieurs. Von hier aus werden die zwölf Motoren gefahren und kontrolliert.

Arbeitsplatz der Flugzeugführer: Handsteuerräder wie auf einem Schiff und eine doch recht spartanische Instrumentierung. In der Mitte, in der Konsole für den Auftritt zum Fensterausstieg, die zwei Sammeldrehzahlmesser und Kontrollanzeigen der Backbord- und Steuerbordmotorengondeln – Sorgenkinder des Erstfluges.

Drehzahl bei Vollgas geprüft und dann auf den Gashebel beim Piloten gekuppelt werden. Mit diesen beiden Gashebeln, je einer für die sechs Motoren jeder Seite, konnte die DO-X wie ein zweimotoriges Flugzeug geflogen und manövriert werden. Die Motoren waren so eingebaut und in Tandemform angeordnet, dass sie durch einen Kriechgang erreicht und in einem gewissen Umfang im Fluge gewartet werden konnten …«

12. Juli, Freitagvormittag

Rollversuche und unbeabsichtigter Erstflug. Gegen 9 Uhr laufen alle zwölf Motoren, und die Rollversuche beginnen mit der Drehkreisbestimmung und der Erprobung des Wasserruders. Es gelingt nicht, die beiden Drehzähler für die mittlere Drehzahl und die Geschwindigkeitsmesser am Führerstand in Gang zu bringen. Deshalb erfolgen die Vollgasproben der Motoren einzeln. Ab und zu bleibt der eine oder andere der noch nicht einregulierten Motoren stehen, bis einer wegen Erschöpfung seiner Pressluftflasche nicht wieder anspringen will. Wagner legt jetzt auf alle Motoren Vollgas, um durch die Luftgeschwindigkeit das Anspringen zu erleichtern. Gleichzeitig möchte er das Verhalten des Wasserruders auf Stufe testen. In dem Zustand

DO-X-Erprobungsleiter Heinrich Schulte-Frohlinde. Er organisierte 1932 den Deutschlandflug und wurde dann Chef der Norddeutschen Dornier Werke.

hebt sich der vordere Teil des Flugschiffes bis zur Querstufe aus dem Wasser und muss dann nur noch den restlichen Wassersog bis zum Fliegen überwinden. Ohne die nötige Instrumentenkontrolle erreicht die DO-X schneller als erwartet Fluggeschwindigkeit und hebt sich um 9.35 Uhr etwa drei Meter aus dem Wasser. Wagner ist überrascht, drosselt die Motoren zu stark und drückt damit die DO-X auf das Wasser zurück. Dieser Kurzflug beziehungsweise Sprung ist der ungewollte Jungfernflug – zur großen Freude aller Anwesenden. Schulte-Frohlinde, als Verantwortlicher an Bord des Flugschiffes, veranlasst die sofortige Startwiederholung, und Wagner führt sie aus. Mit 35 366 Kilogramm Abfluggewicht startet das Flugschiff ein zweites Mal *»in Richtung des Bootes der Filmleute«* um 9.41 Uhr. Auch beim dritten Start um 9.43 Uhr ist die DO-X nach 25 Sekunden aus dem Wasser. Um 9.50 Uhr werden die Motoren ausgestellt, und die Motorbarkasse schleppt das Flugschiff zur Boje zurück, wo es um 10.10 Uhr festmacht.

17. Juli, Mittwoch

Erster Versuch der Atlantiküberquerung auf der Nordroute. Wolfgang von Gronau (1893–1977), Vorstandsmitglied der Deutschen Verkehrsfliegerschule (DVS) und Leiter der Seefliegerschulen in Warnemünde und List auf Sylt, ist von

Freitagvormittag am 12. Juli 1929 um 9.35 Uhr. Dokument einer flugzeugtechnischen Weltsensation. Über 35 Tonnen Masse überwinden den Wassersog und heben ab.

Im Schlepp der Motorbarkasse ALTENRHEIN am 12. Juli 1929, dem Tag des Jungfernfluges.

Richard Wagner, Chefeinflieger bei Dornier und Erprobungspilot der DO-X.

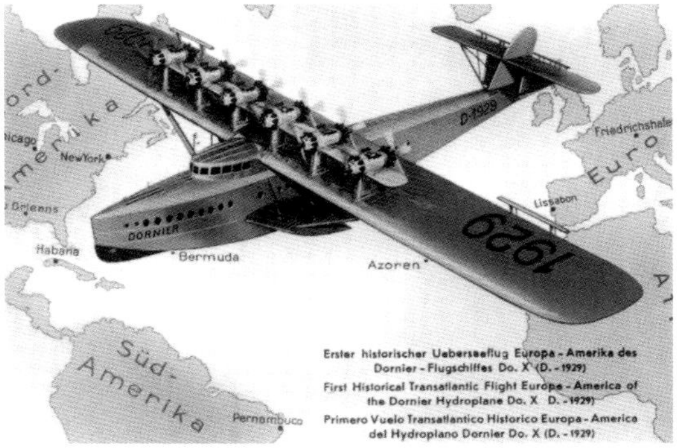

Bereits während der ersten Erprobungsphase mit luftgekühlten Motoren wird der Überflug in die USA via Lissabon, Azoren, Bermudas, New York geplant. Die vertragliche Verpflichtung gegenüber General Motors muss erfüllt werden.

In Reykjavík ist der erste Versuch zum Flug nach New York zu Ende. Von links nach rechts: Navigator Wilhelm Niemann, Kommandant und Erster Flugzeugführer Wolfgang von Gronau, Zweiter Flugzeugführer Selbstaedt und Funkermaschinist Wittmann.

Claude Dornier als zukünftiger Kommandant der DO-X vorgesehen, lehnt das Angebot jedoch ab. Dornier ahnt nichts von den stillen Gronauschen Plänen, mit einem WAL-Flugboot auf der Nordroute den Atlantik zu überqueren und bis nach New York zu fliegen. Nach einem Probeflug von List auf Sylt nach Bergen folgt der erste geheim gehaltene Versuch des Überfluges. Er endet mit dem Dornier WAL D-1422 in Reykjavík auf Island. Schwierigkeiten bei der Treibstoffversorgung auf den nächsten Etappen über Grönland nach Kanada und große Probleme mit der Funktelegrafie beenden den Überflugversuch, der daraufhin zum *»Übungsflug nach Island«* wird. Als Navigator ist Wilhelm Niemann (1892–1935), späterer Navigations- und Postoffizier der DO-X, mit an Bord. Zur vierköpfigen Besatzung gehören weiterhin Flugzeugführer Selbstaedt als Kopilot und Funkermaschinist Wittmann.

Dornier WAL D-1422 in List auf Sylt, kurz vor dem Start zum Flug nach Island im Juli 1929.

Spartanische Korbbänke als Sitzplatzreihen: notwendige Gewichtsreduzierung für den Rekordflug und Sandsäcke als Ballast zum Ausgleichen der Trimmung.

25. Juli, Donnerstag

Gewichtserprobung und Trimmung bei Spitzenbelastung. Ausgehend von einer Personenlast von 150 Passagieren à 73 Kilogramm erfolgen drei kurze Erprobungsflüge (18. bis 20. Start oder Flug) mit einem Startgewicht von 48 842 Kilogramm. Als Passagiere fungieren Sandsäcke verteilt im Fluggastdeck zwischen den Spanten. Claude Dornier beginnt, über einen Rekordflug mit mindestens 150 Personen an Bord nachzudenken, um den kritischen Stimmen, die das Flugschiff als Fehlkonstruktion für den Nutzlasttransport herabwürdigen wollen, Paroli zu bieten.

23. August, Freitag

Genau 37 Tests des Startverhaltens oder Flüge hat die DO-X bis jetzt hinter sich. Das Sammeln technischer Daten und Leistungswerte und das Einfliegen stehen unter der Vorgabe von Claude Dornier: Herantasten an die Leistungsgrenzen unter Ausschluss absehbarer Risiken. Inzwischen hat die DO-X einen weißen Anstrich bekommen, der den ersten, leicht gelbgrünlichen Schutzanstrich überdeckt. Der Jungfernflug in vermeintlicher Tarnbemalung war ein falsches Signal für die Öffentlichkeit. Es gibt im Deutschen Reich von 1929 keine militärische Option für die DO-X. Die jetzt zivil-friedliche Farbe macht sie zum weithin sichtbaren »Riesenschwan« des Bodensees, anfangs noch ohne jede Beschriftung und Kennzeichen.

Von Technikern »bevölkert«. Dornier-Flugschiff Typ DO-X 1a mit luftgekühlten Siemens-Motoren noch ohne Einrichtung des Fluggastdecks auf dem Bodensee im Herbst 1929.

Ohne Kennzeichen und Beschriftung, aber schon mit weißem Anstrich. Erprobungsphase der DO-X 1a über dem Bodensee. Hier mit Signatur von »Flugkapitän Horst Merz, der Führer der DO-X« aus den 1960er-Jahren.

Vor der Werft in Altenrhein. Umrudert von neugierigen Urlaubern im Spätsommer 1929

Flugtag Altenrhein
mit Besichtigung des Flugschiffes „Do X“
Dieses Billet gilt nur in Verbindung mit dem offen zu tragenden Abzeichen am 24. und 25. August 1929.
58889
Rauchen und Photographieren im Fabrikgelände ist strengstens verboten
Preis Fr. 2.—

Erster Ansturm neugieriger Besucher bei den »Flugtagen Altenrhein« Ende August 1929. Hunderttausende werden in den nächsten Jahren das Flugschiff besichtigen.

Angst hat hier niemand. Das Vertrauen in die Leistung ihres Flugschiffes DO-X ist den 120 Dornianer auf Korbbänken im Fluggastdeck anzusehen.

24. und 25. August, Sonnabend und Sonntag

Flugtage in Altenrhein, veranstaltet durch die Ostschweizer Aero-Gesellschaft St. Gallen. Tausende Besucher wollen das Flugschiff besichtigen. Mit Podesten und Galerien eingerüstet, kann durch Fenster und Bullaugen ins Innere geschaut werden. Die DO-X steht in der Montagehalle. Eine Flugvorführung findet nicht statt.

21. Oktober, Montag

Zum 70. Erprobungsflug wird die DO-X mit Korbbänken ausgestattet. Dann muss alles auf die Waage. 30 541 Kilogramm wiegt das Flugschiff mit Ausrüstung, Ausstattung, Trimmballast usw. Brennstoff und Öl für die Motoren bringen 2224 Kilogramm auf die Waage. Das Equipment der Film- und Presseleute ist 181 Kilogramm schwer. Der Rest zum Abfluggewicht von 44,768 Tonnen ist menschlicher Natur. Bei diesem wichtigen Flug sind überzählige Besatzungsmitglieder für Versuche und zur Information an Bord. Sie stehen mit 1352 Kilogramm auf der Liste der Gewichte. Das sind bei 75 Kilogramm Durchschnitt 18 Personen. Die Presse ist mit 1825 Kilogramm gleich 24 Personen beim Flug dabei. Dann heißt es im Bericht zur Feststellung des Abfluggewichts weiter: *»Werksangehörige als Fluggäste 8645 Kilogramm.«* Insgesamt 169 Personen erleben den Rekordflug an Bord. Abzüglich der Besatzung und Presse fliegen also 120 Werksangehörige über dem Bodensee ihre Runden. Das sind nicht nur Dornianer, sondern auch ihre Frauen und Kinder, von denen einige als blinde Passagiere ihren Spaß haben. Nach dem Start kreist die DO-X in niedriger Höhe 40 Minuten über dem Bodensee und legt dabei eine Strecke von rund 100 Kilometern zurück. Chronisten berichten von der offenbar überhitzten, dabei kräftig qualmenden hinteren

Aufgestellt zum Gruppenfoto für die Presseleute: die DO-X vor dem Rekordflug am 21. Oktober 1929.

Rekord auf dem Flügel der DO-X: 170 Personen im bequemen Sessel und natürlich rauchend. Das weite Herz der Werbung im Stil der Zeit.

Motorenreihe. Das Flugschiff ist noch nicht zugelassen, und der Rekordversuch wird nicht im Voraus angemeldet, also auch offiziell nicht anerkannt. Trotzdem ist es eine Spitzenleistung, die erst 20 Jahre später überboten werden kann.

Im Oktober

Horst Merz wird Berichterstatter des RVM. Als Vertreter des Reichsverkehrsministeriums wird Horst Merz ständiger Berichterstatter auf der

Frauen, Kinder, Freunde – wer mitwollte, durfte einsteigen, nur Dornianer musste er sein. Das Flugschiff als »Sardinendose« kurz vor dem Start zum Rekordflug.

Dipl.-Ing. und Seeflugkapitän Horst Merz in Luft Hansa-Uniform an seinem zukünftigen Arbeitsplatz.

reichseigenen DO-X. Dafür wird der Luft Hansa-Flugkapitän an das RVM abkommandiert. Direkt unterstellt ist er Regierungsrat Dr. Adolph Baeumker (1891–1976), Referent bei der Luftfahrtabteilung im RVM und kommender Organisator der zentralisierten deutschen Luftfahrtforschung im Dritten Reich. 30 Jahre später ist dieser bereit, Folgendes zu beeiden: *»... anschließend war Herr Merz vom November 1930 bis Mitte November 1932 Referent und für die Sicherheit des Einsatzes verantwortlicher Vertreter des Reichsverkehrsministeriums auf dem Flugschiff DO-X und gleichzeitig der alleinverantwortliche Führer des Flugschiffes während seines Europafluges, der Überquerung des Süd- und Nordatlantiks und des anschließenden Deutschlandfluges, der wieder am Bodensee endete. Herr Merz unterstand während dieser drei Jahre ausschließlich dem Reichsverkehrsministerium, seine Berichte ergingen an mich. (...) Bad Godesberg, den 22. Juni 1960, Dr. Adolph Baeumker, Ministerialdirigent a. D.«* Auseinandersetzungen um die Rolle der Flugzeugführer auf dem Flugschiff nach dem Zweiten Weltkrieg machten diese Erklärung wohl nötig.

6. November, Mittwoch

In dem Vortrag »Das Flugschiff DO-X«, den Claude Dornier auf der Jahreshauptversammlung der Wissenschaftlichen Gesellschaft für Luftfahrt in Berlin hält, bezeichnet er den Entwurf P 1190 vom 27. September 1924 als Ursprung der DO-X.

»Südfunk-Stempel« von den seltenen Belegen, die während des 77. Erprobungsfluges an Bord der DO-X mitfliegen.

17. November, Sonntag

»Südfunk an Bord DO-X«. Mit den Siemens-Motoren würde ein stundenlanger Flugbetrieb über große Strecken und vor allem über den Atlantik nicht möglich sein. Diese bittere Erkenntnis hat Claude Dornier beim 77. Erprobungsflug bereits gewonnen. Natürlich ist das nichts für die Öffentlichkeit und schon gar nichts für die Presse, die an diesem Tag mitfliegt. Der »Südfunk« will über das Flugschiff berichten. Die Herren des Rundfunksenders lassen sich etwas Besonderes einfallen. Sie bringen einen Tages-Bordstempel und einen Sonderstempel mit, um den Flug zu dokumentieren. Dieser dauert 38 Minuten und geht 98 Kilometer über Land. In der Zeit sind die Herren eifrig beschäftigt, über Gaissau und Rorschach gestempelte Postkarten abzuwerfen. Die Masse der Südfunkbelege kommt in Friedrichshafen mit Datum 17. November 1929 zur Auflieferung. Den Sonderstempel »Südfunk an Bord DO-X« gibt es als Abschlag in schwarzer und in roter Stempelfarbe, wobei die roten Stempel seltener sind. Die »Südfunk«-Belege sind die ersten Flugpostbelege der DO-X überhaupt. Den Behördensegen offizieller Poststellen haben sie allerdings nicht. Die Bordpost des Flugschiffes DO-X wird erst ein knappes Jahr später eingerichtet.

1930

18. Januar, Sonnabend

Wilhelm Niemann fährt wieder zur See. Nach einer zweijährigen Beurlaubung zur Deutschen Verkehrsflieger-Schule in Warnemünde, als Leiter der Abteilung Navigation und Funkwesen, tritt Niemann an diesem Tag in den aktiven Schiffsoffiziersdienst zurück und ist bis August 1930 Erster Offizier auf dem HAPAG-Frachtdampfer HOHENSTEIN (4673 BRT) in den Fahrtgebieten nord- und zentralamerikanische Ostküste, Kuba und Mexiko.

Nautiker unter sich. Wilhelm Niemann (dritter von links) im Kreis von Offizierskameraden der Hamburger Reederei HAPAG.

Januar

Entfernung des Oberflügels aus Duraluminium: Der Flügel diente zur Versteifung der Motorengondeln untereinander und als Auftriebshilfe. Sein Abmontieren und auch das Entfernen der stromlinienförmigen Verkleidungen der Böcke für die Motorengondeln beheben nicht das Luftkühlproblem der hinteren Motorenreihe. Das Qualmen dieser Motoren bei längeren Flügen lässt Claude Dornier und seine Techniker nachdenklich werden. Kurze Zeit stehen jetzt die Siemens-Motoren in ihren Gondeln auf verstrebten Böcken – wie auch später die flüssigkeitsgekühlten Conqueror-Motoren. Dorniers beziehungsreiches »Wunschkennzeichen« für sein Flugschiff »D-1929« wird von der Deutschen Versuchsanstalt für Luftfahrt (DVL) in Aussicht gestellt, aber noch nicht zugeteilt.

Die Motoren müssen ersetzt werden, und die Notwendigkeit des Einbaus einer neuen Motorenanlage bringt große Probleme. Als Ersatz für die Siemens-Motoren stehen von ähnlichem Gewicht und Leistung so genannte »Schnellläufer« von Hispano-Suiza, Fiat, Rolls-Royce, Napier und Curtiss auf dem internationalen Flugmotorenmarkt zur Auswahl. Deutsche Motoren in der Kategorie gibt es nicht. Strukturelle Änderungen des Flügels und der Zelle zur Aufnahme einer anderen Zahl größerer oder schwererer Aggregate kommen aus Kosten- und Zeitgründen nicht infrage. Claude Dornier reist in die Vereinigten Staaten und verhandelt mit der Curtiss-Wright Corporation über die Lieferung von 13 flüssigkeitsgekühlten Conqueror-Motoren. Die Amerikaner zeigen sich besonders entgegenkommend, denn Dornier kann die Motoren von Curtiss nur leihen, da die Mittel für den Motorenkauf verbraucht sind. Übrigens wird der 13. Ersatzmotor noch bis Ende der 1930er-Jahre durch die Lufthansa-Bücher geistern.

Überhitzungsprobleme. Provisorische Leitbleche für die Luftkühlung der verdeckten Zylinder der hinteren Motoren. Nach der Demontage des Oberflügels werden zur Problemlösung auch noch die Böcke der Motorengondeln »entkleidet«.

Ende Januar

Claude Dornier bespricht mit Captain Clarence H. Schildhauer, seinem neuen Repräsentanten der »Dornier Corporation of America« in New York, das weitere Vorgehen des Dornier-Engagements mit General Motors. Als bekanntem Seeflieger der U. S. Navy ist Schildhauer im August 1927 der Flugzeugstart von einem Passagierschiff gelungen. Zur Erprobung verkürzter Laufzeiten der Post startete Schildhauer von einer hölzernen Rampe von Bord der LEVIATHAN, ex VATERLAND, der United-States-Lines Inc. Ein Versuch, der allerdings keine Fortsetzung fand. Jetzt soll Schildhauer den »Auftritt« der DO-X in den USA vorbereiten. Was Claude Dornier nicht ahnt: Aufgrund der Weltwirt-

Clarence Schildhauer, Captain der U. S. Navy und Chef der Dornier Corporation of America in New York, fliegt die DO-X als Zweiter Flugzeugführer auf den Etappen des Europafluges und in Südamerika.

schaftskrise zieht sich General Motors ab 1931 völlig aus dem Flugzeugbau zurück und beendet damit das Dornier-Engagement in den USA.

14. Februar, Freitag

103. und letzter Erprobungsflug mit luftgekühlten Motoren. Die zwölf luftgekühlten 9-Zylinder-Siemens-Jupiter-Stern-Motoren zu jeweils 525 PS (385,61 kW) Startleistung sind Siemens-Lizenzfertigungen der englischen Bristol-Werke. Sie haben nach 35,28 Flugstunden mit 5320 Kilometern Gesamtflugstrecke mangelnde Standfestigkeit und Leistung bei Dauerbetrieb ergeben. Außerdem kann die hintere Motorenreihe nicht genug gekühlt werden. Insgesamt ist der Antrieb zu schwach, und das Fliegen mit ständig überhöhten Drehzahlen zum Erreichen der gewünschten Leistungswerte gefährdet das weit gesteckte Ziel der Gesamtkonstruktion. Niedrigere Gewichte im Verhältnis zu flüssigkeitsgekühlten Motoren, können diese Mängel nicht ausgleichen.

11. März, Dienstagabend

»Die DO-X vom Standpunkt des Fliegers gesehen«: In seinem Vortrag beim »Ring der Flieger« in Berlin hat Heinrich Schulte-Frohlinde ausschließlich Fachpublikum vor sich. Er berichtet über seine Erfahrungen als Erprobungsleiter und als Zweiter Flugzeugführer des Flugschiffes. Schwerpunkte sind Erkenntnisse über das Flugverhalten der DO-X, die Funktionsbereiche innerhalb des Schiffskörpers sowie die flugtechnischen Einrichtungen. Anforderungen an die Besatzungsmitglieder und die Organisation an Bord sind weitere Themen.

Das Flugschiff muss bei der Motorenanlage nachgebessert werden. Claude Dornier bei der Besprechung technischer Details mit seinem Oberingenieur Albert Presser.

April bis Juni

Das Fluggastdeck wird ausgebaut und eingerichtet. Unter Regie der Schweizer Möbelfabrik und Dekorationsfirma von J. Keller & Co. aus Zürich bekommt die Passagierkabine der DO-X ihre luxuriöse Ausstattung. Daran beteiligt ist auch die Schreinerei von Karl Nachbaur aus Ravensburg. Sie fertigt die Wandvertäfelungen des Flugschiffes. Es ist keine leichte Aufgabe, die Keller & Co. und ihre Partner bei der Einrichtung des Flugschiffes lösen müssen. Emil Rau, einer der Keller-Mitarbeiter, oder August Rist von Nachbaur haben viel Erfahrung aus dem aeronautischen Leichtbaubereich mit Holz und Metall. August Rist ist ein begnadeter Luftschifftischler. Jedes Gramm Gewicht zählt. Es gilt der Grundsatz: so leicht wie möglich bei optimaler Stabilität und dekorativer Optik. Viele Besprechungen mit Claude Dornier und seinen Technikern sowie Zeichnungen, Modelle, Holz- und Stoffvorlagen führen zu einem nach Zeitgeschmack luxuriös eingerichteten Flugschiff. Orientierungslinie ist die Ausstattung der Luxusliner zur See.

Anfang Juni

Friedrich Christiansen ist als Kommandant der DO-X vorgesehen. Während der letzten Bauphase der DO-X 1929 lernt Claude Dornier den

Vom Hallendach aus fotografiert. Mit den neuen Curtiss-Motoren und frisch aufgemaltem Kennzeichen D-1929 aus der Halle auf dem Weg Richtung Bodensee, Anfang August 1930.

Letzte Arbeiten an der ausgebrachten DO-X auf dem Bodensee bei Altenrhein. Anfang August 1930 warten die neuen Curtiss-Motoren auf ihre Bewährung. Im ersten Erprobungsmonat wird die hintere Motorenreihe mit zweiblättrigen Luftschrauben betrieben.

Blick in den Salon mit dem Ambiente eines exklusiven Gesellschaftsraumes im Geschmack der Zeit.

Vom Schiffskapitän zum Flugschiffskommandanten. Friedrich Christiansen, Fliegerheld des Ersten Weltkriegs und Träger des Ordens Pour le Mérite, in schmucker Dornier-Uniform.

berühmtesten Seeflieger des Ersten Weltkriegs und Pour le Mérite-Träger Christiansen kennen. Eines Tages taucht der in Friedrichshafen auf und lässt sich über das werdende Flugschiff informieren.
Zu dieser Zeit führt Friedrich Christiansen das moderne Motorschiff RIO BRAVO der Reederei von H. Schuldt aus Flensburg als Kapitän auf der Linie Cuxhaven–Havanna. Der Schiffskapitän und Fliegerheld und der Kopf der Flugschiffsidee finden Gefallen aneinander. Ihre Vorstellungen des transozeanischen Luftverkehrs gehen in eine Richtung. Im Stillen hat Claude Dornier Wolfgang von Gronau als Kommandanten seines Flugschiffes im Auge. Als dieser absagt, fragt er Friedrich Christiansen (1879–1972) – und der will nur gefragt werden.

Im Juni

Claude Dornier fragt bei Clarence H. Schildhauer an, ob er als Flugzeugführer und Offizier in der Besatzung für den Überführungsflug der DO-X in die USA zur Verfügung stehe. Schildhauer sagt zu und reist im Oktober von New York nach Altenrhein.

Ende Juli

Flugerprobungs- und Reiseplanung für das Restjahr. Nach dem Einbau und Einfliegen der neuen Motorenanlage soll die DVL-Abnahme des Flugschiffes erfolgen. Dem zehnstündigen Dauerflugtest über dem Bodensee folgt ein Deutschlandflug nach Berlin mit Landung auf dem Müggelsee. Einem kurzen Europaflug folgt nach kurzem Stopp in Friedrichshafen der Flug über den Atlantik in die USA. Von dieser optimistischen Planung wird bis zum Jahresende nur ein kurzer Europaflug als Beginn des »Überführungsfluges« in die USA übrig bleiben.

4. August, Montag

104. und erster Erprobungsflug mit flüssigkeitsgekühlten Motoren. Auf dem Flügel sind jetzt zwölf 12-Zylinder in V-Form als Reihenmotor vom Typ Curtiss-Conqueror zu je 640 PS Startleistung montiert. Harvey Brewton, Conqueror-Mitentwickler und Motoreningenieur der Curtiss-Wright Corporation, überwacht Einbau und Betrieb der Leihmotoren ab Juli 1930 in Altenrhein. Bis zum Ende des Deutschlandfluges im Herbst 1932 wird er zur Besatzung gehören und alle Flüge an Bord begleiten. Bis zum Start in die USA am 5. November 1930 erfolgen rund 40 Erprobungsflüge mit Curtiss-Motoren. Der Conqueror wird später bei Rolls-Royce zum legendären Merlin-Motor weiterentwickelt.

18. August, Montag

Wolfgang von Gronau fliegt auf der Nordroute in die USA. Nach dem Scheitern eines ersten

Bodensee im August 1930: Rollen zum Start mit Manöverantrieb der hinteren Motorenreihe.

Mit elf laufenden Motoren im Schlepp. Unter jeder Motorengondel ein dienstbereiter Monteur in seiner Luke auf dem Flügel. Foto aus der ersten Erprobungsphase mit Curtiss-Motoren, erkennbar an den Röhrenkühlern, die später ausgewechselt wurden.

Gronaus Dornier-WAL D-1422 im Hafen von Reykjavík. Ein Etappenstopp auf dem Flug in die USA.

Wolfgang von Gronau (1893–1977), Vorstandsmitglied der Deutschen Verkehrsfliegerschule (DVS), befliegt mit seiner Besatzung erstmals die Nordroute des Atlantiks.

Versuches im Juli 1929 startet Wolfgang von Gronau von List auf Sylt nach New York. Gronau und seine Besatzung sind in einem legendären Fluggerät unterwegs: Mit dem Dornier-WAL-Flugboot D-1422 hatte bereits Roald Amundsen (1872–1928) am 21. Mai 1925 versucht, den Nordpol zu erreichen. Doch die zwei Dornier-WALE der Expedition mussten auf einer Wasserrinne in der Eiswüste rund 250 Kilometer vor dem Ziel heruntergehen. Ein WAL schlug dabei leck. Nach drei Wochen mühevollen Planierens einer Eispiste startete N 25, die spätere D-1422, voll beladen von dort aus. Das Flugboot brachte die verschollen geglaubten sechs Expeditionsmitglieder am 17. Juni 1925 wieder nach Hause. 1928 wird die N 25 von der DVS GmbH erworben und mit zwei BMW-VI-Motoren umgerüstet.

Auf die erwiesene Robustheit des »Amundsen-Wals« setzen Wolfgang von Gronau, Eduard Zimmer als Zweiter Flugzeugführer, Funkmeister Fritz Albrecht und Bordmonteur Franz Hack. Sie fliegen mit ihrem Dornier-WAL, mit mehreren Zwischenlandungen, von der Deutschen Verkehrsfliegerschule (Sylt) nach New York. An den Shetlandinseln vorbei führt die erste Etappe nach Trangisvaag auf den Färöerinseln. Dann folgen Reykjavík auf Island, Ivigtut auf Grönland und über Cartwright, Queensport, und Mary-Joseph geht es in die Weltmetropole. In acht Tagen mit zusammen 47 Flugstunden werden von der D-1422 und ihrer Besatzung rund 6800 Kilometer über den nördlichen Atlantik zurückgelegt. Fast genau ein Jahr vor der DO-X, am 26. August 1930 um 16.35 Uhr, wassert von Gronau mit seinem WAL an der gleichen Stelle wie die große Schwester 364 Tage später – vor der Battery im Hafen von New York.

Start vom Bodensee im Oktober 1930. Auf dem Buchtitel noch auf dem Wasser, sieht man hier das Flugschiff kurz nach dem Abwassern. Briefmarkenmotiv der Deutschen Post von 2004.

Im September

Wie ein Seeschiff erhält die DO-X eine Musterrolle beim Seemannsamt in Hamburg. Friedrich Christiansen ist Initiator der Idee, die bei den Hamburger Behörden anfangs auf wenig Gegenliebe stößt. Erst die massive Intervention beim Hamburger Senat und der Hinweis auf internationales Seefahrtsrecht, das die DO-X als »fliegendes Schiff« für sich in Anspruch nimmt, führen zum Einlenken des Seemannsamtes. Jetzt kann die Besatzung wie in der Seefahrt angemustert werden und erhält Heuer sowie die Versorgung mit den Rechten und Pflichten eines Seemanns.
Für den geplanten Flug in die Welt hinaus hat die Klarierung der DO-X als Seeschiff große Vorteile. Mit einem landenden Wasserflugzeug oder -boot wären die Hafenbehörden auf der internationalen Route völlig überfordert gewesen. Für diese Novität hatte kein Land befriedigende Vorschriften und nur diplomatisches Gezänk parat. Nach den bewährten und allerorts anerkannten Seefahrtsgepflogenheiten ist die Behördenabfertigung der D-1929 dagegen kein Problem.

8. September, Montag

Wilhelm Niemann beginnt seinen Dienst in Altenrhein. Der Navigationsoffizier der DO-X ist von der Reederei HAPAG in Hamburg »ausgeliehen«. Von dort erhält er weiter sein Gehalt. Nach dem Dienstvertrag vom 29. Oktober 1930 bekommt er von der Dornier-Metallbauten GmbH lediglich ein Tagegeld über 25 Reichsmark in ausländischen und 20 Reichsmark in deutschen Häfen. In Zukunft berichtet er regelmäßig an die Luftfahrtabteilung seiner Reederei über die internen Angelegenheiten der DO-X. Die HAPAG, die sich bei der Zeppelinluftfahrt engagiert, zeigt großes Interesse daran, den möglichen Wettbewerber im Transozeanverkehr im Blick zu behalten. Ob Claude Dornier von Niemanns Informationstätigkeit wusste, ist bis heute unklar.

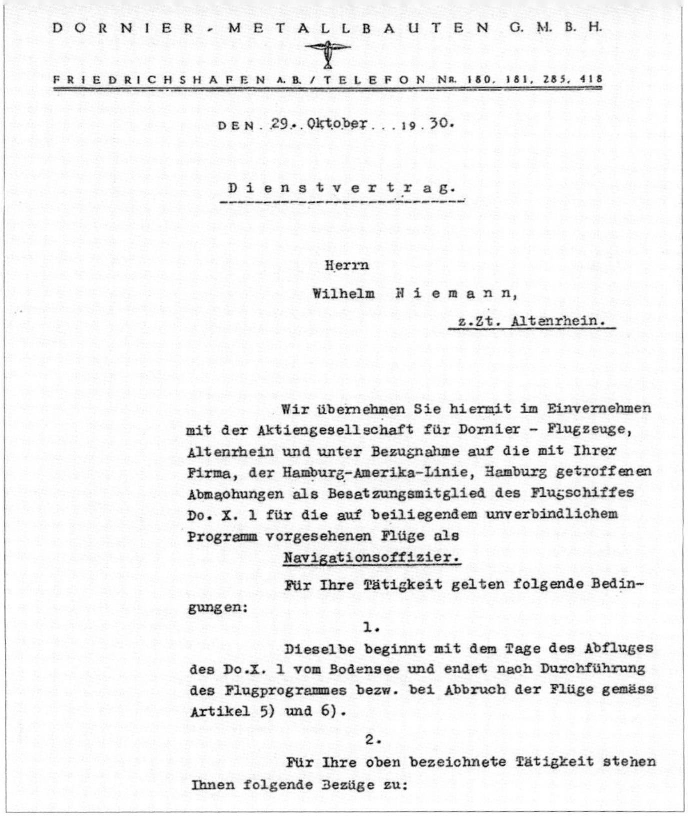

DORNIER-METALLBAUTEN G. M. B. H.

FRIEDRICHSHAFEN A. B. / TELEFON NR. 180. 181. 285. 418

DEN . 29. Oktober . . . 19 . 30.

Dienstvertrag.

Herrn

Wilhelm Niemann,

z.Zt. Altenrhein.

Wir übernehmen Sie hiermit im Einvernehmen mit der Aktiengesellschaft für Dornier - Flugzeuge, Altenrhein und unter Bezugnahme auf die mit Ihrer Firma, der Hamburg-Amerika-Linie, Hamburg getroffenen Abmachungen als Besatzungsmitglied des Flugschiffes Do. X. 1 für die auf beiliegendem unverbindlichem Programm vorgesehenen Flüge als

Navigationsoffizier.

Für Ihre Tätigkeit gelten folgende Bedingungen:

1.

Dieselbe beginnt mit dem Tage des Abfluges des Do.X. 1 vom Bodensee und endet nach Durchführung des Flugprogrammes bezw. bei Abbruch der Flüge gemäss Artikel 5) und 6).

2.

Für Ihre oben bezeichnete Tätigkeit stehen Ihnen folgende Bezüge zu:

Wilhelm Niemanns Dienstvertrag mit der Dornier-Metallbauten GmbH vom 29. Oktober 1930.

Wilhelm Niemann im September 1930. Offizielles Ausweisfoto aus den Unterlagen der Dornier-Metallbauten GmbH. Im Knopfloch trägt er das Abzeichen der Deutschen Verkehrsflieger-Schule (DVS) mit der preußischen Devise »Nec Soli Cedit« (Selbst der Sonne weicht er nicht).

12. September, Freitag

Erster Bericht zum »Überführungsflug DO-X« durch Wilhelm Niemann an die HAPAG. Viele Interna, unter anderem: »... *Zur vertraulichen Kenntnisnahme kann ich mitteilen, dass immer noch die feste Absicht besteht, das Flugschiff in diesem Jahr nach drüben zu überführen. Es wird auch scheinbar an der Route Calshot, Le Havre, Santander, Lissabon, Horta, Zwischenlandung neben einem 600 Seemeilen östlich von den Bermudas liegenden Tankschiff und Brennstoffübernahme von demselben, Bermudas, New York festgehalten* ...«

Für die Einklarierung des Flugschiffes in New York hat sich die Schiffsmaklerfirma Wood, Niebuhr & Co. auf Empfehlung von Clarence Schildhauer bei Dornier und Friedrich Christiansen angeboten.

Als vertrauliche Information schickt Wilhelm Niemann eine Abschrift dieses ausführlichen Schreibens an die HAPAG und fordert seinen »Arbeitgeber« auf, ein Gegenangebot zu unterbreiten. Die Schifffahrtsgesellschaft wird aktiv, und es gelingt ihr, die Klarierungsaufträge in den DO-X-Häfen für ihre Agenten von Dornier zu bekommen.

15. September, Montag

Mit Vertretern verschiedener Versicherungen erfolgen einige kurze Flüge. Letztendlich sind diese sehr zögerlich in ihren Zusagen. Nach schwierigen Verhandlungen kann Dornier mit der »Zürich« Allgemeine Unfall- und Haftpflicht Versicherungs AG Ende Oktober einen Versicherungsvertrag abschließen. Allerdings nur unter der Voraussetzung, dass im Rauchsalon der DO-X und generell an Bord zukünftig nie geraucht wird. Genüsslicher Zigarrenqualm über den dünstenden Benzintanks im Betriebsdeck ist den Versicherungsagenten mehr als suspekt. Entsprechend happig sind die Kosten für Versicherungen während des gesamten späteren Flugbetriebs der DO-X.

Rauchsalon des Flugschiffs. Elektrische Feueranzünder und spezielle Ventilatoren können die Versicherer nicht überzeugen. Direkt über den Benzintanks und im gesamten Flugschiff darf nicht geraucht werden, oder der Versicherungsschutz ist dahin.

16. September, Dienstag

Die Deutsche Versuchsanstalt für Luftfahrt e. V. Berlin-Adlershof lässt bei mehreren Flügen die Leistungswerte ausfliegen. Bei der Dynamik in der Luftfahrzeugtechnik ist eine schon jetzt erfolgte Musterzulassung der DO-X kaum möglich. Der bis zum 1. Oktober noch »vorläufige Deutsche Luftfahrzeugausschuß« (vDLA) hat genug Probleme mit aktuellen »Bauvorschriften für Flugzeuge«, die dort erarbeitet werden, und kann sich nicht intensiv mit dem Flugschiff beschäftigen. Eine spezielle Verkehrszulassung wird direkt vom Reichsverkehrsministerium gekommen sein.

18. September, Donnerstag

In großer Runde tagen die Eigentümer und Betreiber der DO-X sowie Behördenvertreter im Verkehrsministerium, um den Weg des Flugschiffes in die Zukunft zu erörtern. Da die DO-X de facto dem Deutschen Reich gehört, ist die Position des RVM existenziell für Claude Dornier und seine Pläne. Ministerialdirigent Ernst Brandenburg hat seine zwischenzeitlich gewachsene Zurückhaltung in Sachen DO-X zur Seite geschoben und zeigt sich großzügig bis begeistert. Friedrich Christiansen will er zum Beispiel alle notwendigen Flugzeugführerscheine ohne offizielle Befähigungsnachweise sofort ausstellen lassen. Was dieser in der Runde sitzend spontan ablehnt. Das ihm vom Verkehrsministerium angetragene ehrenhafte DO-X-Kommando bedarf keiner profanen Flugzeugführerscheine, meint er. Bemerkenswert für alle Anwesenden ist Brandenburgs Hinweis: *»Um Ihnen zu zeigen, meine Herren, wie sehr ich mich für dies Unternehmen interessiere, teile ich Ihnen mit, dass ich mich darum bemüht habe, den Ozeanflug mitmachen zu können.«*
Für die Vertreter der Deutschen Luft Hansa AG – sie stellt mit Horst Merz den ersten Flugzeugführer der DO-X – und die Herren von der DVL ein Satz mit Signalwirkung. Die politischen Winde für die DO-X stehen wieder günstig. Allerdings hielten diese nur wenige Monate lang.

24. September, Mittwoch

Das DO-X-Bordporzellan wird geliefert. Die Do-Flug AG bestätigt den Empfang des Bordporzellans mit einem Schreiben an die Direktion der Porzellanfabrik Gräf & Krippner im bayerischen Selb: *»... Wenn wir auch annehmen durften, dass Sie auf Grund der Spezialerfahrungen, die Sie bei der Lieferung des Porzellans für das Luftschiff GRAF ZEPPELIN gemacht haben, etwas Erstklassiges liefern würden, so sind wir doch angenehm überrascht über die in jeder Hinsicht gelungene Lösung der Ihnen gestellten Aufgabe, ein für unsere Zwecke geeignetes Porzellan zu schaffen.«*
Ob das feine Geschirr für die Zwecke eines Expeditionsfluges geeignet ist, wird sich schon auf den ersten Etappen zeigen. Bei einer Problemlandung auf der Gironde bei Pouillac am 17. November geht eine Menge des Geschirrs zu Bruch und landet, aus dem Küchenbullauge geschaufelt, auf dem Grund des französischen Flusses.

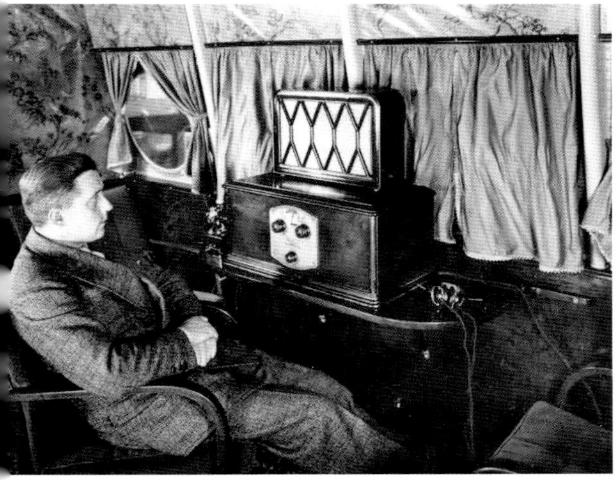

1. Oktober, Mittwoch

Die »Verordnung über Luftverkehr« (Luft-VO) tritt in Kraft. Nach dem Luft-Verkehrs-Gesetz vom 1. August 1922 sind jetzt, nach acht Jahren Erfahrungen mit und Arbeit an den Ausführungsbestimmungen der Luftverkehrsvorschriften, diese mit 118 Paragrafen und zwölf Anlagen in Kraft. Dazu gehört auch die Klasseneinteilung der Flugzeugführerscheine oder die Verkehrszulassung neuer Flugzeugmuster. Letzteres besorgt die »Deutsche Versuchsanstalt für Luftfahrt EV.« (DVL). Die Flugzeugführer der DO-X benötigen den Führerschein Klasse C 2 für Seeflugzeuge. Vom Reichsverkehrsministerium ausgestellt, gilt er für mehrmotorige Seeflugzeuge beim Transport von mehr als sechs Personen mit einem Fluggewicht über 3500 Kilogramm. Alle 18 Monate muss der Befähigungsnachweis erneut erbracht werden. Dazu kommt die »Besondere Erlaubnis für die gewerbliche Personenbeförderung« für die Klasse C 2 (See), die neun Monate Gültigkeit hat und erst ab dem 21. Lebensjahr nur Männern erteilt wird. Im Jahr vor der Beantragung hat der Flugzeugführer 20 Flugstunden oder 2000 Streckenkilometer nachzuweisen und den strengen »Körperlichen Anforderungen an die Luftfahrer« zu entsprechen.

16. Oktober, Donnerstag

Nebliges Wetter verhindert die weitere Flugerprobung. Bei der dafür erfolgten Schlussüberholung werden gefressene Wellen bei zwei Kühlwasserpumpen der hinteren Motorenreihe konstatiert. Fast eine Stunde Steigflug mit schwer beladener Maschine hat durch die Schräglage zur mangelhaften Ölzufuhr der Lager geführt. Erstmals sind Curtiss-Conqueror mit Druckpropellern im Betrieb. Ersatzteile müssen aus Motoren in Amsterdam ausgebaut und nach Altenrhein gebracht werden, was insgesamt über eine Woche dauert.

18. Oktober, Sonnabend

Ärztliche Untersuchung der Besatzung. Im Zusammenhang mit den Passangelegenheiten und den Visa für die USA wird die komplette Besatzung ärztlich untersucht.

20. Oktober, Montag

Wolfgang von Gronau hält in Friedrichshafen einen Vortrag über seinen Flug nach New York, zu dem die DO-X-Besatzung eingeladen ist. Das Gerücht, Gronau würde das DO-X-Kommando übernehmen, keimt erneut auf.

21. Oktober, Dienstag

Das Flugschiff darf Post befördern. Als die Öffentlichkeit von der Absicht einer Atlantiküberquerung erfährt, kommt aus verschiedenen Kreisen der Wunsch, die Mitgabe von Post zu

Ausgerüstet mit allen technischen Schikanen der Zeit. Hier ein Radioempfänger mit verkleideter Antenne für den Empfang über den Wolken. Ob dieser funktionierte, ist leider nicht bekannt.

Prägnante Marken auf der Geschirrunterseiten: Das DO-X-Porzellan im Marcel-Dornier-Design von 1929 kam im Herbst 1930 zur Auslieferung.

Oktober 2004. Zum 75. Jubiläum des Erstfluges der DO-X erscheint die erste deutsche Briefmarke zum Thema mit »Flugboot«-Betitelung.

ermöglichen. Obwohl sich Claude Dornier und seine Mitarbeiter der Unsicherheiten des geplanten Erprobungsfluges bewusst sind, geben sie dem Drängen von außen nach und stellen beim Reichspostministerium (RPM) den Antrag, die DO-X zur Postbeförderung zuzulassen. Nach Verhandlungen, bei denen viel Zeit verrinnt, einigen sich die Deutsche Reichspost und die Dornier-Metallbauten GmbH (D.M.B.) auf einen Postvertrag. Im Amtsblatt Nr. 92 des RPM vom 21. Oktober heißt es dann: *»Das Dornier-Flugschiff DO-X wird voraussichtlich Anfang November einen Flug nach Amerika unternehmen. Dieser Flug soll unter folgenden Bedingungen zur Beförderung von gewöhnlichen Briefen und Postkarten an Empfänger in beliebigen Bestimmungsorten benutzt werden. 1. Das Einzelgewicht der Briefe darf 20 Gramm nicht überschreiten; 2. der Absender hat als Leitvermerk auf der Sendung anzugeben: ›Mit Flugschiff DO-X nach Amerika‹; 3. die Gesamtgebühr beträgt sechs RM für einen Brief und vier RM für eine Postkarte; 4. zum Freimachen können Luftpostmarken und gewöhnliche Freimarken verwendet werden (…) 5. die Sendungen sind dem Postamt Friedrichshafen (Bodensee) im freigemachten Umschlag (…) zu übersenden. Auf dem Umschlag ist anzugeben: ›Sendungen für den Amerikaflug des Flugschiffes DO-X – Postamt Friedrichshafen (Bodensee)‹; (…) die Sendungen müssen bis spätestens 30. Oktober 23 Uhr beim Postamt Friedrichshafen vorliegen. 6. die Sendungen erhalten in Friedrichshafen außer dem Aufgabestempel dieses Postamtes den Abdruck eines Sonderstempels ›Erster Überseeflug Europa-Amerika des Flugschiffes DO-X‹; 7. an Bord des Flugschiffes wird eine Posthilfsstelle eingerichtet, die während der Fahrt Luftpostsendungen unter denselben Bedingungen annimmt. Diese Sendungen erhalten den Aufgabestempel der Hilfsstelle mit der Angabe ›Dornier-Flugschiff DO-X-D 1929‹ und den Abdruck des unter 6. erwähnten Sonderstempels; 8. die DRP kann keine Gewähr für Beförderung der ihr übergebenen Sendungen mit dem Flugschiff ›DO-X‹ übernehmen. Im Amtsblatt des RPM werden die Flugzeiten und Landungen des Flugschiffes auf seinem Amerikaflug bekannt gegeben werden.«* Ursprünglich sollte für den Flug eine Sonderbriefmarke herausgebracht werden, der die Reichspost allerdings ihre Genehmigung versagte. 75 Jahre mussten dann ins Land gehen, bis es im Oktober 2004 soweit war und die Deutsche Post mit einer Sonderbriefmarke an das Flugschiff erinnerte.

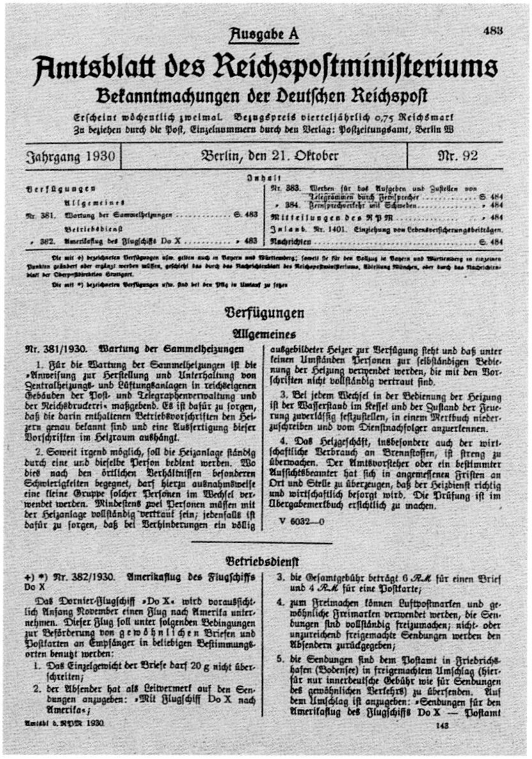

Ausgabe A 483

Amtsblatt des Reichspostministeriums

Bekanntmachungen der Deutschen Reichspost

Erscheint wöchentlich zweimal. Bezugspreis vierteljährlich 0,75 Reichsmark
Zu beziehen durch die Post, Einzelnummern durch den Verlag: Postzeitungsamt, Berlin W

Jahrgang 1930	Berlin, den 21. Oktober	Nr. 92

Inhalt

Verfügungen
Allgemeines
Nr. 381. Wartung der Sammelheizungen .... S. 483
Betriebsdienst
„ 382. Amerikaflug des Flugschiffs Do X .... „ 483
Nr. 383. Werben für das Aufgeben und Zustellen von Telegrammen durch Fernsprecher .... S. 484
„ 384. Fernsprechverkehr mit Schweden .... „ 484
Mitteilungen des RPM .... „ 484
Inland. Nr. 1401. Einziehung von Lebensversicherungsbeiträgen.
Nachrichten .... S. 484

Die mit +) bezeichneten Verfügungen usw. gelten auch in Bayern und Württemberg; soweit sie für den Vollzug in Bayern und Württemberg in einzelnen Punkten geändert oder ergänzt werden müssen, geschieht das durch das Nachrichtenblatt des Reichspostministeriums, Abteilung München, oder durch das Nachrichtenblatt der Oberpostdirektion Stuttgart.

Die mit *) bezeichneten Verfügungen usw. sind bei den Pl[illegible] in Umlauf zu setzen

Verfügungen

Allgemeines

Nr. 381/1930. Wartung der Sammelheizungen

1. Für die Wartung der Sammelheizungen ist die »Anweisung zur Herstellung und Unterhaltung von Zentralheizungs- und Lüftungsanlagen in reichseigenen Gebäuden der Post- und Telegraphenverwaltung und der Reichsdruckerei« maßgebend. Es ist dafür zu sorgen, daß die darin enthaltenen Betriebsvorschriften den Heizern genau bekannt sind und eine Ausfertigung dieser Vorschriften im Heizraum aushängt.

2. Soweit irgend möglich, soll die Heizanlage ständig durch eine und dieselbe Person bedient werden. Wo dies nach den örtlichen Verhältnissen besonderen Schwierigkeiten begegnet, darf hierzu ausnahmsweise eine kleine Gruppe solcher Personen im Wechsel verwendet werden. Mindestens zwei Personen müssen mit der Heizanlage vollständig vertraut sein; jedenfalls ist dafür zu sorgen, daß bei Verhinderungen ein völlig ausgebildeter Heizer zur Verfügung steht und daß unter keinen Umständen Personen zur selbständigen Bedienung der Heizung verwendet werden, die mit den Vorschriften nicht vollständig vertraut sind.

3. Bei jedem Wechsel in der Bedienung der Heizung ist der Wasserstand im Kessel und der Zustand der Feuerung zuverlässig festzustellen, in einem Merkbuch niederzuschreiben und vom Dienstnachfolger anzuerkennen.

4. Das Heizgeschäft, insbesondere auch der wirtschaftliche Verbrauch an Brennstoffen, ist streng zu überwachen. Der Amtsvorsteher oder ein bestimmter Aufsichtsbeamter hat sich in angemessenen Fristen an Ort und Stelle zu überzeugen, daß der Heizdienst richtig und wirtschaftlich besorgt wird. Die Prüfung ist im Übergabemerkbuch ersichtlich zu machen.

V 6032—0

Betriebsdienst

+) *) Nr. 382/1930. Amerikaflug des Flugschiffs Do X

Das Dornier-Flugschiff »Do X« wird voraussichtlich Anfang November einen Flug nach Amerika unternehmen. Dieser Flug soll unter folgenden Bedingungen zur Beförderung von gewöhnlichen Briefen und Postkarten an Empfänger in beliebigen Bestimmungsorten benutzt werden:

1. Das Einzelgewicht der Briefe darf 20 g nicht überschreiten;
2. der Absender hat als Leitvermerk auf den Sendungen anzugeben: »Mit Flugschiff Do X nach Amerika«;
3. die Gesamtgebühr beträgt 6 RM für einen Brief und 4 RM für eine Postkarte;
4. zum Freimachen können Luftpostmarken und gewöhnliche Freimarken verwendet werden, die Sendungen sind vollständig freizumachen; nicht- oder unzureichend freigemachte Sendungen werden den Absendern zurückgegeben;
5. die Sendungen sind dem Postamt in Friedrichshafen (Bodensee) in freigemachtem Umschlag (hierfür nur innerdeutsche Gebühr wie für Sendungen des gewöhnlichen Verkehrs) zu übersenden. Auf dem Umschlag ist anzugeben: »Sendungen für den Amerikaflug des Flugschiffs Do X — Postamt

Amtsbl d. RPM 1930 143

21. Oktober 1930. Bekanntgabe der Posthilfsstelle »Flugschiff DO-X« durch das Reichspostministerium.

Der Bordpoststempel der Posthilfsstelle »Flugschiff DO-X«, der grundsätzlich mit schwarzer Stempelfarbe aufgeschlagen wurde.

24. Oktober, Freitag

Erste Verschiebung des Postschlusses. Der späteste Einsendeschluss beim Postamt Friedrichshafen für die DO-X-Post wird aufgrund der kurzen

Ein Teil der Besatzung vor ihrem Flugschiff in Altenrhein im Oktober 1930 vor dem Beginn des »Überführungsfluges« in die USA. Von links nach rechts: einer der Wissenschaftler der DVL-Abnahmekommission, Navigationsoffizier Wilhelm Niemann, Bordingenieur Otto Eitel, Pressesprecher Maurice Dornier, ein unbekannter Dornier-Mitarbeiter, Kommandant Friedrich Christiansen, Funkoffizier Henry Kiel, Erster Flugzeugführer Horst Merz, Zweiter Flugzeugführer Clarence Schildhauer und Monteur Ernst Brombeis.

Vorlaufzeit und des sich abzeichnenden Mangels an Interesse für die DO-X-Post das erste Mal auf den 8. November 1930, 23 Uhr, verschoben.

29. Oktober, Mittwoch

Vereidigung von Wilhelm Niemann als Flugschiffspostmeister und eidliche Verpflichtung von DO-X-Kommandant Friedrich Christiansen im Postamt Friedrichshafen. Aushändigung von jeweils zwei Bord- und Flugbestätigungsstempeln für das Bordpostamt.

Ende Oktober

Übergabe der DO-X von der Werksleitung an die Schiffsleitung. An welchem Tag die Übergabe erfolgt, ist unklar. Erprobungskommandant Schulte-Frohlinde übergibt das Flugschiff in Altenrhein an Kapitän Friedrich Christiansen. Es beginnen die Bordroutine, die Journalführung und auf den kommenden Reisestationen der Wachdienst durch einen Offizier und zwei Monteure. Zur Bordroutine schreibt Niemann:

»… den beiden Fliegeroffizieren Horst Merz und Clarence Schildhauer obliegt das Fliegen am Knüppel (korrekter am Steuerrad oder Steuerhorn) und die Kontrolle der Flächen, des Leitwerkes sowie der Steuerorgane und der Steuerkabel. Mir ist die Navigation inkl. Funkpeiler, der ganze Schriftverkehr, die Trimmung des Schiffes, die Versicherungsangelegenheiten, die Kontrolle über das eigentliche Boot sowie alle ins seemännische schlagende Arbeiten übertragen. Da mein Wirkungskreis ziemlich umfangreich ist, steht mir der Funkoffizier für meine Arbeiten als Assistent zur Verfügung. Das Triebwerk untersteht einem Bordingenieur, der für jede Motorengondel einen Monteur zur Verfügung hat. Der Funkverkehr wird von einem Funkoffizier der DEBEG abgewickelt …«

31. Oktober, Freitag

Dieser 140. Flug der DO-X, seitdem sie das erste Mal aus dem Bodenseewasser sprang, ist für die nächsten zwei Jahre ihr letzter über der Region. 47 Minuten lang ist das voll ausgerüstete Flugschiff mit Pressevertretern unterwegs und legt dabei 133 Kilometer zurück.

November 1930 bis Mai 1931

Europa, Afrika, und wie geht es weiter?

Bodenreinigung in einer Lagunenbucht auf Bubaque, Westafrika, der bei Ebbe trocken gefallenen DO-X. »... die Arbeiten müssen Schwarze verrichten, da wir Europäer völlig versagen!«, so der zeitgenössische Bildtext.

Die DO-X darf auf keinen Fall »zerschmissen« werden! Ein Kernsatz, den Claude Dornier seinen Männern für den Überführungsflug nach Amerika mit auf den Weg gibt. Zu viel Arbeitskraft, Geld und Herzblut stecken in dem Unikat. Im Flugbetrieb hat allein das Erprobte zu gelten. Doch was ist zum witterungsbedingten Flug- und Rollverhalten der DO-X schon erprobt? Unglückliche Windrichtung bei einer Flusslandung, ungewohnte Atlantikdünung, schwülheiße Äquatorhitze sowie die Unachtsamkeit beim Trocknen einer Plane werden den Beteiligten zu schaffen machen. Vor ihnen liegt ein mit Überraschungen und bitteren Erfahrungen reich gepflasterter Weg. Aus der Vorstellungsreise in Europa und dem anschließend geplanten Überführungsflug in die USA nach New York wird eine nervenzehrende Expedition auf der Suche nach dem idealen Ort und der passenden Zeit zum Sprung über den Südatlantik.

D-1929

1930

1. November, Sonnabend

Briefe an die eigene Adresse als Geschäft. »Überführungsflug Do-X« betitelt Navigationsoffizier Niemann seinen vierten Bericht und meint damit den Beginn des Ozeanfluges mit der ersten Etappe von Altenrhein nach Amsterdam. Im Text vermerkt er dann: »*... zu dem Punkt Posthilfsstelle ist zu erwähnen, dass der Verkauf der Marken und der Besitz der Stempel mir übertragen ist. Die Firma Dornier sieht in dem Briefgeschäft einen so großen Verdienst, dass sie allein 500 Briefe an ihre eigene Adresse geschickt hat. (...) Man hofft auf eine gute Frequenz* [gemeint war die offizielle Postbeförderung], *von deren Einnahmen 4/5 der Firma Dornier zufallen.*«

Bei sechs Reichsmark Brief- und vier Reichsmark Kartenporto zahlt die Firma Dornier für jeden ihrer eigenen Briefe de facto nur eine Gebühr von 1,20 Reichsmark und erhofft sich weitere Wertschöpfung der gelaufenen Postsendungen beim späteren Verkauf an interessierte Sammler. Vergleichbare Reisen mit Sammlerpost des Luftschiffs GRAF ZEPPELIN hatten auf diese Art bemerkenswerte Erlöse gebracht. Den Dreh wollen die sparsam und vorsichtig agierenden Dornier-Leute noch perfektionieren. Sie liefern »Flugschiffspostmeister« Wilhelm Niemann adressierte Briefumschläge mit vier verschieden aufgedruckten Dornier-Firmenadressen mit der Vorgabe, diese mit Briefmarken erst freizumachen und zu entwerten, kurz bevor die DO-X über den Atlantik fliegen werde. Beim Abbruch der Unternehmung vor dem Überflug des Atlantiks wären freigemachte und entwertete Briefe für Dornier verloren gewesen. Es bleibt übrigens nicht bei den 500 Briefen, die Niemann in seinem Bericht erwähnt. Insgesamt 1924 Briefe zur Verrechnung mit der Dornier Metallbauten GmbH beklebt der Postmeister mit Briefmarken aus dem Bordbestand, wie seine spätere Abrechnung in New York vom 10. Oktober 1931 zeigt.

2. November, Sonntag

Absage des geplanten Starts. Um 8.30 Uhr beginnen die Startvorbereitungen vor der Halle in Altenrhein. Ein Motor zum Abrollen über die Aufschleppanlage in das Wasser des Bodensees läuft schon, als die Zeppelin Luftschiffbau aus Stuttgart eine warnende Wettermeldung übermittelt. Massive Tiefausläufer werden den Flug ungemütlich gestalten. Nach der von Claude Dornier herausgegebenen Devise »keine unkalkulierbaren Risiken« heißt es: zurück in die Halle und auf besseres Wetter warten.

3. November, Montag

Kleiner Änderungswunsch vom Flugzeugführer. Bevor sich Horst Merz im Führerraum auf dem linken Sitz, den des Ersten Flugzeugführers der DO-X, einrichtet, lässt er die oberen Bögen der beiden Handsteuerräder für die Querruder an den Steuersäulen herausschneiden. Sie stören seinen Blick nach vorn und besonders auf den Kugelkompass über der Instrumentenkonsole. Ein erster Schritt zum späteren Steuerhorn der Verkehrsflugzeuge; übrigens die einzige technische Änderung am Flugschiff, die Horst Merz im Vorfeld des Überführungsfluges anregt. In den Berichten aus den Tagen vor dem Start ist die mangelnde Präsenz des Ersten Flugzeugführers Horst Merz bemerkenswert. Offenbar stößt er erst sehr spät zur Besatzung und sein dann in Rio de Janeiro vorgebrachter Einwand, zu wenig auf der DO-X eingeflogen gewesen zu sein, wird so verständlich.

5. November, Mittwochvormittag

Start des Überführungsfluges in die USA. »*Wind: West zu Nord, See Stärke 2, vereinzelt Cummuli, vorderer Motor backbord 2 verölt (Magnet). Da*

Solche Wolkenberge scheut die DO-X am Anfang ihrer Reise in die Welt. Der geplante Flug nach Amsterdam am 2. November 1930 wird verschoben.

Führersitz mit Steuersäule und Handsteuerrad ab Anfang November 1930 mit herausgeschnittenem Segment.

Erster Führer der DO-X Horst Merz auf dem linken Sitz mit dem Steuerrad à la Merz.

Führersitze mit noch kompletten Steuerrädern. Hinter dem Fensterausstieg auf dem Bug die drehbare, runde Antenne der Richtfunkanlage. Sie kam erst ganz kurz vor dem Überführungsflug zum Einbau.

keine Zeit zur Reparatur, wird mit einem Magnet geflogen. Fluggewicht 45,8 Tonnen«. Die Eintragung aus dem Schiffstagebuch dokumentiert den Beginn einer Reise, die das technische Wunderwerk der Zeit der staunenden Welt zeigt. Auf einer Woge der Begeisterung wird das Flugschiff zweieinhalb Jahre unterwegs sein. Jetzt fliegt es mit 17 Mann Besatzung vom Bodensee den Rhein entlang nach Amsterdam. Erich Tilgenkamp, Pressechef des DO-X-Europafluges und einziger Journalist an Bord, bringt seine Eindrücke zu Papier: *»Endlich ist der erlösende Tag gekommen, jene Stunde die dem Schiff die silbernen Flügel freigibt, zu Flug nach dem Meere, seinem Element. Wir wollen über das Wasser* (Atlantik – Anmerkung des Autors)*, an Land steht ein kleines Trüppchen Getreuer und winkt. Es sind ihrer nicht viele; denn unser Start kam zu überraschend. Gestern strichen noch schwere Regenwolken über die dampfende Wasserfläche. Seit Tagen hatten wir das gleiche Wetter, das uns den Weg nach Norden versperrte. Heute ist er frei, die ganze Besatzung atmet auf, die Tage der Vorbereitung sind endgültig vorbei. Oben im Kommandoraum gibt Kapitän Christiansen die letzten Befehle. ›Sind die Motoren alle kontrolliert? Ist in der Maschinenzentrale alles in Ordnung?‹ Bordingenieur Eitel wünscht noch einen Motor auf Herz und Nieren zu prüfen. Dann meldet auch er klar. Funkoffizier Kiel bringt aus seiner Bude die letzten Wettermeldungen, sie lauten gut und raten zum Start. ›Alles klar? Start!‹ Es ist 11.30 Uhr. Dröhnend jagt das Schiff über das Wasser, eine große weiße Heckwelle nach sich ziehend. Die zwölf Motoren brummen ihr modernes Lied der Technik. Dazwischen pfeift in der Kabine mit feinem Stimmchen unser Bordvogel sein Lied. Wir fliegen. (…) Kurz vor 12 Uhr erreicht die DO-X Konstanz, um den Bodensee zu verlassen. Der Überführungsflug beginnt. In 500 Meter Höhe zieht unser großer Silbervogel dahin …«*

5. November 1930. Nach einer Runde über der Heimatwerft in Altenrhein geht es über den Bodensee zur Abschiedsrunde nach Manzell.

Mittwochnachmittag

Auf dem Flug den Rhein hinunter wird keine Post mitgenommen. Durch die viel zu kurze Ankündigung der besonderen Brief- und Kartenbeförderung durch die Reichspost laufen beim Postamt Friedrichshafen keine nennenswerten Postmengen für das Flugschiff auf. Das hohe Porto in wirtschaftlichen Krisenzeiten reduziert den guten Willen der interessierten Aerophilatelisten auf wenige hundert eingelieferte Postsendungen. Größere Mengen echter Bedarfspost für Nordamerika haben die Unterzeichner des Postvertrages zwischen Dornier und der Reichspost sowieso nicht erwartet. Nach der Verlängerung der Einlieferungsfrist in Friedrichshafen bis zum 8. November sollen aufgelaufene Briefe und Karten per Bahn nach Lissabon gebracht werden, wo nach einem Inspektionshalt in Cádiz der Atlantiküberflug beginnt. Weiterhin ist völlig offen, ob Posttransport in Europa überhaupt möglich ist. Die englischen, französischen und spanischen Postbehörden stellen sich völlig quer, und aufgrund der kurzen Verhandlungszeit haben sich die Niederländer und Portugiesen noch nicht erklärt. Undurchdringliche

Einige hundert Meter hoch über dem Rhein, auf dem Weg nach Amsterdam. Das bekannteste Foto der DO-X im Flug.

744 Der Feuerreiter Nr. 46

Kapitän Fr. Christiansen,
der Kommandant des Riesenflugschiffs „Do X“,
das er in erfolgreicher Fahrt nach Amsterdam führte
Keystone View Co.

Links:
„Do X“ empfängt.
Das Flugboot inmitten eines Schwarms von Barkassen
mit Besuchern aus Amsterdam
Sennecke

Zeitgenössischer Zeitungsausschnitt. Auf dem Wasser der Seeflugstation von Schellingwoude bei Amsterdam erleben Flugschiff und Besatzung zum ersten Mal eine Besucherbegeisterung, an die sie sich noch gewöhnen müssen.

Mauern der Luftpostmonopole umgeben die DO-X in Europa. Kurz nach der ersten Flugetappe kursiert das Gerücht angeblicher, mit privatem Bordstempel versehener Postabwürfe aus der DO-X. Bereits 1931 erhitzt das die Gemüter, und Niemann wird von der Firma Dornier-Metallbauten GmbH aufgefordert, zu den Fragen Stellung zu nehmen. Am 6. Oktober 1931 schreibt er dazu aus New York: »*... Bei dem Fluge von Altenrhein nach Amsterdam haben wir an Bord des DO-X überhaupt gar keine Post befördert. In Amsterdam wurde entsprechend einer Vereinbarung zwischen dem Deutschen Reichspost Ministerium und dem Holländischen Postministerium die erste Flugpost an Bord genommen und zwar mit holländischen Marken. (...) Es ist auf dem ganzen Fluge von Altenrhein bis New York entsprechend meinen Instruktionen vom Deutschen Reichspost Ministerium nicht ein einziger Postabwurf vorgenommen worden. (...) liegen also die Verhältnisse so, dass die DO-X-Briefumschläge Zaandam, Halfweg und Bourg (Gironde) Fälschungen sind. Das Gleiche trifft auch zu für die Briefumschläge Mainz, Schaffhausen, weil auf dem Rheinflug ja nur die Besatzung an Bord war und dieselbe ganz genau instruiert war, keine Briefabwürfe zu machen ...*« Hat Navigationsoffizier und Postmeister Niemann in Bezug auf heimliche Postabwürfe in größeren Mengen seine Leute nicht im Griff? Bei den handverlesenen Männern mit dem Auftrag, die DO-X nach Amerika zu fliegen, war keiner, der durch einen verbotenen Postabwurf seine fristlose Kündigung riskiert hätte. Auch Flugzeugführer Horst Merz bestätigt später, dass er auf keiner Etappe seiner DO-X-Flüge »Postabwurfkurse« geflogen ist.

Handgesticktes Abzeichen für die marineblaue Bekleidung der DO-X Besatzung. Es hatte seinen Platz auf dem Besatzrand der Schirmmütze und an der geschenkten spanischen Baskenmütze sowie auf der linken Brustseite des Jacketts.

Mittwochabend

Dass Flugschiff und Besatzung zu ungemütlicher Jahreszeit unterwegs sind, macht bereits die erste Etappe deutlich. Erich Tilgenkamp schreibt zur Ankunft in Amsterdam: »*... Dann sehen wir in Duisburg schon die ersten Lichter aufflammen. Das Land wird flach und flacher. Während die Sonne ihre letzten Strahlen in die Kabine sendet, ist unten schon alles im Dunkeln. Um 16.30 Uhr wird die holländische Grenze passiert und direkter Kurs auf Zuidersee genommen. (...) Im gleichen Augenblick, da wir bei Nijkerke die Zuidersee erreichen, hebt sich der Nebelvorhang mit einem Schlag und als riesige rote Kugel sinkt die Sonne weit draußen ins grüne, glatte Meer. Die DO-X hat zum ersten Mal ihr Element unter sich – Salzwasser. Tausende von Menschen stehen auf den Deichen und winken. Eine elegante Kurve, ein kurzer dumpfer Schlag. 17.05 Uhr: Wir haben das Ziel unserer ersten Etappe erreicht. Die Boote nähern sich uns in beängstigender Weise, so dass alle Mann auf die Stummel müssen, um sie abzuwehren.*« Eine ganz neue Erfahrung für die Besatzung: der Sturm der Besucher und der anlegenden Boote, bald verbunden mit ständiger Sorge um die empfindlichen Stummel des Flugschiffes. Sie bestehen als Auftriebskörper aus dünnwandigem Aluminiumblech und werden von den Bootsführern längsseits gehender Fahrzeuge oft mit dem robusten Stahlblech einer Schiffswand verwechselt. Später verhindern aufgehängte Autoreifen als Fender und Kokosmatten auf den Laufflächen Beulen und Kratzer an und auf den Stummeln. Als Erster kommt Vizeadmiral Quant, Kommandierender der niederländischen Marine, an Bord und überbringt die Willkommensgrüße seiner Regierung.

6. November, Donnerstag

Gern möchte Claude Dornier, der ab Amsterdam zusammen mit seiner Frau bis Lissabon mitfliegen will, ohne großen Aufenthalt zügig weiterreisen. Doch schlechtes Wetter und hunderte angekündigte Besucher machen sein Ansinnen zunichte. Rund 1200 Gäste besichtigen die DO-X.

7. November, Freitag

Rundflug über Amsterdam und Umgebung. Zu den 27 ausgesuchten Fluggästen gehört der Journalist Paul Oskar Höcker (1865–1944), Mitarbeiter des Verlages von Velhagen & Klasing sowie Bekannter von Kommandant Christiansen: »*... Heute war ich schon bald nach der Frühdämmerung wieder unterwegs nach Schellingwoude. Noch waren die schmalen Zufahrtswege leicht zu passieren. Im Laufe des gestrigen Tages hatte der Zustrom der Schaulustigen und Wissbegierigen aus Amsterdam und der ganzen weiteren Umgebung sich derart gesteigert, dass durch das langgestreckte Fischerdorf Nieuwendam kaum mehr ein Durchkommen war zur Oranjeschleuse, die die IJ von der Zuidersee trennt. Nach Hunderten zählten die Autos, nach Tausenden die Zweiräder und Motorräder, nach Zehntausenden die Fußgänger, die nach Deichen und Dämmen strebten, von denen man den Marineflughafen und seinen kostbaren Gast übersah. (...) Um die Mittagsstunde wird der ganze Marineflughafen abgesperrt, die Ausfahrt nach der Zuidersee durch Wach- und Zollboote freigehalten: der erste Schauflug in der Fremde beginnt. (...) Da ist eine Schule, dort wieder eine; im Unterricht ist Pause gemacht worden, um den Schülern und Schülerinnen vom Dach aus das große deutsche Flugschiff zu zeigen. In den Geschäftshäusern verleben alle Angestellten ihre Mittagspause auf den Dächern. Und alles winkt mit den Händen, mit den Armen, mit Taschentüchern und Mützen. Die Hotels und viele öffentliche Gebäude haben dem deutschen Flugschiff zu Ehren in den deutschen und holländischen Farben geflaggt ...*« Der 142. Flug der DO-X dauert genau 50 Minuten über eine Strecke von 142 Kilometer.

8. November, Sonnabend

In Amsterdam kommt die erste Post zur Beförderung mit der DO-X an Bord. Eine sehr kurzfristige Vereinbarung mit den holländischen Postbehörden für die direkte Auflieferung lässt kaum breitere Werbung für die Postmitnahme in der Öffentlichkeit zu, und nur durch den wetterbedingt längeren Aufenthalt vom 6. bis 9. November kommen einige Luftpostbriefe und ein paar Luftpostkarten zusammen. Die meisten von ihnen werden in Amsterdam am Freitag, 7. November, aufgegeben. Sie erhalten den Auflieferungsstempel »AMSTERDAM-CENTR. STATION 1930-7.XI.-2« und Niemann bestätigt mit dem Bordpoststempel »08.NOV.30« die Durchlaufpost. Weiter schlägt er zum ersten Mal den roten Sonderpoststempel »ERSTER ÜBERSEEFLUG ...« auf die Postsendungen. Nach der getroffenen Vereinbarung darf nur Post an überseeische oder holländische Adressen befördert werden. Die Beförderung in andere europäische Staaten ist untersagt. Diese Amsterdamer Post fliegt bis zu den Kanarischen Inseln

Beleg der ersten Direktauflieferung an das Hilfspostamt Flugschiff DO-X vom 8. November 1930 in Amsterdam.

Nach der Wasserung in Calshot begrüßen Claude Dornier und seine Frau noch während des Rollens zum Liegeplatz die sie umkreisenden Presseleute in ihren Booten.

mit, wo sie Niemann zum Weitertransport von Bord gibt. Sie hat trotz DO-X-Sonderstempel den Atlantik mit dem Flugschiff nicht überquert.

10. November, Montag

143. Flug von Amsterdam nach Calshot. Schlechtes Flugwetter hält die DO-X in Amsterdam fest. Mit der Besatzung und dem Ehepaar Dornier warten 21 Pressevertreter als Fluggäste in ihren Hotels auf die Benachrichtigung, dass es weitergeht. An diesem Montag um 11.28 Uhr ist es so weit. Doch zehn Minuten nach dem Start muss die DO-X wieder auf das Wasser zurück. Die Spange eines Ölkühlers ist gerissen. Nach dem schnell reparierten Schaden erneutes Abwassern, und der vierstündige Flug über 554 Kilometer in Richtung englische Kanalküste beginnt. In der Zeit des Fluges zum englischen Marineflughafen Calshot bei Southampton kommt die große Stunde der internationalen Presse. Claude Dornier hat auf alle möglichen sinnvoll oder auch immer wieder gleich formulierten Fragen zu antworten. Den Fotografen müssen ihre Wünsche erfüllt werden, und in Ermangelung einer Servicekraft betätigt sich Pressechef Erich Tilgenkamp als Sandwichbeleger und Kaffeekocher. Eine Sache schmerzt mächtig: An Bord herrscht striktes Rauchverbot. Fotos mit Rauchern in geselliger Runde im Rauchsalon auf dem Flug nach Calshot entstehen mit »kalter« Zigarre oder Zigarette. Begleitet von einigen begrüßenden Wasserflugzeugen wassert das Flugschiff in Calshot und macht um 4.15 Uhr nachmittags an einer Ankerboje fest.

11. November, Dienstag

Der geplante Besuch des englischen Thronfolgers verschiebt sich auf Mittwoch. So ergibt sich ein unvorhergesehener Tag für Besucher. Doch zu allererst geht die Reichsflagge auf halbstock, und die Besatzung tritt auf dem Backbordstummel an. Zwei Gedenkminuten für den zwölften Jahrestag des Waffenstillstands von 1918. *»Die Engländer registrieren dies mit Genugtuung.«*

12. November, Mittwoch

Der Prince of Wales fliegt die DO-X. Am Mittag wassert neben dem Flugschiff ein zweimotoriges Flugboot aus London, und der technikbegeisterte Prince of Wales (1894–1972) kommt an Bord. Als englischer König Edward VIII. wird er 1936 nur zehn Monate, bis zu seinem Rücktritt, regieren. Er lässt sich alles erklären, und dann startet das Flugschiff um 13.01 Uhr mit 35 Fluggästen für eine Runde über dem Solent. Etwa zehn Minuten lang fliegt der Kronprinz von England vom rechten Sitz aus die DO-X. Clarence Schildhauer lenkt auf dem linken Führersitz, und die beiden sind in ihrem Element. Es wird auf Englisch gefachsimpelt, dass die Anwesenden nur staunen. Um 13.35 Uhr wieder zurück in Calshot, will der Prince of Wales noch einen Start von Land aus sehen. Gesagt, getan: In nur 25 Sekunden jagt Schildhauer das Flugschiff aus dem Wasser in den Himmel. Seine Hoheit sind beeindruckt. Für die freundliche Aufnahme revanchiert sich der Prince of Wales bei der Besatzung mit einigen Flaschen erlesenen Sherrys.

13. November, Donnerstag

Mit der Adresse Mr. P. I. Du Mar, Vacuum Oil Company, 61, Broadway, New York City, gehen in einem Postsack der DO-X bemerkenswerte Grüße von Hamburg nach New York: »*Dear Sir: We are taking much pleasure in sending you through the Dornier flying boat DO-X which is using Vacuum Oil Company Gasoline and Gargoyle Mobiloil Aero H the best compliments of the Deutsche Vacuum Oel Aktiengesellschaft Mobiloil-Department gez. Rühl.*« Dieser lockere Postkartentext geht mit einer weitreichenden Entscheidung einher. Die amerikanische Vacuum Oil Company, 1911 als eine von 34 Einzelfirmen aus der Monopolzerschlagung der Rockefellerschen Standard Oil nach dem »Sherman Antitrust Act« von 1890 entstanden, steigt in das DO-X-Expeditionsunternehmen ein. Sie sponsert die Treibstoff- und Schmierölversorgung des Flugschiffes auf allen Etappen bis Berlin mit einer Ausnahme. Im eigenen Land des generösen Spenders verbieten Wettbewerbsgesetze das Spritverschenken. In den USA muss Dornier den Treibstoff bei den Zwischenlandestationen Miami, Charleston, Norfolk und in North Beach an Vacuum Oil bezahlen. Für Dorniers Entlastung bei der Flugorganisation und den Kosten hat Vacuum Oil aber auch einen besonderen »Wunsch« parat. Die DO-X soll für Werbezwecke des Sponsors in Südamerika einen Abstecher nach Rio de Janeiro machen. Das hat nun mit dem Direktflug in die USA nichts mehr

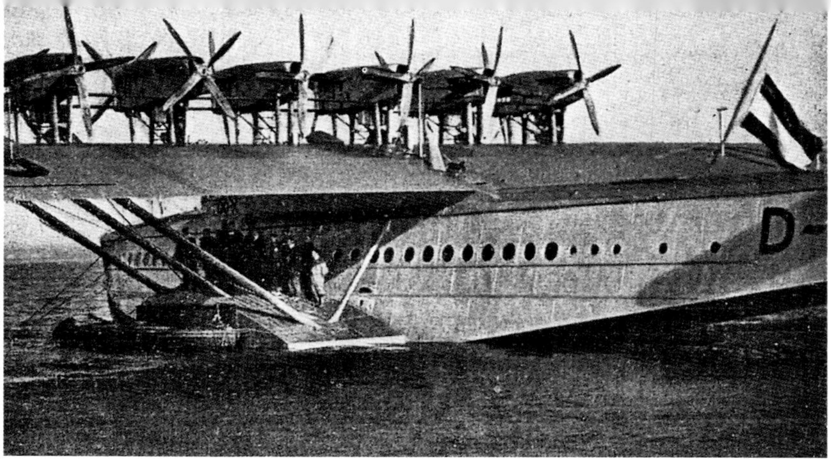

Zwei Minuten Gedenkpause der Besatzung mit Flagge halbstock: 11. November 1930 in Calshot und zwölfter Jahrestag des Waffenstillstands von 1918.

Hochherrschaftlicher Besuch. Von den Offizieren der DO-X-Besatzung begrüßt, ist der Prince of Wales (heller Mantel) auf dem Weg vom Stummel in das Fluggastdeck.

Von Film und Presse beobachtet: Claude Dornier begrüßt den Prince of Wales (Pfeil) an Bord der DO-X am Vormittag des 12. November 1930.

Von Büro zu Büro. Netter Postkartengruß des Treibstoffsponsors Vacuum Oil aus dem Postsack der DO-X von Anfang November 1930.

zu tun. Claude Dornier wird sich entscheiden müssen und hat Vorteile gegen Nachteile abzuwägen.

14. November, Freitag

Wo ist das Flugschiff? Nachdem sich der Nebel, der einen Start am Tag zuvor unmöglich machte, verzogen hat, startet das Flugschiff nach dem erfolglosen Versuch von 11.37 Uhr ein zweites Mal mit zwölf Fluggästen an Bord Richtung Bordeaux um 11.47 Uhr und ist nach 55 Sekunden aus dem Wasser des Solents. In Flughöhen zwischen 30 und 100 Metern steuert Horst Merz bei böigem Gegenwind an der Küste entlang. Nach fünf Stunden Flug und 755 Kilometern Strecke ist klar, dass vor Einbruch der Dunkelheit Bordeaux nicht erreicht wird. Um 17.03 Uhr wassert die DO-X nach Überfliegen der Île de Yeu bei Les Barges und rollt mit Manövermotoren fast vier Stunden an der Küste entlang in den Pertuis Breton hinein. Um 20.45 Uhr fällt bei San Martin de Ré der Anker, und ein herbeigerufenes Motorfischerboot bringt die Passagiere an Land, wo sie in schnell organisierten Quartieren die Nacht verbringen. Die Besatzung bleibt an Bord. Für einige Stunden ist das Flugschiff der beobachtenden Presse entglitten, und schon brodelt es in der Gerüchteküche. DO-X gestrandet, abgestürzt, verschollen! Wichtige Gäste für einen geplanten Rundflug in Bordeaux nehmen diese Meldungen zum Anlass, in Paris erst gar nicht abzureisen.

15. November, Sonnabend

147. Flug mit Ankunft nahe Bordeaux. Nach Anker auf vor San Martin de Ré rollt die DO-X von 9.40 bis 11 Uhr zur Reede von La Rochelle, wo die Passagiere an Bord kommen. Danach startet Horst Merz das Flugschiff mit 39 Tonnen Fluggewicht in 30 Sekunden um 11.44 Uhr. Bereits nach 152 Kilometern Strecke in gut einer Stunde wassert die DO-X vor Roc de Thau auf der Gironde etwa 50 Kilometer von Bordeaux entfernt und macht an einer Boje fest. Ab 14.30 Uhr ist das Flugschiff von den Behörden für den Verkehr und Besucher freigegeben. Es wird getankt, und am Sonntag nehmen zahlreiche Besucher die Möglichkeit der Besichtigung wahr. Man wartet auf die wichtigen Gäste von Claude Dornier und der Schiffsleitung aus Paris.

Claude Dornier und Wilhelm Niemann stecken den Kurs für die nächste Etappe während des Europafluges ab.

17. November, Montag

Rundflugprogramm mit Zwischenfall. Von der Boje vor Roc de Thau rollt das Flugschiff auf der Gironde eine Stunde nach Blaye und nimmt die lang erwarteten Gäste auf. 41 Passagiere und die Besatzung befinden sich beim Start um 10.02 Uhr an Bord. Es folgt ein kurzer Rundflug von einer knappen Viertelstunde, dem sich ein zweiter, etwas längerer Flug mit 40 Fluggästen anschließt. Um 11.39 Uhr folgt dann der Start zum 150. Flug der DO-X, dem dritten an diesem Tag, mit nur sechs Gästen an Bord in Richtung der Marinestation von Lac d'Hourtin. Nach einer Runde über Bordeaux verschlechtert sich das Wetter. Die Wolken hängen so tief, dass das Ziel nicht angeflogen werden kann. Nach Rückkehr zur Startstrecke auf der Gironde bei Pouillac gibt es für die Wasserung ein Problem: »... *welch Überraschung. Der Wind hatte umgeschlagen und stand genau entgegengesetzt der äußerst starken Strömung der Gironde. Das alte Lied der Seeflieger hob an. Wie soll man unter diesen Umständen landen? Gegen den Strom oder gegen den Wind? Horst Merz entschloss sich, mit Rückenwind gegen den Strom zu wassern. Weich setzte die Maschine auf, als sie im gleichen Moment, vom Rückenwind erfasst, vorn ins Wasser gedrückt wurde und in Bruchteilen einer Sekunde einen rechtwinkligen Hakenschlag nach Backbord machte. Die Wucht der Drehung verursachte eine kleine Unordnung. Die Maschine oder besser gesagt das Boot hat bei dieser außergewöhnlichen Kraftprobe einem ungeheuren Druck standhalten müssen. Die sofortige Kontrolle ergab, dass auch nicht das geringste am und im Boot gelitten hatte, außer unserem schönen Porzellan, das schaufelweise als Trümmer durch das kleine Bullauge in der Küche in die gelben Fluten der Gironde flog.«* Über das »Geschirropfer« auf der Gironde redet die Besatzung noch einige Zeit. Es war die erste Situation, bei der besondere seefliegerische Qualitäten der Flugzeugführer gefordert waren.

Hatte nur ein kurzes Leben bis zum 17. November 1930: Die Masse des Bordporzellans ging schon zu Beginn des Überführungsfluges zu Bruch.

20. November, Donnerstag

Von der Gironde nach Santander. Nebel verhindert am Dienstag und Mittwoch den vorgesehenen Start zum Flug Richtung Spanien. Um 8.45 Uhr wirft die DO-X von der Boje in Bec d'Ambes los und rollt nach Blaye, um elf Fluggäste an Bord zu nehmen. Gegen 10 Uhr startet das Flugschiff zum 151. Flug entlang der Küste des Golfs von Biskaya zur spanischen Hafenstadt Santander. Um 13.23 überfliegt die DO-X den Hafen für eine Runde bis Suances. Wie schon in Amsterdam bricht das Halteband eines Ölkühlers, und das Flugschiff muss schnellstmöglich wassern. Es geht vor dem Hafen um 13.43 Uhr nieder und macht mit zwei Leinen weit draußen bei der Boje La Comba fest. In der kommenden Nacht wird es ungemütlich. Bei auffrischendem Wind in Böen zwischen 7 und 8 Windstärken und Seegang zwischen 5 und 6 müssen zwei Motoren der vorderen Reihe, zur Entlastung der Ankerkette, die halbe Nacht laufen. Auch am

Während der Ehrenrunde über dem Hafen des spanischen Santander. Bei strömendem Regen bleibt der Besatzung der Besucheransturm am Landetag erspart.

Freitag sind die DO-X und ihre Besatzung damit beschäftigt, mit laufenden Manövermotoren den Sturm vor Anker und Leinen abzureiten.

21. November, Freitag

Die für das Flugschiff problematischen Stunden im Kampf mit den Unbilden der Natur waren absehbar und vermeidbar. Bei seinen Entscheidungen in Bezug auf das Wetter schwört Kommandant Christiansen auf den Wetterdienst der Hamburger Seewetterwarte. Oft gegen die regionalen Wetterdienste und Wahrnehmungen vor Ort entscheidet er sich immer erst nach den Meldungen aus Hamburg. Diesmal liegt die Seewarte voll daneben, und warnende Hinweise in Bordeaux schlägt Christiansen in den Wind. Die DO-X fliegt in den Sturm von Santander regelrecht hinein. Claude Dornier erlebt das sture Vertrauen seines Kommandanten auf die Funkmeldungen aus Hamburg mit kritischer Aufmerksamkeit.

22. November, Sonnabend

Der Sturm hat in der Nacht nachgelassen, sodass vormittags 4400 Liter Brennstoff getankt werden können. Dann wird die DO-X ab 15 Uhr für die Besichtigung freigegeben.

23. November, Sonntag

152. Flug nach La Coruña. In Santander bleibt das Flugschiff aufgrund der Wettersituation und des Ankerplatzes – drei Kilometer vom Hafen entfernt – vor Besuchermassen verschont. Ganz anders in La Coruña. Nach dem Start mit sieben Fluggästen entlang des Hafens von Santander um 10.15 Uhr fliegt die DO-X in etwa 300 Metern Höhe an der spanischen Biskayaküste entlang. Um 13.10 Uhr ist La Coruña nach 426 Kilometern Flugstrecke in zwei Stunden und 41 Minuten Flugzeit erreicht. Genervt erfährt die Schiffsführung, dass der freundliche Bürgermeister in Anbetracht des verspäteten Erscheinens der DO-X »bloß« 4000 Besucher zur Besichtigung eingeladen hat. Der Besucherbetrieb wird von der Agentur der HAPAG in La Coruña organisiert, um die Besatzung zu entlasten. Trotzdem ist das für die Männer der DO-X eine neue Erfahrung. Erstmals werden Tausende von Menschen durch das Flugschiff geschleust. Claude Dornier, der bis Lissabon mitfliegen will, ist bereits durch die vielen Verzögerungen hinter seinem persönlichen Termin-

plan und fährt mit seiner Frau per Bahn von La Coruña nach Paris. Dort wird er auf dem Aero-Salon erwartet. Das Dornier-Folgemodell des Flugschiffs, die viermotorige DO-S für 20 Passagiere, ist auf der Pariser Luftfahrtausstellung der Blickfang.

27. November, Donnerstag

Letzte Etappe bis Lissabon. Ab Mittwoch liegt das Flugschiff startbereit an der Boje, doch schlechtes Streckenwetter verhindert den Weiterflug. Um 9.45 booten neun Fluggäste ein, und um 10.53 Uhr erfolgt der Start, der diesmal über eine Minute dauert. Im Journal der DO-X werden die Gründe genannt: *»wegen Dünung und schlechten Benzins«*. Immer in Sichtweite der Küste führt der Flug nach Lissabon. Zu einer bemerkenswerten Begegnung kommt es bei Cap del Home um 12.20 Uhr. Die DO-X dreht eine

Kommandant Friedrich Christiansen am Navigationstisch. Der Wetterbericht der Deutschen Seewetterwarte war für ihn immer relevant für seine Entscheidungen, auch wenn der Blick aus dem Fenster das Wettergegenteil der Meldung präsentierte

Das Ehepaar Dornier mit Koffern. Von Amsterdam bis La Coruña an Bord des Flugschiffes geht die Reise nach der Landung der DO-X am 23. November per Bahn weiter zum Aero-Salon nach Paris.

Speisen- und Getränkekarte der DO-X. Äußerlich international aufgemacht, bot sie innen zwar eine reichhaltige Wein- und Spirituosenauswahl, aber nur eine »Kalte Platte« für den Hunger.

Kleine Schwester der DO-X, das Folgemodell mit technischer Charakteristik des Flugschiffes von 1930: die viermotorige DO-S auf dem Bodensee vor Manzell.

Nach dem gelöschten Flächenbrand ist der große Schaden an der DO-X offensichtlich. Viele neugierige Zuschauer in Lissabon haben so ihre Zweifel an der Fortführung des Überführungsfluges.

Runde über den beiden deutschen Kreuzern KARLSRUHE und KÖLN. Dazu Wilhelm Niemann: »... *Zu bemerken ist nur, dass die Ehrenrunde über den deutschen Kreuzern auch für uns sehr eindrucksvoll war. Die Offiziere und Besatzungen beider Schiffe waren auf dem Oberdeck angetreten und salutierten, während die Flagge gedippt wurde. Zugleich wurden Signalsterne und Raketen von den Schiffen abgefeuert.*« Gegen 15.19 Uhr wassert das Flugschiff in der Nähe des berühmten Turms von Belem bei Lissabon.

Strömender Regen treibt Tausende Zuschauer des Schauspiels in die Häuser zurück. So bezieht die Besatzung in Ruhe ihre Quartiere – ohne allzu großen Empfangsstress.

28. November, Freitag

Vorbereitungen für den Flug nach Cádiz. In erster Linie bedeutet dies das Tanken von 7400 Litern Brennstoff. In der Dornier-Partnerwerft Construcciones Aeronauticas S. A. in Cádiz soll die DO-X für den Atlantikflug via Azoren nach New York in den nächsten acht bis zehn Tagen vorbereitet werden.

29. November, Sonnabend

Feuer an Bord, die Tragfläche brennt! Aufgetankt und abflugbereit liegt die DO-X an ihrem Schicksalstag an ihrer Boje auf dem Tejo. Die Besatzung hat Ausgang, um sich Lissabon anzuschauen. An Bord befinden sich Wachoffizier Horst Merz, zwei Monteure sowie Kommandant Christiansen, Pressechef Maurice Dornier und Ingenieur Stagnet. Nach dem Mittagessen steigen die drei Letztgenannten in ein Motorboot, um bei einer kleinen Rundfahrt um die DO-X eine Zigarette zu rauchen. Maurice Dornier schildert die nächsten Minuten: »... *Kaum 100 Meter hinter dem Schiff angelangt sah ich ein Feuer auf dem Mitteldeck, das kurz darauf von Monteur Brombeis bekämpft wurde. Mit Vollgas wurde die DO-X, deren Backbordtragfläche in Rauch und Feuer gehüllt war, angesteuert um zu Hilfe zu eilen. Da Explosionsgefahr bestand, wurde das Motorboot sofort weggeschickt mit dem Auftrag, von der gegenüber liegenden Marineflugstation Hilfe mit Feuerlöschern anzufordern. Kapitän Christiansen verschwand im Tankraum, um die Tanks unter Gasschutz zu setzen, während die anderen mit allen vorhandenen Feuerlöschern der Wache zur Hilfe eilten. Zum Glück kamen auch schon die wackeren Marineflieger mit ihren Schnellbooten an, brachten große Feuerlöscher mit und gaben sogar drei mutige Matrosen an Bord, während von den Booten aus von unten der Brand im Flügel bekämpft wurde. Durch den Strom lag das Flugschiff quer zum Wind, der landeinwärts wehte und das Feuer vom Schiff gegen das Flächenende trieb. Es war nicht möglich, den Brand der Bespannung aufzuhalten, doch konnte das Feuer erfolgreich vom Schiffsrumpf, den Motorengondeln und den Benzintanks in den Flügelnasen abgehalten werden. (...) Nach 20 Minuten aufregender, intensiver Tätigkeit war der Brand gelöscht und jede Gefahr vorüber. Dafür starrten die angebrannten Duralrippen zum Himmel ...*«

Eine zum Trocknen ausgelegte Persenning stellte sich als kleine Ursache mit großer Wirkung heraus. Der Wind hatte sie über den Auspuffstutzen des laufenden D.K.W.-Hilfsmotors geweht. Um 14.30 Uhr waren die Wettermeldungen über Funk eingelaufen, und der Hilfs-

Einzige zeitgenössische Farbabbildung des Interieurs der DO-X von Marinemaler Claus Bergen. Alle seinerzeitigen Fotos der Einrichtung sind schwarzweiß.

motor hatte den Stromgenerator der Funkanlage betrieben. Seine heißen Abgase hatten die Plane entzündet und diese wiederum die angeblich nicht brennbare Flächenbespannung.

1. Dezember, Montag

In der Dezemberausgabe der viel gelesenen Monatshefte von Velhagen & Klasing erscheint ein langer Artikel von Paul Oskar Höcker (1865-1944): »Im Dornier Flugschiff DO-X«. Auf den Seiten 539 bis 546 berichtet der bekannte Journalist und Reiseschriftsteller über seine Eindrücke beim Mitfug in der DO-X von Amsterdam nach Calshot. Das Mitfliegen von Höcker plante die Redaktion der Monatshefte bereits seit einiger Zeit. Für den zu verfassenden Text benötigte sie deshalb Illustrationen, die das Flugschiff von innen und außen zeigten. Claus Bergen (1885-1964), renommierter Marinemaler der 1920er-Jahre, hatte für Velhagen & Klasin schon einige Aufträge ausgeführt, und so ließ man ihn von München nach Altenrhein reisen, um notwendige Skizzen und Farbimpressionen vor Ort anzufertigen. Besonders seine farbigen Temperabilder der Inneneinrichtung sind einmalig, da es sonst vom Interieur der DO-X nur schwarzweiße Fotoabzüge gibt. Fünf Temperaillustrationen erscheinen als Farbdrucke im Dezemberheft. Nach der Verwertung zu Anfang der 1930er-Jahre verschwinden die auf Hartfaserplatten gemalten Originale in Größen von 35 x 40 cm

Abbildung aus Velhagen & Klasings Monatheft vom Dezember 1930: die DO-X in Altenrhein von Claus Bergen.

Die Vorhänge waren grün. Claus Bergen malte eine Dame im Salon der DO-X.

Ein solches Motiv aus dem Rauchsalon des Flugschiffs gibt es auch als Foto: eine gestellte Szene mit kalter Zigarre, denn an Bord herrschte absolutes Rauchverbot.

oder 37 x 49 cm bei Claus Bergen in einer Mappe mit der Aufschrift »Dornier«. Sie werden erst nach seinem Tod im Jahre 1964 in seinem Nachlass wieder auftauchen.

Im Dezember

Langwierige Reparatur fern der Heimat. Dank der geschickten Konstruktion und wenig problematischer Auswechselmöglichkeit der weggebrannten Hautflächenfelder kann die Reparatur mit 14 angereisten Flugzeugbauern aus Altenrhein unter freiem Himmel im U-Boot-Hafen von Lissabon bewerkstelligt werden. Hautflächenfelder stehen sofort zur Verfügung, weil bei der AG für Dornier-Flugzeuge in Altenrhein bereits zwei weitere DO-X-Flugschiffe für Italien produziert werden. Schwierigkeiten bereiten lediglich der Transport über die lange Strecke und solche Überraschungen wie unterschiedliche Spurbreiten der spanischen und portugiesischen Eisenbahnen. Die Waggons mit den Reparaturteilen müssen mühselig umgeladen werden. Gut zwei Monate dauern die Arbeiten an der Backbordfläche der DO-X, und die Besatzung verbringt Weihnachten 1930, bei verkürztem Tagegeld, in Lissabon. Die ersten Vorboten intensiver Sparsamkeit aufgrund der weltwirtschaftlichen Krise finden nicht nur Verständnis, und drei protestierende Monteure der Erstbesatzung werden nach Altenrhein zurückgeschickt.

16. Dezember, Dienstag

Zweite Auflieferungsverschiebung der DO-X-Post. Nach dem Tragflächenbrand des Flugschiffes in Lissabon erfolgt die zweite Auflieferungsverschiebung für DO-X-Post. Die Reichspost bestätigt das Sammeln der DO-X-Postsendungen in Friedrichshafen und den Transport nach

Lissabon zum Flugschiff bis zum vorgesehenen Beginn des Atlantiküberfluges im Januar 1931.

Im Dezember

Bordpostsachen werden ausgelagert. Während der Reparaturarbeiten im U-Boot-Hafen des Marinearsenals mit einheimischen Technikern und aus Altenrhein angereisten Flugzeugbauern an Bord befiehlt Kommandant Christiansen die Auslagerung der Bordpostsachen zum lokalen Klarierer des Flugschiffes, der HAPAG-Agentur Marcus & Harting. Dorthin soll das Postamt Friedrichshafen die aufgelaufene DO-X-Post schicken. Mit dieser Regelung haben die Beamten beim Reichspostministerium in Berlin ihr Problem. Sie formulieren Sicherheitsbedenken, über die sich das Flugschiffskommando hinweggesetzt.

Werbeplakat der Dornier-Metallbauten GmbH zu Anfang der 1930er-Jahre: eine Art Stammbaum der Flugzeugtypen in gewisser Größenproportion zueinander – ein Entwurf von Marcel Dornier, Claude Dorniers jüngerem Bruder.

29. Dezember, Montag

Um möglichst viel Flugbenzin laden zu können, muss das Gesamtgewicht reduziert werde. Das ist notwendig, damit bei der Atlantiküberquerung die Strecke ohne Zwischenlandung bewältigt werden kann. Deshalb wird sämtliches Mobiliar, was irgendwie entbehrlich ist, ausgebaut und in große Seetransportkisten verpackt. Diese gehen mit dem nächsten Frachtdampfer über den Südatlantik nach Natal, wo das Etappenziel der DO-X nach dem Überflug gesteckt ist.

Jahreswende 1930/1931

Niemanns Einschätzung für die HAPAG. Noch während der Reparaturarbeiten in Lissabon schreibt Wilhelm Niemann eine bemerkenswerte Einschätzung der DO-X als Luftverkehrsmittel an den Grafen von der Goltz, dem Leiter der Luftfahrtabteilung der HAPAG-Reederei in Hamburg. Nach viereinhalb Monaten eigener Erfahrungen und Beobachtungen der Belange des Flugschiffes urteilt Niemann eindeutig: »... *so begeistert ich auch für den Flugschiffsgedanken bin, stehe ich doch andererseits auf dem Standpunkt, dass, so hoch ich auch die Leistungen der DO-X einschätze, diese DO-X nicht mehr den Ansprüchen genügt, die eine Schifffahrtsgesellschaft nach den gesammelten Erfahrungen in diese Richtung stellen müsste. DO-X 1 ist ein reines Experimentierschiff, hat als solches glänzende Erfolge gehabt, wenn man alle Propaganda Nebenerscheinungen von unserem Programm abzieht, also in seemännischer und fliegerischer Beziehung, eignet sich aber in dieser Form keinesfalls für einen freiwirtschaftlichen Verkehr ...*« Während des viel später so betitelten »Europafluges« von Altenrhein bis Lissabon legt die DO-X genau 4148 Kilometer zurück, wovon 399 Kilometer für die örtlichen Rundflüge gebucht werden. Insgesamt ist das Flugschiff 29 Stunden und 16 Minuten in der Luft, transportiert 205 Fluggäste und wird von rund 8000 Besuchern an Bord in Augenschein genommen.

1931

Anfang Januar

Ausführung der in Cádiz vorgesehenen Arbeiten. Im Sinne der Gewichtsreduzierung bei der geplanten Atlantiküberquerung wird die gesamte Inneneinrichtung des Fluggastdecks ausgeräumt und für den Schiffstransport ins brasilianische Natal verpackt. Stattdessen hebt ein Kran große Zusatztanks durch die dafür vorgesehenen Luken am Bug und Heck in das Flugschiff. Zwei Benzintanks für jeweils 3200 Liter werden im hinteren Salon aufgestellt und angeschlossen. Zwei weitere Tanks für je 1200 Liter finden im Bugbereich ihren Platz.

Im Januar

Ab La Coruña fliegt Dornier-Direktor Paul Berner mit. Er leitet dann zeitweise die Reparaturarbeiten in Lissabon und wird in Las Palmas die Expeditionsleitung bis New York übernehmen. Weiterhin sind ab Lissabon Maurice Dornier (1888–1932) als Mann für die Öffentlichkeitsarbeit sowie Condor-Syndikat-Direktor Fritz Wilhelm Hammer (1888–1938) als Vertreter der Dornier-Metallbauten GmbH an Bord. Nach Claude Dorniers Vorstellungen soll Hammer bereits in Lissabon offizieller Expeditionsleiter der DO-X werden, was an Christiansens energischem Widerstand scheitert, der die Besatzung hinter sich weiß. Fritz Hammer ist erst einmal Dorniers Firmenrepräsentant auf der DO-X und macht den Flug von Lissabon nach Gran Canaria mit, bevor er, von dort nach Deutschland zurückgekehrt, für einige Wochen erkrankt. Zwei Dauerpassagiere des »Europafluges« sollen noch erwähnt werden. Es sind dies die Italiener Major G. Brenta, vorgesehener Kommandant der DO-X 2, und Major C. Gustosa, Baubeaufsichtiger der beiden italienischen DO-X Flugschiffe. Major Brenta fliegt bis Rio de Janeiro mit, Major Gustosa steigt in Lissabon aus.

Benzintanks im Betriebsdeck. Ähnliche Kaliber kamen in Lissabon an Bord und wurden für den Überflug des Atlantiks im Passagierdeck aufgestellt, nachdem die edle Einrichtung in Transportkisten für die Dampferüberfahrt verstaut worden war.

12. Januar, Montag

Festlegung des Flugprogramms für den Weiterflug. Jetzt soll die DO-X 1 ab Lissabon folgende Stationen anfliegen: Kanarische Inseln, Kapverdische Inseln, Natal, Rio de Janeiro. Ab Rio bis New York sind Natal, Paramaribo, Trinidad und Havanna vorgesehen. Der letzte Satz in der Mitteilung für die Besatzung wird noch erhebliches Gewicht bekommen: *»Dieses Programm ist nicht endgültig und kann unter Umständen eine Erweiterung oder Kürzung oder sonstige Änderungen erfahren.«*

20. Januar, Dienstag

Bodenreinigung und Einfliegen nach der Reparatur. Nach Beendigung der Arbeiten an der abgebrannten Flächenbespannung nimmt ein Schlepper das Flugschiff auf den Haken und bringt es in die Bucht von Alfeite. Bei Ebbe fällt die DO-X am Strand trocken, und eine Seite des Schiffsbodens kann ohne großen technischen Aufwand gereinigt werden. Zwei Tage später wird die DO-X auf die andere Seite gekrängt und die Gegenseite geschrubbt. Am 24. und 25. Januar erfolgt das Einfliegen der DO-X. Brennstoffverbrauchs- und Funkpeilversuchsflüge schließen sich an.

Erstmals ausprobiert und für brauchbar befunden. Die Bodenreinigung der trocken gefallenen DO-X am Strand von Alfeite bei Lissabon. Horst Merz, Friedrich Christiansen, Wilhelm Niemann und Henry Kiel (von links nach rechts) haben eine Sitzpause eingelegt.

23. Januar, Freitag

Letzte DO-X-Postannahme in Friedrichshafen. Seit der offiziellen Bekanntgabe der Beförderung vom 21. Oktober 1930 schicken Interessenten ihre DO-X-Post im separaten Umschlag an das Postamt Friedrichshafen. Dazu kommen mit entsprechendem Leitvermerk versehene Post, die bei anderen Postämtern im Deutschen Reich aufläuft, und ausländische Post aus Zulieferstaaten, zum Beispiel Holland, Österreich, Portugal, Schweiz, Liechtenstein, Ungarn, die Freie Stadt Danzig und das Saargebiet. Einige wenige Briefe aus den USA und Russland gehören auch dazu. Alle Postsachen für das Flugschiff sammelt Friedrichshafen und fertigt die Luftpostbelege ab.

Sie bekommen den Aufgabestempel »FRIEDRICHSHAFEN (Bodensee) b« mit Datum oder diesen als Durchgangsstempel für die ausländische Post aufgeschlagen. Fünfmal schreiten die Beamte in Friedrichshafen zur Tat und bearbeiten angesammelte Post, das geschieht am 13. und am 21. sowie am 28. November 1930 und dann am 15. und letztmalig am 23. Januar 1931. Die Postsammelsendungen aus Friedrichshafen gehen per Bahn an die Agentur Marcus & Harting in Lissabon.

In Lissabon auf den Strand gesetzt – zur Gewichtsentlastung für den kommenden Flug ohne Anker. Ob notwendig oder nicht, war bei jedem zu sparenden Kilo ein Streitpunkt in der Schiffsführung.

Im U-Boot-Hafen von Lissabon Mitte Januar 1931. Von links nach rechts: Fritz Hammer, Clarence A. Glade, der Deutsche Konsul in Lissabon, Friedrich Christiansen, Harvey Brewton und (ganz außen) Wilhelm Niemann.

26. Januar, Montag

Zum 156. Flug der DO-X haben sich die Spitzen der Militär- und Zivilbehörden Lissabons eingefunden. Während eines Fluges von einer Stunde und zehn Minuten über 195 Kilometer versuchen sich acht verschiedene Armee- und Marineflieger am Steuerrad der DO-X. Mit an Bord sind auch Angehörige der Deutschen Gesandtschaft und der deutsche Konsul in Lissabon, Clarence A. Glade.

27. und 28. Januar, Dienstag und Mittwoch

Mit bis zu 54 170 Kilogramm Fluggewicht werden die Belastungsgrenzwerte und das Startverhalten des schwer beladenen Flugschiffes mit zufriedenstellenden Ergebnissen erprobt.

29. Januar, Donnerstag

Postauflieferung beim Flugschiff. Von der HAPAG-Agentur Marcus & Harting werden 1303 Briefe und 1778 Postkarten vom Postamt Friedrichshafen in Säcken an Bord geliefert. Dazu kommt direkt aufgelieferte portugiesische Post. Wilhelm Niemann schreibt im April 1932: *»... portugiesische Post erhielten wir nach Überwindung verschiedener Schwierigkeiten (französisches Luftpostmonopol) in Lissabon. Hier ist zu bemerken, dass die portugiesischen Postbehörden versehentlich auch eingeschriebene Briefsachen angenommen hatten. Nach entsprechendem Telegrammwechsel mit dem R.P.M. in Berlin wurde der Einschreibevermerk aber für ungültig erklärt und auch diese Post als gewöhnliche Post befördert, womit sich die portugiesische Postbehörde auch einverstanden erklärte. In Las Palmas, auf den Kanarischen Inseln, gab ich die erste Post an Land ...«*

30. Januar, Freitag

Wilhelm Niemann über Friedrich Christiansen. Niemann beantwortet in einem »privaten« Brief an den Leiter der Abteilung Luftfahrt der Hamburg-Amerika-Linie, Graf von der Goltz, dessen Frage nach den Führungsqualitäten Friedrich Christiansens.

Nachdem er seinen Kapitänskollegen gebührend lobt, kommt Folgendes: *»... ein Vorbild von Pflichterfüllung und Kameradschaft. Nichtsdestoweniger oder gerade deswegen vielleicht herrscht aber an Bord der DO-X eine selbstverständliche Disziplin, die auch Außenstehenden angenehm aufgefallen ist. Andererseits hat aber Herr Kapitän Christiansen die Veranlagung, sich nach außen hin als Kommandant unbedingt durchzusetzen. Den Beweis dafür hat er gerade in diesen Tagen erbracht, als Direktor Hammer vom Condor-Syndikat den Versuch machen wollte, entscheidenden Einfluss auf die Führung des Unternehmens zu gewinnen. Herr Hammer hatte scheinbar verstanden, Herrn Dr. Dornier soweit einzuwickeln, dass Ersterer zum Expeditionsleiter dieses Unternehmens bestimmt werden sollte. Hiergegen hat Herr Christiansen sich sehr energisch gewehrt und zwischenzeitlich hatte der Kampf deswegen so scharfe Formen angenommen, dass unser Kapitän Herrn Dr. Dornier das Kommando der DO-X wieder zur Verfügung gestellt hat. Selbstverständlich stand die Besatzung geschlossen hinter ihrem Kapitän ...«* Christiansens Drohung zeigt Wirkung, und Fritz Hammer soll jetzt nur als Vertreter der Dornier-Metallbauten GmbH bis Rio de Janeiro mitfliegen.

31. Januar, Sonnabendmorgen

Der 159. Flug von Lissabon nach Las Palmas auf Gran Canaria verläuft unproblematisch. Mit 51 Tonnen Abfluggewicht und sechs Fluggästen auf Korbstühlen stemmt sich das Flugschiff aus dem Tejo-Fluss vor Lissabon um 8.05 Uhr und nimmt direkt Kurs auf die Kanarischen Inseln. Dieser erste große Überseeflug der DO-X hat besonders navigatorisch seinen Reiz. Wilhelm Niemann (1892–1935) und vor allem Gago Coutinho (1869–1959), der als Gast mitfliegt, erproben alle technischen Möglichkeiten des Flugschiffes wie Funkpeilung und natürlich die übliche Schiffsnavigation auf offener See. Coutinho, portugiesischer Admiral und erster Überflieger des Südatlantiks im Jahr 1922, überprüft bei der Gelegenheit seine eigene, neue Navigationsmethode.

Einmal mehr stört sich Niemann an den komplizierten und zeitraubenden Umrechnungen mit dem Rechenschieber für die Navigationsparameter aufgrund des althergebrachten 360-Grad-Kreises mit seinen krummen Rechenergebnissen. Wie schön einfach wäre alles, wenn mit dezimalem 400-Grad-Kreis gerechnet würde! Ein Gedanke, der ihn bis an sein Lebensende nicht mehr loslässt.

Sonnabendvormittag

Postentwertung bis der Stempel glüht. Zusammen mit einigen Besatzungsmitgliedern als Helfer erledigt Niemann seine größte Entwertungsaktion aller DO-X-Reisen. Sie bestempeln die Postsendungen aus Friedrichshafen und die portugiesische Post mit dem Bordpoststempel als Durchgangsstempel und verpassen ihnen den rechteckigen, roten Flugbestätigungsstempel. Weiterhin bekommen über tausend D.M.B.-Briefe als Bordpostaufgabe unterschiedliche Freimarken aus dem Bordbestand aufgeklebt. Niemann wird das Porto mit der Firma Dornier verrechnen und entwertet die Briefe mit dem Bordpoststempel vom »31.JAN.31.« als Aufgabestempel.

Sonnabendnachmittag

Nach sechs Stunden und 58 Minuten Flugzeit und einer Strecke von 1334 Kilometern sowie einer Runde über Las Palmas wassert das Flugschiff in den im Bau befindlichen Hafen von Las Palmas, Puerto de la Luz, hinein. Es ist 15.15 Uhr. Noch eine Etappe zu den Kapverdischen Inseln und von da aus über den Südatlantik zum brasilianischen Natal, so stellt sich die Schiffslei-

Kurz vor der Revolution sind die Spanier mit sich selbst beschäftigt. Sonnabendnachmittag im Innenhafen von Las Palmas. Wenig beachtet, ist das Flugschiff gerade darüber hinweggedröhnt.

tung die weitere Reiseplanung vor. Jetzt scheint das Überflugabenteuer für die Besatzung des Flugschiffes zum Greifen nahe. An einer Boje liegend, beginnt sofort die Prozedur des Tankens von Flugbenzin. Muskelarbeit – wie so vieles während der Zeiten zwischen den Flügen. Jeweils zwei Mann der Besatzung bedienen eine Allweiler-Handpumpe gut zweieinhalb Stunden lang, um 15 000 Liter Flugbenzin von einem Leichter in die Bordtanks zu befördern. 200 Liter Motorenöl wandern auf dem gleichen Weg durch die Schläuche und Pumpe in den Tank auf dem Betriebsdeck.

2. Februar, Montag

Rollen im Atlantik zur Gando-Bucht. Da in der Bucht von La Luz aufgrund von geänderten Windverhältnissen keine ausreichend lange Startfläche zur Verfügung steht, muss die DO-X wiederum ihre Schiffsqualitäten zeigen. Mit der Kraft seiner Motoren rollt das Flugschiff an der Küste entlang zur 13 Seemeilen entfernten Gando-Bucht. *»Trotz hoher Querdünung und starkem Seegang in Küstennähe benahm sich das Flugschiff sehr gut und zuverlässig im Manövrieren«*, bemerkt Friedrich Christiansen in seinem Bericht über diese besondere »Seereise«. Die Gando-Bucht liegt in direkter Nähe zum heutigen Flugplatz von Gran Canaria. Bei An- und Abflug kann man einen Blick auf die Bucht werfen, die der DO-X-Besatzung zur bitteren Erinnerung werden soll.

3. Februar, Dienstagmorgen

Missglückter Start in der Gando-Bucht. Der Startversuch zum Weiterflug zu den Kapverdischen Inseln endet mit schweren Strukturbeschädigungen der DO-X. Dazu berichtet der »Junkers-Nachrichtendienst« am 5. Mai 1931 Folgendes: *»Betr. Unfall DO-X beim Start in Las Palmas. Dr. Thielau war kürzlich in Las Palmas, um die Reparaturen der DO-X zu besichtigen. Nach Angaben hat sich das Boot bisher gut bewährt. Der Bruch ist auf eine durchaus ungewöhnliche Beanspruchung zurückzuführen. Es wurde nämlich versucht, gegen den Wind, der quer zur Dünung verlief, zu starten. Hierbei kam die überlastete Maschine ins Springen und schlug mit dem äußeren Ende eines Stummels auf einen Wellenkamm auf; infolgedessen rissen teilweise die Diagonalverbände im Boot (...) Auch Flugkapitän Merz ist heute angeblich zu der Meinung gekommen, dass der Startversuch damals verfehlt sei ...«* Hoher Seegang mit Nordwind verhindert das Zurückführen des Flugschiffes aus der Gando-Bucht nach Puerto de la Luz. Erst am 8. Februar rollt die DO-X zurück in den Hafen.

9. Februar, Montag

Baubeginn einer provisorischen Slipanlage. Den neuen Hafen von Las Palmas, Puerto de la Luz, baut eine deutsche Hafenbaufirma, kurz »COPPA« genannt, unter der Leitung von Dr. Speth. Sie erstellt in gut zehn Tagen eine Slipanlage für

Die Gando-Bucht im Februar 1930 vom Strand aus. Diese Atlantikdünung hätte sensibilisieren müssen, doch die Akteure kamen ja von der Seeseite.

die Reparaturarbeiten am Flugschiff. Das Reparieren der angerissenen Verbände, besonders zwischen Rumpf und Flügel, ist nur bei entlasteter Struktur im Dock oder an Land möglich.

Im Februar

Nachdem sich ein längerer Reparaturaufenthalt abzeichnet, muss Clarence Schildhauer wegen dringender geschäftlicher Angelegenheiten in die USA zurückkehren. General Motors ist in Folge der Weltwirtschaftkrise in Schwierigkeiten und will sich vom geplanten Flugzeugbau und Dornier lösen. Schildhauer wird erst wieder in Natal zur Besatzung stoßen.

15. Februar, Sonntag

Besuch von Luftfahrtminister Italo Balbo. Auf der Rückfahrt von Brasilien nach Italien macht die Fliegergruppe STORMO ATLANTICO Zwischenstation in Gran Canaria. Ihr Passagierschiff CONTE ROSSO legt extra für drei Stunden im Hafen von Las Palmas an. Zusammen mit ihrem Minister und Fliegergeneral besichtigen die 40 Besatzungsmitglieder des ersten Geschwaderfluges über den Südatlantik die flügellahme DO-X. Mit zwölf Savoia-Marchetti-S.55TA-(F) Flugbooten waren die italienischen Luftwaffensoldaten im Januar von Bolama (Portugiesisch-Westafrika) nach Natal (Brasilien) geflogen. Italo Balbo (1896–1940), »il trasvolatore

Bei einen Landausflug auf Gran Canaria: Expeditionsleiter Fritz Hammer, Funkoffizier Henry Kiel, Flugzeugführer Horst Merz, DO-X-Kommandant Friedrich Christiansen, Navigationsoffizier Wilhelm Niemann und H. Stadthagen vom Condor-Syndikat (von links nach rechts).

atlantico«, hält die Beschädigungen des Flugschiffes für gering und schnell reparierbar. Seine gut gemeinte, letztendlich aber fatale Empfehlung, den Überflug nach Südamerika von Bolama aus zu starten, führt zur Etappenumlegung mit der Einrichtung von Brennstofflagern in Villa Cisneros an der afrikanischen Saharaküste und Bolama. Der bereits auf den Kapverden lagernde Betriebsstoff wird dort für alle Fälle belassen.

28. Februar, Sonnabend

Kommandant Christiansen fährt zum Rapport nach Deutschland. Das gesamte DO-X-Unter-

Luftfahrtminister und Fliegergeneral Italo Balbo gibt die Empfehlung, über Bolama nach Südamerika zu fliegen. Kein guter Rat für die DO-X, wie sich später herausstellt.

Über die Toppen geflaggt in Las Palmas am 15. Februar 1931. Italo Balbo, Italiens Luftfahrtminister, besucht das flügellahme Flugschiff.

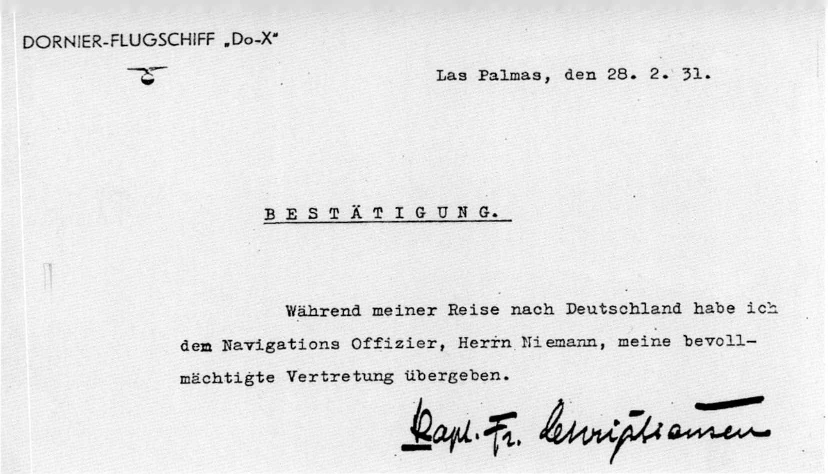

DORNIER-FLUGSCHIFF „Do-X"

Las Palmas, den 28. 2. 31.

B E S T Ä T I G U N G.

Während meiner Reise nach Deutschland habe ich dem Navigations Offizier, Herrn Niemann, meine bevollmächtigte Vertretung übergeben.

Kapt. Fr. Christiansen

Nach dem Startunfall in der Gando-Bucht reist Kommandant Christiansen zur Berichterstattung nach Deutschland. Navigationsoffizier Niemann ist sein Vertreter vor Ort.

Nachdenklicher Claude Dornier. Das Geschehen fordert schnelle Entscheidungen. Wer bringt die Transozean-DO-X aus dem Wasser und über den Atlantik?

nehmen steht auf Messers Schneide. Expeditionsleiter Fritz Hammer und Kommandant Christiansen kommen menschlich und politisch nicht miteinander aus. Die Chemie stimmt nicht. Direktor Hammer kann im Gegensatz zu Kapitän Christiansen dem beginnenden Nationalsozialismus nichts abgewinnen. Beide reisen nach Deutschland zurück, wo Hammer für einige Wochen erkrankt. Christiansen soll beim Verkehrsministerium Bericht erstatten. Während seiner Abwesenheit übergibt der Kommandant der DO-X seine bevollmächtigte Vertretung an Navigationsoffizier Wilhelm Niemann.

Anfang April

Wer bringt die Transozean-DO-X aus dem Wasser? In Friedrichshafen sitzt Claude Dornier grübelnd über den wirtschaftlichen Zahlen der DO-X-Expedition und sucht nach Lösungen für die sich auftürmenden Schwierigkeiten. Alle Zeitpläne des Überführungsfluges in die USA sind nichtig. Die neuerliche wochenlange Verzögerung nach dem »vermeidbaren« Startunfall in Las Palmas macht das Zeit- und Geldproblem noch drängender. Es steht die Frage im Raum: *»Ist die DO-X mit ihrem Eigengewicht und der notwendigen Zuladung aus Betriebsstoff, Besatzung, Post usw. für die Atlantiküberquerung aus dem Wasser zu bekommen?«* Verhaltene Berichte der Flugschiffsführung zu dieser Frage strotzen nicht gerade vor Optimismus und Vertrauen zum Fluggerät. Dornier sucht Rat bei Carl August Freiherr von Gablenz (1893–1942), Flugbetriebsleiter der Luft Hansa in Berlin. Auf die Frage, ob er einen Flugzeugführer hat, der sein schwer beladenes Flugschiff aus dem Wasser und über den Atlantik bringt, bekommt er zur Antwort: *»Ja ich habe einen, von Clausbruch. Wenn Cramer von Clausbruch den Kahn nicht rausbringt, dann bringt das so leicht keiner fertig!«* Dorniers Bitte, ihm sofort Rudolf Cramer von Clausbruch (1900–1979) zu schicken, ist mit Schwierigkeiten verbunden. Der erfahrene Seeflieger und Dornier-WAL-Spezialist sowie Kenner südatlantischer Küsten- und Seeverhältnisse fliegt seit 1927 für das Condor-Syndikat in Brasilien und war erster technischer Direktor der neu gegründeten Luftfahrtgesellschaft VARIG. Nun erreicht ihn in Buenos Aires das Telegramm von Claude Dornier mit der Bitte, sofort nach Las Palmas zu kommen, um die DO-X über den Südatlantik zu fliegen. Ein großer Vertrauensbeweis, da Cramer von Clausbruch das Flugschiff nur von Postkarten und aus Presseberichten kennt und auch erst Jahre später erfahren wird, wer ihn Claude Dornier im April 1931 empfohlen hat.

Wo ist und was macht Rudolf Cramer von Clausbruch? Der geht auf Freiersfüßen und plant seine Hochzeit mit der noch amtierenden Miss Germany Dorit Nitykowski. Ende der 1920er-Jahre gibt es in Deutschland die ersten Miss-Wahlen. Am 29. Januar 1930 kürt eine 60-köpfige Jury aus illustrer Gesellschaftsprominenz das beliebte Berliner Fotomodell Dorit Nitykowski im großen Saal des Berliner Hotels Kaiserhof zur »Miss Germany 1930«. Es folgt ihr Auftritt bei der Wahl der Miss Europa in Paris am 2. Fe-

Carl August Freiherr von Gablenz, Flugbetriebsleiter der Luft Hansa, hat mit der Empfehlung des Seefliegers Cramer von Clausbruch den richtigen Tipp für Claude Dornier.

Frisch verheiratet auf dem Weg nach Las Palmas. Dorit Cramer von Clausbruch (rechts) mit einer Passagierin, von ihrem Mann fotografiert.

Langwierige Reparatur in Puerto de la Luz. Die flügellahme DO-X auf der provisorischen Slipanlage im neuen Hafen von Las Palmas auf Gran Canaria.

bruar des Jahres. Gewählt wird eine Griechin. Dann ist Dorit Nitykowski beim Trubel um die Miss-Universum-Wahlen in Rio de Janeiro im Herbst 1930 dabei. Für sie gibt es zwar nichts zu gewinnen – den Titel heimst eine Brasilianerin ein –, doch das Herz des bekannten Condor-Syndikat-Piloten Rudolf Cramer von Clausbruch fliegt ihr zu. Die beiden verlieben sich ineinander und planen ihre Heirat im Frühjahr 1931. Nach Dorit Nitykowskis Eintreffen in Rio de Janeiro um den 10. April herum hat ihr zukünftiger Ehemann eine Überraschung für sie parat: Bereits am nächsten Tag steht sie vor dem Traualtar und wird Frau Cramer von Clausbruch, denn ein französischer Dampfer, mit Halt in Las Palmas, läuft bereits 24 Stunden später aus. Als Folge dieser Heirat hat die noch junge Geschichte der deutschen Schönheitsköniginnen ihren ersten Skandal. Hochzeit während der Amtszeit ist nach dem Reglement nicht vorgesehen, und Dorit Nitykowski, jetzt Cramer von Clausbruch, wird der Titel wieder aberkannt. Auf dem kommenden DO-X-Flug von Rio de Janeiro nach New York ist sie neben der Amerikanerin Clara Adams die zweite Dauerpassagierin an Bord des Flugschiffes. Dorit Cramer von Clausbruchs Lächeln strahlt übrigens der heute älteren Generation noch bis in die 1960er-Jahre hinein von den Kaba-Schokoladentrunk-Packungen entgegen.

17. April, Freitag

Das Ehepaar Cramer von Clausbruch kommt in Las Palmas an. Zusammen mit seiner Frau Dorit steht Rudolf Cramer von Clausbruch im Hafen von Las Palmas einsam auf der Pier. Das frisch vermählte Paar wird von den DO-X-Leuten nicht abgeholt. Niemand kann sagen, wo die Besatzung des Flugschiffes logiert. Nach stundenlangem Suchen in der fremden Stadt läuft ihnen zufällig Curtiss-Ingenieur Harvey Brewton, erkennbar an der Dornier-Schirmmütze, über den Weg. Jetzt wissen Clausbruchs, wo die DO-X-Besatzung untergekommen ist. Noch am Abend gegen 22.30 Uhr folgt die frostige Begrüßung durch Christiansen, Merz und Niemann. Die Schiffsführung fühlt sich bevormundet und ist der Meinung, auch ohne fremde Hilfe über den Atlantik zu kommen. Cramer von Clausbruch spürt die Stimmung gegen seine Person.

26. April, Sonntag

Repariert und wieder im Wasser. Länger als erwartet hat die Reparatur gedauert. Angerissene und gestauchte Duraluminiumverbinder zwischen der Fläche und der Schiffszelle müssen durch solche aus Stahl ersetzt werden. Die Ersatzteile aus Altenrhein sind eine kleine Ewigkeit unterwegs. Nach dem Slippen rollt die DO-X wieder in die Gando-Bucht, und Cramer von Clausbruch hat Gelegenheit, sich auf dem Flugschiff einzufliegen. Er beweist sein hervorragendes Können als Seeflieger und spart nicht mit Kritik. Viele seiner Fragen sind für die Schiffsführung unangenehm, da sie einigen Mangel an praktischer fliegerischer Erprobung offenbaren. Im Prinzip fliegt und manövriert die DO-X wie ein Dornier-WAL, was Horst Merz bis dahin nicht ausprobieren wollte. Von ihm stammt die damalige Einschätzung, das Flugschiff sei ein im Seegang kentergefährdetes »Monstrum«, das für Nacht- und Tiefflüge ein Risiko darstelle. Nach seiner Meinung ist die DO-X nicht ozeantauglich. Cramer von Clausbruch sieht die Dinge anders: *»... dann ist es das letzte Mal, dass ich vor einem Ozeanflug erst mal Fluglehrer spielen muss, oder sagen wir besser wollenden Ozeanfliegern die Eigenschaften ihres Flugschiffes zeigen muss, ohne die sie nie über den Ozean gekommen wären. (...) Ich habe effektiv allen beweisen müssen, dass es geht. Sei es auf Stufe rollen und dann mit 90 bis 100 km/h Wendungen machen, sei es Start mit Seitenwind oder 12 bis 15 Kilometer mehr Strecke, bei gleichem Verbrauch, durch Niedrigfliegen. (...) Laien und Angstfritzen gehören nicht auf Ozeanmaschinen, die sollen Stettin–Stockholm fliegen!«*

27. April, Montag

Erfolg durch den Bodeneffekt über Wasser. Clausbruchs Frage an seinen Kollegen, wie es denn mit dem Niedrigfliegen aussähe, um richtig Sprit zu sparen, beantwortet Merz irritiert damit, dass er auf dem Flug nach Bordeaux vor der französischen Küste längere Strecken zwischen 25 und 50 Metern über den Meereswellen geflogen sei.

Das meint Rudolf Cramer von Clausbruch aber nicht. Unter Niedrigfliegen versteht er drei bis fünf Meter über der Wasseroberfläche. Er kennt aus praktischer Erfahrung den Vorteil dieser Flughöhe über Wasser, die 15 Prozent mehr Strecke bei gleichem Benzinverbrauch ergibt. »Bodeneffektfliegen« heißt heute das, was die Atlantikflieger auf Dornier-WAL-Flugbooten durch Zufall entdecken. Nur der Bodeneffekt wird die Atlantiküberquerungen der DO-X ermöglichen. Allein die Tankkapazität ist zum Erreichen der angesteuerten Ziele zu gering.

1. Mai, Freitag

161. Flug von Gran Canaria nach Villa Cisneros. Zwischenzeitlich hat Paul Berner die Expeditionsleitung übernommen. Aus Friedrichshafen angewiesen, legt er den Starttermin fest. Nach überstandener Revolution feiern die Spanier am 1. Mai ihren Aufbruch ins republikanische Zeitalter, der ihnen Jahre später einen grausamen Bürgerkrieg bescheren wird.

Die Fahrt der DO-X-Besatzung zur Gando-Bucht verzögert sich durch die Feierei um Stunden, und erst um 11.53 Uhr ist das Flugschiff endlich in der Luft und zwei Stunden später auf dem Weg entlang der trostlosen afrikanischen Wüstenküste zum Rio de Oro, an dem der Landepunkt, das spanische Fort Villa Cisneros, liegt. Eine schroffe, steil abfallende Felsenküste mit starker Brandung und – soweit das Auge reicht – flachem, welligem Wüstenland dahinter. Kein Baum, kein Strauch, nur Sand mit ganz wenigen und dann auch noch feindseligen Nomaden, wie man durch das Schicksal dort notgelandeter französischer Postflieger weiß. Um 14.46 Uhr wassert die DO-X in der Bucht vor dem Fort und wirft ihren Anker, da keine Boje ausliegt.

2. Mai, Sonnabend

Nach einer äußerst trickreichen Betankungsaktion aus Benzinfässern, die mittels kleiner Segelfischerboote bei starkem Seegang von geschickten maurischen Bootsleuten an die DO-X herangeführt werden – das schwierigste Tankunternehmen auf der ganzen DO-X-Expedition überhaupt –, sind die Besatzungsmitglieder abends Gäste von Commandante Rigueral, des Gouverneurs von Rio de Oro.

3. Mai, Sonntag

Der 162. Flug der DO-X befördert die Besatzung von einer Revolution in die nächste. Maurice Dornier, seit Las Palmas zuständig für die Pressearbeit, schreibt dazu: »... *Um 17.20 Uhr überfliegen wir den Handelsplatz Bissao und landen um 17.45 Uhr vor der Hauptstadt Bolama nach einer Flugzeit von acht Stunden und 42 Minuten für die Entfernung von 1500 Kilometern. Eine Motorbarkasse mit der Residentenflagge kommt längsseits. Die Insassen begrüßen Admiral Coutinho, teilen ihm aber gleichzeitig mit, dass sie vor wenigen Tagen die rechtmäßige Regierung abgesetzt, den Gouverneur und seine Beamte zwangsweise nach Lissabon gesandt und eine provisorische Revolutionsregierung errichtet haben ...*« Admiral Coutinho quartieren die Revolutionäre unter Hausarrest im Regierungsgebäude in Bolama ein und geben Fersengeld, als ein portugiesisches Kanonenboot am Gerüchtehorizont auftaucht.

Sonntagmittag

Auf dem langen und eintönigen Flug nach Bolama entlang der afrikanischen Westküste meint Niemann, dass es nun zügig über den Südatlantik weitergeht. Er frankiert einen weiteren Teil der D.M.B.-Briefe und entwertet sie mit dem DO-X-Bordstempel mit Datum vom 1. und 3. Mai 1931. Die kommenden Startprobleme des Flugschiffes kann er nicht ahnen.

7. Mai, Donnerstag

Nach einigen Erkundungstouren mit einem ortsüblichen Segelboot und dem Abschluss der Überprüfung der DO-X-Motoren verlegt das Flugschiff nach der vorgelagerten Insel Bubaque. Alle Gegebenheiten für den Start nach Natal erscheinen dort günstiger als in Bolama. Außerdem findet die Besatzung viel Verständnis und Hilfe bei den deutschen Pflanzern Gerboth und Habich. Sie verwerten auf Bubaque die Ölfrüchte der wilden Ölpalmenbestände. Ab 12.30 Uhr rollt das Flugschiff mit Habich und seinem einheimischen Steuermann als Lotsen durch schwieriges Gewässer mit vielen tückischen Sandbänken, die auf keiner Karte verzeichnet sind, zu seinem neuen Ankerplatz.

9. Mai, Sonnabend

Erster Startversuch scheitert. Um vier Uhr morgens lichtet die DO-X den Anker und rollt zur Startposition. Gegen sechs Uhr ist es hell genug, um den Start anzusetzen. Das Reichsverkehrsministerium in Berlin hat der Schiffsführung ein Nachtflugverbot verordnet, an das sich »Berichterstatter« Horst Merz kommentarlos halten will – eine ähnlich fatale Haltung wie das absolute Vertrauen seines Kommandanten zu den Wettermeldungen der Hamburger Seewarte. In etwas küh-

Auf den Strand gesetzt – allerdings nur zur technischen Kontrolle und bei Ebbe, um den Schiffsboden zu reinigen. Ort des natürlichen Docks: eine Strandbucht auf Bubaque in Portugiesisch-Guinea an der Küste Westafrikas.

lerer Nacht hätte der Start vielleicht geklappt. Denn jetzt rast das Flugschiff kilometerweit mit Vollgas durch die unbewegte See und kommt nicht richtig auf Stufe. Alle Tricks helfen nichts: Die Tragfläche hat für rund 50 Tonnen Startgewicht nicht genügend Auftrieb.

Ab dem 10. Mai

Die Transozean-DO-X ist nicht aus dem Wasser zu bekommen. Nicht die revolutionären Verhältnisse in Portugiesisch-Guinea, sondern das tropische Klima bringt die Flugschiffsbesatzung ins Schwitzen. Die Verantwortlichen unter den extra angeschafften Tropenhelmen sind ratlos. 21 Startversuche mit voller Beladung für die Atlantiküberquerung zeigen, in was für eine Mausefalle man geraten ist. Bolama-Tippgeber General Balbo war im Januar von dort aus erfolgreich nach Natal gestartet, doch jetzt, Mitte Mai, steht die Regenzeit vor der Tür. Unerträgliche Luftfeuchtigkeit verbunden mit großer Hitze ergeben eine verminderte Tragfähigkeit der Luft und lassen die Motorenleistung erheblich abfallen. Ohne kräftigen Gegenwind, und der wird erfahrungsgemäß noch Wochen auf sich warten lassen, kann ein Start mit dem notwendigen Gesamtgewicht von etwa 50 Tonnen für den Überflug nicht klappen.

Fertigmachen zum Start: die italienische DO-X 2 mit Fiat-Motoren. R.I. Umberto Maddalena auf dem Bodensee vor der Werft in Altenrhein.

12. Mai, Dienstag

In den tropischen Gewässern wächst der Schiffsboden schnell an. Damit hängt zusätzliches Gewicht an der DO-X, und die Gleitfähigkeit des Schiffsbodens wird reduziert. Der Bewuchs muss von einheimischen Hilfskräften abgekratzt werden. Bei 40 Grad im Schatten auch für sie eine Anstrengung, bei der die Europäer völlig versagen. Zwei Mal bewährt sich auf Bubaque das in Lissabon erprobte Verfahren, das Flugschiff auf den Strand zu rollen und bei Ebbe trocken fallen zu lassen, um am Boden arbeiten zu können.

16. Mai, Sonnabendmorgen

Erstflug der DO-X 2 mit Start vom Bodensee. Die spätere R.I. Umberto Maddalena mit dem italienischen Kennzeichen I-REDI wird von Richard Wagner eingeflogen. Er absolviert in den nächsten drei Monaten 14 Erprobungsflüge mit der DO-X 2. Das Flugschiff hat eine Motorenanlage mit zwölf wassergekühlten Zwölf-Zylinder-Fiat-Motoren

Sonnabendnachmittag

Hammer ist gegen »Hilfsdampferdenken«. Gegen 17.30 Uhr empfängt Henry Kiel während der Funkbereitschaft auf dem Flugschiff ein wichtiges Telegramm für Rudolf Cramer von

Clausbruch aus Berlin: *»… dornier dox para clausbruch bolama – wegen untragbarem risiko abrate dringend hilfsdampferdenken vorschlag dagegen startversuch leeseite sao thiago oder sao vincente was* (ich) *persoenlich durchaus auch mit schwerer maschine unter ausnuetzung duenung moeglich halte stop doktor dornier bittet mich ihr persoenliches urteil anzufragen drahtet sofort stellungnahme- metallflug hammer berlin«*. Die Idee, einen Hilfsdampfer auf der Strecke nach Natal inmitten des Südatlantiks als »Tankstelle« für die DO-X zu postieren, wird besonders von Friedrich Christiansen und Horst Merz vertreten.

Ende Mai

Unterschiedliche Meinungen und ein Ultimatum. Da die DO-X-Expedition auf einen längeren Aufenthalt in Afrika nicht eingerichtet ist, bereitet die Versorgung der Besatzung zunehmende Schwierigkeiten. Drei Lösungen aus dem Dilemma bieten sich an und haben Befürworter und Gegner bei den Entscheidern. Ein Hilfsschiff für die Zwischenlandung als »Tankstelle« auf den Südatlantik schicken, schlägt Kommandant Christiansen vor. Zurück zu den Kapverdischen Inseln, um, wie ursprünglich geplant, von dort aus den Überflug zu starten, kommt als Vorschlag von Fritz Hammer aus dem fernen Deutschland.
Cramer von Clausbruch wird später behaupten, dass, wenn man ihm, nach rigoroser Gewichtsentlastung des Flugschiffes, die Entscheidung für Zeitpunkt und Ort überlassen hätte, ein Start in Bubaque auch möglich gewesen wäre. Ende Mai kommt aus Friedrichshafen die ultimative Forderung vom »Herrn Doktor«, wie Claude Dornier bei Firmenangehörigen genannt wird: entweder bis zum 30. Mai den Überflug über die Kapverden zielgerichtet zu starten oder das Unternehmen abzubrechen!

Radio-Telegramm
Deutsche Betriebsgesellschaft für drahtlose Telegrafie m.b.H. Berlin S.W.11.
debeg
Aufgenommen: 1730 16/5.31 Bolama Rdo Kl
Lfd. Nr.: 29

rabo berlin nr 4 w 49 15 1020
dornier dox para clausbruch bolama –
wegen untragbarem risiko abrate dringend
hilfsdampfer-denken vorschlag dagegen
startversuch leeseite sao thiggo oder
sao vicente was persoenlich durchaus
auch mit schwerer maschine unter
ausnuetzung duenung moeglich halte
stop doktor dornier bittet mich ihr
persoenliches urteil anzufragen drahtet
sofort stellungnahme- metallflug
hammer berlin

Von der Deutschen Betriebsgesellschaft für drahtlose Telegrafie (DEBEG) ausgeliehen: Henry Kiel, Funkoffizier der DO-X, in seiner »Funkerbude« im Kommandodeck hinter der Maschinenzentrale.

Aufgenommen vom Funkoffizier Henry Kiel. DEBEG-Radiotelegramm vom 16. Mai 1931: »… untragbares Risiko abrate dringend Hilfsdampferdenken …«

30. Mai, Sonnabend

163. Flug von Bolama nach Porto Praia. Mit 45,8 Tonnen Abfluggewicht stemmt sich das Flugschiff auf dem Kanal zwischen den Inseln Bubaque und Ruban aus dem windstillen Wasser, es ist 6.40 Uhr. Vor der Besatzung liegt ein knapp siebenstündiger Flug über 1163 Kilometer. Entlang der afrikanischen Küste wird Versäumtes nachgeholt. Niedrigfliegen! Maurice Dornier berichtet: *»… Ganz niedrig fliegen wir mit 170 bis 180 km/h Geschwindigkeit, höchstens fünf Meter sind es nur und es ist ein eigenartiges Gefühl, mit diesem großen Schiff so dicht über Wasser zu fliegen. Das Gefühl der Geschwindigkeit, das in größeren Höhen fehlt, ist ähnlich wie in einem Rennwagen oder Rennboot …«* Nach der Landung bei der kapverdischen Insel Sao Thiago, vor dem kleinen Hafen von Porto Praia, interessiert die Schiffsführung nur noch eines: Wo sind hier die besten Startbedingungen mit wenig Dünung und starkem Gegenwind?

1. Juni, Montag

Erkundungsfahrten und Vorbereitungen für den Überflug. Bereits am Vortag werden parallel

Pech und Probleme für die DO-X. Die Sorgenfalten im Alltagsgesicht von Kommandant Friedrich Christiansen in Lissabon haben ihre Berechtigung.

zum Auftanken mit einem Motorboot der Aeropostale günstige Startsituationen entlang der Küste gesucht. Auch die zweite Erkundungstour offenbart nirgendwo bessere Startverhältnisse als vor der französischen Funkstation von Sao Martinho, wo das Flugschiff geankert hat. Große Sorgen bereitet eine schwere Malaria, die den nicht ersetzbaren Navigationsoffizier Niemann arbeitsunfähig macht.

3. Juni, Mittwoch

Vier Mann der Besatzung müssen aussteigen. Zur Gewichtsentlastung beim Start und Flug werden Paul Berner, Maurice Dornier und die beiden technischen Meister Adolf Marquardt und Emil Fischer in Porto Praia zurückbleiben. Zahnbürste, leichtes Schuhzeug und einmal Wäsche am Mann, mehr Zusatzgewicht pro Nase ist nicht möglich. Gago Coutinho, Garant für die zuvorkommende Behandlung der DO-X-Belange in portugiesischen Hoheitsgebieten, fliegt weiterhin als Passagier mit und darf während des Überfluges auf einem leichten Strandliegestuhl Platz nehmen. Gleiches gilt für Major Brenta, der später die DO-X 2 als Kommandant übernehmen soll. Über die allgemeinen Startverhältnisse schreibt Maurice Dornier: *»... Es handelt sich also jetzt darum früh aus dem Hafen auszulaufen und draußen günstige Startverhältnisse abzuwarten. Diese treten meistens kurz vor dem Windwechsel im Laufe des Vormittags oder gegen Mittag ein. Dünung und Seegang sind in dieser Zeit am schwächsten, während doch schon wieder ein sehr kräftiger Wind aufkommt. (...) Da unser Navigationsoffizier Niemann mit schwerer Malaria liegt, lassen wir ihm eine kräftige Chininspritze geben, die ihn am 3. auch wieder auf die Beine bringt ...«*

4. Juni, Donnerstagmittag

Start zum Flug über den Südatlantik von außen: Nach einem Startabbruch wegen Rückenwindes und zu starkem Seegang am Morgen ist es endlich so weit. 52,375 Tonnen DO-X liegen startbereit mit konzentrierter Besatzung auf Position und warten auf den Mittagswind. Von Bord der INFANTE ENRIQUE, einem zur Verfügung gestellten Hochseeschlepper der portugiesischen Regierung, beobachten die vier zurückgelassenen Besatzungsmitglieder das Geschehen.
»Um 12.20 Uhr macht die DO-X wieder klar und rollt nördlicher gegen die Station Sao Martinho, um kurz darauf um 12.52 Uhr am Schlepper vorbei zu starten. Das Flugschiff geht sofort nach dem Start, der eine fliegerische Glanzleistung war, trotz Rückenwind in fünf Meter Flughöhe auf Kurs, kann noch fünf Minuten lang im Flug beobachtet werden, dann verschwindet es am Horizont.«
Was Maurice Dornier hier beobachtet, erlebt auch die Besatzung des portugiesischen Frachtdampfers MARIA CHRISTINA. Statt dass das Flugschiff an Höhe gewinnt, sieht der Kapitän, wie es knapp über dem Wasser hängt und dann am Horizont verschwindet. »DO-X ins Wasser gestürzt!«, lässt er als Funkmeldung aufsetzen und löst damit in Europa einiges Entsetzen aus. Obwohl die Funkverbindungen reichlich unsicher sind, geht diese unglückliche Falschmeldung durch. Am nächsten Morgen steht der Absturz des Flugschiffes in den deutschen Zeitungen. Viele Stunden Unsicherheit wird es dauern, bis die erfolgreiche Überquerung des Südatlantiks in Friedrichshafen bekannt wird.
Start zum Flug über den Südatlantik von innen: Rudolf Cramer von Clausbruch beschreibt den Start aus seiner Sicht in einem kurzen Bericht, den er sechs Tage später in Rio de Janeiro zu Papier bringt: *»... nach einem Fehlversuch infolge Windstille erfolgte der Start nach Brasilien. Es standen*

In wenigen Metern Höhe über den Wellen fliegt die DO-X an der französischen LUTETIA vorbei.

ca. 7 sec/m Wind von vorn und seitlich anlaufender Seegang und Dünung. Wie immer war die Maschine sofort auf Stufe. Nach ca. 2 Minuten Start schralte der Wind seitlich, und wir mussten, um das hohe Gewicht herauszuheben, etwas schräg gegen die Dünung anlaufen, da selbstverständlich bei dieser Riesenzuladung die Maschine nicht mit reinem Seitenwind herauszubekommen ist. Wir bekamen natürlich einige unvermeidbare Stöße, wonach sofort schwerste Bedenken gegen den Weiterstart von Christiansen geäußert wurden. Blitzschnell wurde mir klar, dass die Maschine durch die enorme Beanspruchung der letzten Zeit und des Moments möglicherweise Schaden derart genommen haben könnte, dass ein gänzliches Aufgebenmüssen des Ozeanfluges möglich, ja sogar die Zurückbringung des DO-X nach Europa gefährdet war. So konnte es nur Durchhalten geben. Ich setzte mich gegen die laut vorgebrachten Bedenken der Schiffsleitung durch und so gelang der Start, nach welchem wir sofort im Rückenwind in niedrigster Höhe den Flug durchführten …«

Die Forderung des Startabbruchs von Christiansen soll ziemlich lautstark gewesen sein, und Cramer von Clausbruchs Darüberhinwegsetzen störte das Vertrauensverhältnis der beiden zueinander einmal mehr und nachhaltig. Doch in der Situation gilt erst einmal der Erfolg: Die DO-X ist in der Luft und auf dem Weg, und die Besatzungsmitglieder kommen in die Führerkanzel, um Clausbruch zu gratulieren.

Donnerstagabend

Begegnung mit der LUTETIA. Gegen 19.20 Uhr hat die DO-X für die Passagiere des französischen Passagierdampfers eine Überraschung parat. In einem späteren Bericht wird sie von Friedrich Christiansen geschildert: »… *Wir trafen nur wenige Schiffe. Mit dem französischen Passagier-Dampfer LUTETIA standen wir im drahtlosen Verkehr. Man erwartete uns an Bord, schnell hatte sich die Nachricht herumgesprochen, dass man einem Flugschiff begegnen würde. Dann hörte man leises Brummen von Motoren. Alles strömte auf die oberen Decks und hielt angestrengt Ausschau. Lauter wurde das Brummen. Man reckte die Hälse – umsonst. Das Brummen schwoll zum Dröhnen, der Riesenvogel musste schon in nächster Nähe sein, und noch immer starrten tausend Augen vergebens zum Himmel. Da schreien die ersten vor sprachlosem Erstaunen los, deuten unter sich auf das ruhige Meer. Da zog 5 m tiefer als die Harrenden ›DO-X‹ an der LUTETIA vorbei nach Süden. Darauf war keiner gefasst gewesen, ›DO-X‹ unter sich vorbeifliegen zu sehen. Und doch überflogen wir die größte Strecke über den Atlantik in nur 3 m Höhe über den Wellen. Die Luft trägt unten ja am besten!«*

Eine etwas simple Erläuterung des treibstoffsparenden Bodeneffektes, der allein das Flugschiff über den Südatlantik bringt.

4. auf 5. Juni, in der Nacht

Wasserung bei Fernando de Noronha. Cramer von Clausbruch wendet sich gegen den Plan der Schiffsleitung, bei Eintritt der Dunkelheit auf See zu landen, um einen Nachtflug zu vermeiden. Im Nachhinein gesehen ist das Weiterfliegen in einer Höhe von 50 bis 80 Metern trotz »Nachtflugverbot« ein glücklicher Umstand für das Gelingen des Fluges. Beim Start war der Schiffsboden leckgeschlagen, und das Flugschiff saugt erhebliche Mengen Wasser an, wie man beim Auftanken bei Fernando de Noronha feststellt. Ein Niedergang auf See und stundenlanges Liegen hätten einen erneuten Start schwierig, wenn nicht unmöglich gemacht. Nach 2324 Kilometern Strecke und 13 Stunden 15 Minuten Flugzeit, von Niemann auf den Punkt navigiert, wassert Cramer von Clausbruch das Flugschiff bei Mondschein auf der Dünung mit Seitenwind um 2.10 Uhr in seinem Revier. Sofort beginnt das Betanken aus Fässern, die mit Ruderbooten an das Schiff gebracht werden.

Juni 1931 bis August 1931
Luftverkehr auf südamerikanisch

Die DO-X kurz nach der Wasserung in der Bucht von Botafogo am 20. Juni 1931 mit dem Zuckerhut von Rio de Janeiro im Hintergrund. An Bord kommt eine offizielle brasilianische Delegation zur ersten Begrüßung.

Wenige Tage nach der gelungenen Überquerung des Südatlantiks haben Besatzung und DO-X ihren großen Auftritt in Rio de Janeiro. Begeisterte Bürger der einflussreichen deutschen Kolonie feiern ihre Helden. Die nächsten sechs Wochen in der brasilianischen Hauptstadt sind die Zäsur auf dem Weg nach New York. Personelle Probleme und das wirtschaftliche Chaos der großen Weltkrise nötigen Claude Dornier zur Zwangspause des Überführungsfluges. Nach außen als besonders sorgfältiger Überholungsstopp erklärt, war in Wirklichkeit das Geld ausgegangen. Fritz Hammer, Direktor und Teilhaber des Syndicato Condor Limitada, nahm jetzt die komplette Betreuung und Versorgung von Schiff und Mannschaft in die Hand. Die brasilianische Tochter der Luft Hansa AG zog in Südamerika einen annähernden Luftverkehrsbetrieb mit Passagier- und Posttransport für die DO-X auf.

DO-X
DORNIER

1931

5. Juni, Freitag

Jubel in Natal. Nach der Betankung startet die DO-X ohne weiteren Aufenthalt von Fernando de Noronha nach Natal und wird von Tausenden von Menschen begeistert begrüßt. Zum Reparieren des Lecks am Boden geht die DO-X neben der Ablaufbahn der Seeflugstation auf den Strand. Dort kann der Schaden bei Ebbe in Augenschein genommen und provisorisch repariert werden.

6. Juni, Sonnabendabend

Gratulation von Claude Dornier. Gegen 18 Uhr wirft Kommandant Christiansen seinem ungeliebten Flugzeugführer folgendes über Bordfunk empfangene Telegramm kommentarlos auf den Tisch:

»LQ 27 FRIEDRICHSHAFEN BODENSEE 35 6 1906 NLT VON CLAUSBRUCH SYNKONDOR NATALNORTE – IHRE VIELFACH UNTER SCHWIERIGSTEN UMSTAENDEN BEWIESENE MEISTERSCHAFT IN SEESTART UND LANDUNG MIT DEM DORNIERWAL HAT IN GLUECKLICHSTER WEISE ZUR GLATTEN DURCHFUEHRUNG DES DOXFLUGES BEIGETRAGEN HERZLICHEN DANK U GLUECKWUNSCH – DOKTOR DORNIER«.

Der beim Start auf den Kapverden leckgeschlagene Boden des Flugschiffes wird in Natal inspiziert und auf dem Strand provisorisch repariert.

Die miese Stimmung zwischen von Clausbruch und Friedrich Christiansen sowie Horst Merz entwickelt sich zunehmend zum Konflikt, der später in Rio de Janeiro ausgetragen wird. Cramer von Clausbruch bleibt nicht in Natal wie die übrige Besatzung, sondern fliegt am 7. Juni mit einer Maschine des Condor-Syndikats nach Rio de Janeiro weiter.

Vom 5. bis 18 Juni

14 Tage Aufenthalt in Natal. Seit mehreren Wochen wartet dort bereits Clarence Schildhauer auf die DO-X. Alle per Schiff aus Lissabon herantransportierten Einrichtungen des DO-X-Passagierdecks müssen wieder eingebaut werden. Aber zuerst kommen die Zusatztanks wieder heraus – Indiz dafür, dass an einen Rückflug über den Atlantik zu diesem Zeitpunkt niemand denkt.

Wilhelm Niemann bestempelt die letzten D.M.B.-Briefe aufgrund einer schriftlichen Anweisung aus Friedrichshafen. Nach seiner Bordpostabrechnung frankiert er nochmals 24 Briefe auf Kosten der Firma Dornier. Interessant ist das Entwertungsdatum. Der Flugschiffspostmeister dreht den Bordstempel auf den 3. Juni 1931 zurück. Nun hat er Briefe mit einem Datum kurz vor der Überquerung des Südatlantiks. In Wirklichkeit war Niemann am 3. Juni wegen seines Malariaanfalls arbeitsunfähig gewesen.

16. Juni, Dienstag

Vier Mann »Gewichtsentlastung« sind wieder an Bord. Paul Berner, Maurice Dornier sowie die Monteure Fischer und Marquardt lassen am 8. Juni den Hamburg-Süd-Frachtdampfer ARGENTINA anfunken, dessen Kapitän Feddersen sich bereit erklärt, sie in St. Vincente auf den Kapverden aufzulesen und bis Pernambuco mitzunehmen. Gern wollen sie den Landeplatz ihrer DO-X in Fernando de Noronha neben einem gestrandeten griechischen Frachter in Augenschein nehmen. Feddersen tut ihnen diesen Gefallen.

In Pernambuco wartet bereits eine Junkers W 34 des Condor-Syndikats auf die Nachzügler. Max Sauer, Betriebsleiter des Luftfahrtunternehmens, fliegt sie zur DO-X nach Natal, wo sie an diesem Dienstag eintreffen.

17. Juni, Mittwoch

Wieder auf dem Strand zur Bodenreinigung. Die tropisch-feuchtwarme Luft von Natal und eine zu kurze Startstrecke verhindern den Weiterflug nach Maceio. Die Maschine ist zu schwer und muss um diverse Liter Treibstoff enttankt werden. Außerdem hat sich Bodenbewuchs gebildet, den nach bewährtem Muster auf flachem Strand bei Ebbe schnell angeheuerte Hilfskräfte abschrubben.

18. Juni, Donnerstag

166. Flug nach Maceio und Bahia. Rudolf Cramer von Clausbruch, der aus Rio zurückgekommen ist und seit mehreren Jahren die vorgesehenen Etappen mit Dornier-WAL-Flugbooten fliegt, legt einen tadellosen Start hin. Es folgt der knapp dreistündige Flug über 453 Kilometer nach Maceio, wo das Flugschiff auf einem flachen See hinter der 70 000-Einwohner-Stadt wassert.

Nach einer Stunde des Auftankens geht es weiter über Pernambuco, mit seinem Landeplatz für Luftschiffe, entlang der Küste nach Bahia. Auf der Etappenstrecke von 500 Kilometern ist die DO-X auf ihrem 167. Flug zwei Stunden 55 Minuten unterwegs.

19. Juni, Freitag

Die letzten Etappen bis zur Ankunft in Rio de Janeiro stehen schon im Zeichen des großen Ereignisses für die Brasilianer. Nach dem gut dreistündigen Flug über 537 Kilometer von Bahia nach Caravellas und kurzem Tankstopp steigen mehrere Journalisten als Passagiere ein, um von der Ankunft in der Metropole zu berichten. Über Victoria, auch »Klein Rio« genannt, führt die zweite Tagesetappe zur Lagune von Araruama bei Cabo Frio. Nach 695 Kilometern und drei Stunden 52 Minuten Flugzeit endet dort der 169. Flug gegen vier Uhr nachmittags.

20. Juni, Sonnabendmittag

DO-X in Rio de Janeiro. Genau um 13 Uhr muss die DO-X in Rio de Janeiro in der Bucht von Botafogo landen. Nicht früher und auch nicht später. Der gesamte vom Condor-Syndikat organisierte »Rummel« mit Presse und Öffentlichkeit ist auf den Termin abgestimmt. Eine Junkers W 34 bringt weitere Journalisten nach Araruama, und zwei Savoia-Flugboote der Marine wassern in der Lagune, um das Flugschiff nach Rio zu eskortieren. Um 11 Uhr startet Cramer von Clausbruch für die letzten 102 Kilometer nach Rio de Janeiro.
Die Brasilianer und die Deutschen in Rio bereiten dem Flugschiff und der Besatzung einen grandiosen Empfang. Dicht gedrängt stehen jubelnde Menschen an der Hafenmauer von Botafogo, und die Offiziellen bemühen sich an Bord zu kommen, nachdem das Flugschiff an einer Boje festgemacht hat.

Flugschiff DO-X im Anflug kurz vor der Wasserung auf der Bucht von Botafogo in Rio de Janeiro.

Sonnabendnachmittag

Offizieller Empfang im Außenministerium. Nach einem Empfang mit ganz offiziellem Gepräge bei Außenminister Nullo Franco folgt ein herzlicher Empfang in der deutschen Gesandtschaft, wonach Quartier im Hotel Paysandu bezogen wird.

21. Juni, Sonntag

Für den herzlichen Empfang bedankt sich die Besatzung mit zwei Rundflügen über der Stadt und Umgebung mit vielen Honoratioren an Bord. Die nächsten Tage gehören den Besuchern. Vom vor Menschen stets schwarzen Strand werden insgesamt zwischen vier- und fünftausend Besucher mit Booten zum Flugschiff gebracht und dürfen es besichtigen. Ab jetzt organisiert das Syndicato Condor mit Direktor Fritz Hammer an der Spitze die Belange um das Flugschiff.
Während des Monats Juli wird die DO-X in der Schiffswerft von Caneco in Caju geslippt und überholt. Unter anderem erhält sie einen neuen Bodenanstrich. Nach außen sieht alles normal aus, doch hinter den Kulissen brodelt es.

Ein Platz unter dem Zuckerhut. Nach der Landung in Rio de Janeiro in der Bucht von Botafogo auf dem Weg zur Ankerboje.

22. Juni, Montag

Mit einigen Ausnahmen wird die Hauptmenge der Post von Bord gegeben – etwa 240 Kilogramm, bestehend aus rund 8500 Briefen und einer ähnlich hohen Zahl von Postkarten. Sie erhalten ihren brasilianischen Sonderstempel in Rautenform sowie rückseitig einen Rio-Ankunftsstempel vom 22. Juni 1931 und laufen als Normalpost weiter an die Adressaten. Alle Dornier-Eigenbelege bleiben an Bord des Flugschiffes beieinander.

Ein versiegeltes Wertpaket mit weiteren Briefmarken im Wert von 6000 Reichsmark für das Bordpostamt wartet bereits auf die DO-X in Rio de Janeiro. Wilhelm Niemann verwahrt es ungeöffnet, da er noch keinen Briefmarkenbedarf hat. Bei den südamerikanischen Stationen des Flugschiffes im August 1931 wird zwar reichlich Post auf- und abgeliefert, doch diese Post ist mit heimischen Briefmarken frankiert.

Mit Reichsmark frankierte Bordpost liefern nur die wenigen Passagiere des Fluges von Rio nach New York und Besatzungsmitglieder auf, und dafür reicht der noch vorhandene Bordbestand an Briefmarken.

1. Juli, Mittwochmittag

Der große Erfolg und das Feiern können die Spannungen zwischen Cramer von Clausbruch und dem Schiffskommando um Christiansen in den letzten Monaten nicht wegwischen. Horst Merz bittet den Expeditionsleiter Paul Berner um eine Aussprache, weil er sich in seiner Berufsehre beschädigt sieht. Die euphorisch berichtende *Deutsche São-Paulo-Zeitung* vom 8. Juni 1931 nennt Cramer von Clausbruch als alleinigen Flugzeugführer der »Überflieger« und übersieht Horst Merz. Letztendlich ein ärgerliches Versehen, weil Navigationsoffizier Niemann auf der für die Presse schnell herausgegebenen Besatzungsliste Merz vergessen hat. Doch darum geht es bei der hitzigen Auseinandersetzung im Büro der Syndicato Condor Ltda bald nur noch sekundär. Die Diskussion der Beteiligten und Betroffenen gerät zu einer Generalabrechnung des Geschehens um die DO-X in den letzten fünf Monaten. Und so sitzen sich von 11.15 bis 12.45 Uhr zwei Lager gegenüber. Auf

Einer der vielen offiziellen Empfänge in Rio de Janeiro im Sommer 1931. In der vorderen Reihe vierter von links: Cramer von Clausbruch und rechts daneben Maurice Dornier, Friedrich Christiansen, Paul Berner, ein unbekannter Offizieller, Horst Merz und Wilhelm Niemann.

In der Verantwortung für Tausende von Mitarbeitern will Claude Dornier den Erfolg seiner Flugschiffsidee. Doch die Zeit der Wirtschaftskrise und ein wankelmütiges Schiffskommando arbeiten gegen ihn.

der einen Seite Friedrich Christiansen und Horst Merz, auf der anderen Seite Paul Berner, Maurice Dornier und Rudolf Cramer von Clausbruch sowie als Neutrale der technische Leiter des Condor-Syndikats Max Sauer und der Verkehrsleiter Hans Wilkens als Protokollführer. Die Kompetenzfrage steht im Raum und eine gewisse Ratlosigkeit, wie es weitergehen soll. Claude Dornier brennen die Zeit und schwindende Mittel als Folge der Weltwirtschaftskrise unter den Nägeln. Vor Ort wird, ihm zum Ärger, von Christiansen und Merz ein Bedenkengerüst gezimmert, das jeden Pioniergeist vermissen lässt. Auf der einen Seite sind das die wetter- und seebedingten Einwände; keiner kenne nach eigener Meinung den Südatlantik so gut wie Kapitän auf großer Fahrt Friedrich Christiansen. Am

Seltenes Beieinander der DO-X-Kommandanten in Rio de Janeiro während eines Besuchs beim deutschen Gesandten. Von links nach rechts: Maurice Dornier, der Deutsche Gesandte Minister Knipping, Fritz Hammer, Paul Berner, Friedrich Christiansen, Wilhelm Niemann, Horst Merz, zwei Gesandtschaftsmitarbeiter und Cramer von Clausbruch.

Mund seines Kommandanten hängend, springt ihm »Berichterstatter« Horst Merz als fliegerischer Bedenkenträger zur Seite. Merz hält das Flugschiff für ein im Seegang kentergefährdetes »Monstrum«, das für Nacht- und Tiefflüge ein Risiko darstellt. Im Klartext ist die DO-X demnach ozeanungeeignet, denn alle drei Elemente sind unabdingbar für eine Überquerung.

Bei der Frage, warum nicht schon vor dem entscheidenden Flug zum Beispiel Nachtflüge erprobt worden seien, antwortet Merz lapidar, das Reichsverkehrsministerium (RVM) hätte Nachtflüge untersagt. Er sei schließlich der offizielle Berichterstatter des RVM und dessen Weisungen verpflichtet. Da staunt die Runde, denn alle wissen: Ohne Nachtflug wäre es bei dieser Streckenlänge gar nicht gegangen. Christiansens Bemerkung *»Wir wären auf hoher See gelandet und am Morgen weitergeflogen«* erzeugt bei Cramer von Clausbruch die Frage: *»Was glauben Sie denn, was die Presse danach geschrieben hätte? Das wäre doch kein Überflug gewesen!«* Den routinierten Dornier-WAL-Flieger und wirklichen Kenner des Südatlantiks nervt die Gesprächsrunde über die Maßen. Unter dem augenblicklichen Kommando wird er für die DO-X nicht mehr zur Verfügung stehen.

4. Juli, Sonnabend

Durch seinen Bruder Maurice und Paul Berner über die Vorgänge in Brasilien gut informiert, unternimmt Claude Dornier den Versuch, Cramer von Clausbruch bei der Stange zu halten und schreibt ihm von Friedrichshafen nach Rio de Janeiro: *»Lieber Herr von Clausbruch, heute sind wir hier noch mit Herrn Hammer zusammen, der morgen nach Lissabon reist, um mit der CAP ARCONA herüberzugehen. (…) Es hat mich ganz besonders gefreut, dass gerade Sie es waren, der das erste ›Flugschiff‹ über den Atlantik führte. Ich hoffe in nicht zu ferner Zeit, eventuell schon in Amerika, Ihnen meinen mündlichen Dank aussprechen zu können. Ich rechne auch damit, dass wir in Bälde in der Lage sein werden, Ihnen unsere Anerkennung auch materiell zum Ausdruck zu bringen. Herr Hammer übernimmt nun das Kommando und ich rechne zuversichtlich damit, dass Sie bei der Stange bleiben werden und auch bei den bevorstehenden Unternehmungen uns Ihre bewährte Hilfe zur Verfügung stellen werden. Mit herzlichen Grüßen Ihr C. Dornier.«*

Mitte des Monats kommt Fritz Hammer in Rio de Janeiro an und kümmert sich zuerst um seine Geschäfte als Direktor und Mitgesellschafter der Fluggesellschaft Syndicato Condor Limitada. In seinem Abschlussbericht an das Verkehrsministerium vom September des Jahres wird ihm Horst Merz vorwerfen, dass Fritz Hammer die DO-X in Rio nicht ordnungsgemäß übernommen habe.

11. Juli, Sonnabend

Aus der Schiffskasse bekommt die Besatzung ihr vertragliches Tagegeld ausgezahlt. Wenn die »Speisung« derselben aus Friedrichshafen nicht funktioniert, greift das Schiffskommando in die Portokasse. Dies ist offenbar in Rio de Janeiro erstmals notwendig. 1490 Reichsmark bucht Niemann aus der Briefmarkenkasse in die Schiffskasse.

14. Juli, Dienstag

Horst Merz ist nicht mehr Flugzeugführer der DO-X. Nach Absprache mit Friedrichshafen hält Wilhelm Niemann die folgende Aktennotiz von Expeditionsleiter Paul Berner in der Hand: *»In einer im Anschluss an das Telegramm Herrn Dr.Borniers vom 13. Juli von Herrn Direktor Berner veranlassten Besprechung mit Herrn Merz wurde abschließend festgelegt, dass dieser an dem Weiterflug ab Rio*

Typischer Briefbeleg der Postbeförderung mit der DO-X in Brasilien. Hier mit dem seltenen Autogramm von »Passagier« Horst Merz. Der Brief lief von Rio über New York nach Berlin.

ausschließlich in seiner bisherigen Stellung und Tätigkeit als Beauftragter des RVM teilnimmt und gemäß von jetzt ab in der offiziellen Besatzungsliste als ›Referent des Reichsverkehrsministeriums‹ geführt wird. Mit der Lufthansa zu verrechnende Vorschüsse erhält er von jetzt ab durch Herrn Direktor Berner.«
Die von Berner unterschriebene und von Merz paraphierte Aktennotiz schickt den Ersten Flugzeugführer für den Weiterflug nach New York in die Passagierkabine der DO-X. Er wird durch Rudolf Cramer von Clausbruch als Erstem Flugzeugführer abgelöst. Zweiter Flugzeugführer auf dem rechten Sitz ist Clarence Schildhauer.

Mitte Juli

Friedrich Christiansen fährt nach Deutschland zurück. Claude Dorniers Vertrauen zu seinem Kommandanten ist durch die Geschehnisse nachhaltig gestört. Christiansens Rückbeorderung durch das Reichsverkehrsministerium zur Berichterstattung nach Berlin erscheint als elegante Lösung, um die Stimmungen zwischen den beiden nicht öffentlich werden zu lassen. Friedrich Christiansen übergibt das Kommando an Fritz Wilhelm Hammer und fährt mit einem Hamburg-Süd-Dampfer nach Deutschland zurück.

Fritz Hammer, Kommandant der DO-X zwischen Rio und New York, ist Direktor des Syndicato Condor Ltda, Luftlinientochter der Luft Hansa in Brasilien.

27. Juli, Montag

Endlich wieder finanzieller Spielraum. Die wirtschaftlichen Verhältnisse haben sich in Deutschland und der Welt dramatisch verschlechtert, sodass Dornier für die DO-X in Rio eine Zwangspause einlegen muss. Mit der Wasserung sind die verfügbaren Barmittel verbraucht, und nur die Tatsache, dass das Syndicato Condor die Regie übernimmt, bewahrt die Besatzung vor einer Situation, die sie in New York kennen lernen wird.
Claude Dornier versucht, beim Reichsverkehrsministerium Zuschüsse für den Weiterflug der DO-X zu bekommen. Das sind in der Gesamtkonstellation des DO-X-Unternehmens zähe Verhandlungen. Erst an diesem Montag gelingt ihm ein Durchbruch. Mit dem Vorgang L.7.7747/31 stellt der Reichsverkehrsminister eine Beihilfe bereit. 90 Prozent der entstehenden Kosten, höchstens jedoch 100 000 Reichsmark für den Flug der DO-X von Rio de Janeiro nach New York, wird das Reich zahlen. Diese Zusage ist immerhin 100 000 Reichsmark wert, und damit kann sofort weitergeflogen werden.

28. Juli, Dienstag

Nach der abgeschlossenen Inspektion auf der Werft in Cajo und einem endlich geeigneten Flugwetter findet der mehrmals verschobene Rundflug mit dem brasilianischen Staatspräsidenten statt. Bei herrlichem Sonnenschein ist Dr. Getulio Varga mit Frau, Töchtern und seinem halben Kabinett einschließlich diverser Referenten an Bord und zeigt sich in den 43 Minuten über seiner Hauptstadt begeistert vom Flugschiff und seiner Besatzung. Dieser 173. Flug der DO-X von 122 Kilometern Strecke über Rio und Umgebung ist besonders wichtig, weil sich Kommandant Fritz Hammer davon

DO-X über dem Nationaltheater. Mit dem Staatspräsidenten an Bord über den Dächern von Rio de Janeiro.

einige Vorteile für die Position des Syndicato Condor in Brasilien verspricht.

1. August, Sonnabend

Postschluss der DO-X-Post in Rio. Unter der Initiative des Condor-Syndikats, einer Tochter der deutschen Luft Hansa, wird in Brasilien eifrig Reklame für die Postbeförderung mit dem Flugschiff betrieben. So läuft im Juli bis zum Postschluss eine ganze Menge Luftpost auf. Sie erhält als Flugbestätigung einen markanten »Rautensonderstempel«. Postabgabe findet dann auf allen Stationen der Reise statt.

5. August, Mittwoch

Clara Adams (1884–1971) checkt ein. Die legendäre Pionier- und Erstflugpassagierin der beginnenden Verkehrsluftfahrt, Clara Adams, ist der DO-X-Besatzung vom Namen her bekannt. Als einzige Frau unter 64 Männern gehörte sie zu den zahlenden Passagieren der Jungfernfahrt von D-LZ 127 im Oktober 1928. Mit dem kleinen Vermögen von 3000 US-Dollar für die gekaufte Fahrkarte des Atlantiktörns Friedrichshafen–New York–Friedrichshafen hatte sie sich in die Annalen des zivilen Luftverkehrs eingetragen. Als erste Frau auf der Passagierliste des GRAF ZEPPELIN war sie damit die erste Frau, die den Atlantik in Ost-West-Richtung im Luftschiff überquerte.
Ihre Eltern stammen aus Baden-Baden, und die Bekanntschaft von Mutter Ida mit General Paul von Hindenburg öffnet Tochter Clara Grabau verwitwete Adams viele Türen in Deutschland. Ausgestattet mit dem Vermögen ihres verstorbenen Mannes George L. Adams, der mit Gerbereien in Tannersville, Pennsylvania, sein Geld gemacht hatte, leistet sie sich das Hobby, bei den noch seltenen Erstflügen mit besonderem Kick als zahlender Fluggast dabei zu sein. Mitte Juli 1931 reist sie von New York nach Rio de Janeiro, um mit der DO-X zurückzufliegen. An sieben Tagen ist sie jeweils neun Stunden mit Flugzeugen der Pan American Airways durch Mittel- und Südamerika unterwegs und erreicht die brasilianische Metropole am 26. Juli. Sie erwirbt einen Flugschein und gehört zusammen mit Dorit Cramer von Clausbruch, die auf Einladung der Schiffsleitung mitfliegt, zu den weiblichen Dauerpassagieren von Rio bis New York.

Berühmtheit der Luftverkehrsgeschichte: Clara Grabau, verwitwete Adams (1884–1971), legendäre Erstflugpassagierin der 1920er- und 1930er-Jahre.

5. August, Mittwochmorgen

Start in Rio de Janeiro. Die Reise in Richtung New York stellt eigentlich die Art von Luftverkehrsbetrieb dar, die sich Claude Dornier für sein Flugschiff vorstellt: in Tagesetappen mit zahlenden und wechselnden Passagieren sowie aufgelieferter und abzugebender Luftpost an Bord Liniendienst fliegen. Dazu gehört natürlich ein Bordservice, den ab Rio Bordsteward Krause erledigt. In Sao Luiz bekommt er sogar ein komplettes Essen für die Passagiere hin. Mit viel Beifall bedacht, gibt es Hühnerbraten mit Erbsen, Kartoffeln, Karotten, Fruchtsalat und Kaffee. Zum 176. Flug über Caravellas nach Bahia startet das Flugschiff um 6.35 Uhr auf der Rio Bay direkt in die aufgehende Sonne hinein.

5. bis 8. August, Mittwoch bis Sonnabend

Stationen an der brasilianischen Küste. Die Reise des Flugschiffes verläuft wie geplant. Wechselnde Passagiere von Station zu Station, tanken, in Hotels übernachten und Start im Morgengrauen. In diesem Rhythmus verlaufen die vier Tage. Am 5. August Rio de Janeiro–Caravellas (824 km) und Caravellas–Bahia (593 km). Am 6. August Bahia–Maceio (482 km) und Maceio–Natal (453 km). Am 7. August Natal–Camoncim (704 km) und Camoncim–Sao Luiz (435 km). Am 8. August Sao Luiz–Para (667 km). Diese Etappe ist der 183. Flug der DO-X. Der Sonntag ist Ruhetag für die Besatzung.

10. August, Montag

Erster und einziger Motorschaden im Leben der DO-X. Kurz nach dem Start in Para um 6.30 Uhr bleibt auf der Backbordseite der innere Motor der hinteren Reihe stehen. Bruch der Kurbelwelle, ein Schaden des Triebwerkes, der nur durch Motorwechsel zu beheben ist. Woran die Schiffsleitung nicht denkt und was der folgende Start mit elf Motoren beweist. Flug- und sicherheitstechnisch kein Problem. Jetzt kommen die Einwände von Curtiss-Ingenieur Harvey Brewton. Er besteht nach Rücksprache mit seiner Firma auf Motorenwechsel. Erstens gehören funktionierende Motoren zum Leasingvertrag und zur Serviceleistung, und zweitens kommt die Landung mit einem stehenden Motor beziehungsweise Propeller aus Imagegründen bei den nächsten Stationen und vor allem in New York nicht infrage. Also wird aus Natal ein Ersatzmotor herangeflogen und mit provisorischen Hebekonstruktionen vor Ort eingebaut. Nach acht Tagen Flugunterbrechung und einem Probeflug geht die Reise am 18. August weiter nach Paramaribo.

18. August, Dienstag

Mit 1320 Kilometern Länge und einer Flugdauer von sechs Stunden und 50 Minuten zwischen

Ein Kurbelwellenbruch im brasilianischen Para ist der einzige Motorschaden im Leben der DO-X.

Para und Paramaribo wird die längste Tagesetappe bis New York absolviert. In Surinam oder Niederländisch-Guayana geschieht endlich das, was sich die Firma Dornier unter optimaler Reklame für das Flugschiff vorstellt – zumindest aus philatelistischer Sicht. Die holländische Postbehörde hat elf Tage vor der Landung der DO-X eine Sonderauflage des kompletten Luftpostmarkensatzes von Surinam mit dem Aufdruck »Vlucht Do. X 1931« in roter bzw. schwarzer Farbe bedrucken lassen und herausgegeben. Die Druckauflagen der Markenwerte bewegen sich zwischen 5270 für die 10-Cent-Marke mit schwarzem Aufdruck und 4200 Stück für die 1,5-Gulden-Marke mit rotem Aufdruck. Mit einem besonderen Aufgabestempel entwertet die Post von Surinam alle aufgelieferten Briefe und Karten. Eigentlich soll die DO-X bereits am 10. August in Paramaribo landen, was sich aber durch den Motorschaden in Para um acht Tage verzögert. Dadurch erhält ein Teil der Post bereits am 10. und der Rest am 18. den Sonderstempel aufgeschlagen.

19. August, Mittwoch

Schönster Platz des ganzen Fluges. Der 186. Flug von Paramaribo nach Port of Spain dauert knapp sechs Stunden und bewältigt 1007 Streckenkilometer. Es wird getankt und Post an Bord genommen. Offenbar scheinen die europäischen Luftpostbeschränkungen für die Hauptstadt des englischen Trinidad nicht zu gelten. Wie schon in Surinam spielt auch hier die Fluggesellschaft Pan American Airways (PAA) eine wichtige Rolle. Sie stellt ihre Bodenorganisation auf den Flugstationen in der Karibik für »Das Deutsche Wunderschiff der Zukunft« zur Verfügung. PAA liefert auch die sehr »amerikanischen« Flugbestätigungsstempel für Surinam, Trinidad und Antigua, die alle üblichen Stempelgrößen sprengen und oft nur auf der Rückseite der Postbelege Platz finden.

Friedrichshafen hat für die Schiffsleitung in Trinidad Bargeld avisiert, das dort allerdings bei Nachfrage auf der Bank nicht angekommen ist. Ist es überhaupt losgeschickt worden? Es soll via Miami nachgeleitet werden. »*... Im Queen's Park Hotel haben wir gute Unterkunft gefunden und sind alle darüber einig, hier auf einem der schönsten Plätze unseres ganzen Fluges angelangt zu sein ...*« (Maurice Dornier).

Für die DO-X-Post aus Surinam bekamen die üblichen niederländischen Luftpostbriefmarken einen besonderen DO-X-Aufdruck »Vlucht Do. X 1931«. Hier einer der ganz seltenen Belege mit korrekter Gebrauchsfrankatur von Surinam nach Deutschland.

Maurice Dornier (1888–1932): Ihm verdanken wir die Berichte zum südamerikanischen Teil des DO-X-Unternehmens.

20. August, Donnerstag

Nach dem Start in Trinidad ist der nächste Tankstopp nach 741 Kilometern in der Bucht von St. Johns auf Antigua, die um 11.04 Uhr erreicht wird. Nach kurzem Tanken geht es gleich weiter Richtung San Juan auf der Insel Porto Rico, wo die DO-X im Hafen um 16.17 Uhr wassert. Das Fort der Stadt begrüßt die DO-X mit 21 Schuss Salut, die vom Flugschiff mit einer Extrarunde gedankt werden. Von Stadt, Menschen und Landschaft bekommt die Besatzung nicht allzu viel mit. Dem Empfang beim Gouverneur der amerikanisch verwalteten Insel bei Eiswasser – es herrscht Prohibition – folgen ein Empfang und Essen mit Damen im Kasino des 58. Infanterieregiments, diesmal mit Fruchtbowle.

21. August, Freitag

189. Flug der DO-X von San Juan nach Kuba. Beim Hinausrollen zum Start vor das Fort wird Cramer von Clausbruch an die berüchtigte Atlantikdünung erinnert. Er dreht also um, rollt in den Schutz der Bucht zurück und startet gegen Land. Seine große Erfahrung und Einschätzung der Risiken bei Start und Landung bescheren dem Flugschiff, der Besatzung und den Passagieren einen unproblematischen Reiseverlauf zwischen Rio und New York. Der 189. DO-X-Flug dauert knapp sechs Stunden und geht über 1056 Streckenkilometer nach Antilla auf dem revolutionsgeschüttelten Kuba, wo das Flugschiff um 12.57 Uhr in der weiten Bucht wassert. Mit Revolutionen sind die Männer der DO-X ja hinlänglich vertraut, und sie sehen möglichem Geschehen gelassen entgegen. Eine gewisse Freude bereiten sie dem deutschen Konsularagenten Bolschwig. Er nimmt die alkoholischen Bestände der Bordbar zum Verbrauch in »Verwahrung«. Man möchte mit dem amerikanischen Zoll nicht aneinander geraten, und lediglich zwei Flaschen Cognac bleiben als »Medizin« an Bord.

22. August, Sonnabendmorgen

Von Antilla auf Kuba nach Miami. Hinausrollen auf die See und Start gegen Land um 7.05 Uhr mit einem Abfluggewicht von 46 300 Kilogramm. Im weiten Bogen überfliegt die DO-X sattgrüne Zuckerrohrplantagen an der kubanischen Küste und geht um 7.12 Uhr auf Kurs. Mit einer Durchschnittsgeschwindigkeit von 179 km/h bewältigt das Flugschiff die 778 Kilometer Strecke über See in vier Stunden und 55 Minuten. Versuchsweise wird auf der Etappe einige Minuten allein mit den hinteren sechs Motoren geflogen. Um 11.30 Uhr sind die Hochhäuser von Miami in Sicht, und da man für den festgelegten Landetermin um 12 Uhr zu früh ist, dreht das Flugschiff einige Runden über Miami und Palm Beach, dem »Winterkurort der Amerikaner«. Später berichten Reporter, dass ihre kleinen Begrüßungsflugzeuge mit dem Flugtempo des »flying giant« nicht mithalten konnten.

Sonnabendvormittag

»Lebenswichtiger« Sponsor an Bord. Wichtige Fluggäste sind auf dieser Etappe Gäste der Firma Dornier und der Schiffsleitung: Charles E. Arnott, Präsident der Vacuum Oil Company, und sein persönlicher Vertreter Elmer M. Applegit mit Frau. Arnott und seine Vacuum Oil Company haben den DO-X-Flug eigentlich erst ermöglicht. Im Rahmen seines politischen und wirtschaftlichen Einflusses sponsert er die Benzin- und Ölversorgung des Flugschiffes auf den internationalen Etappen von Friedrichshafen bis Berlin von November 1930 bis Mai 1932.

Pflichtbesuch beim wichtigsten Sponsor der DO-X-Expedition. Empfang beim Präsidenten der Vacuum Oil Company. Von links nach rechts: Fredy Schmid, Josef Dabernig, Paul Berner, Fritz Wilhelm Krause, Wilhelm Niemann, Rudolf Cramer von Clausbruch, Fritz Wilhelm Hammer, Charles E. Arnott, Präsident der Vacuum Oil Company, Adolf Marquardt, Horst Merz, Ernst Brombeis, Heinrich Jäger, Maurice Dornier und Emil Fischer.

22. bis 25. August, Sonnabend bis Dienstag

Station der D-1929 in Miami. Nach der Wasserung sind sofort drei Küstenwachboote beim Flugschiff. In Zeiten der Prohibition fürchten die amerikanischen Behörden den Alkoholschmuggel. Kein Boot darf an der DO-X anlegen, bevor die Zolluntersuchungen erledigt sind. Als Nächstes bringen die Betreuer von Vacuum Oil Company einen Arzt, einen Polizeivertreter und einen Beamten der Hafenbehörden an Bord und holen ihren Chef ab. Zusammen mit der Schiffsführung werden zwei Liegetage vereinbart.
Wie schon bei den karibischen Stationen liegt die Bodenorganisation bei Pan American Airways. Ursprünglich in Key West zu Hause, verlegt die PANAIR Anfang der 1930er-Jahre ihren Firmensitz nach Miami und nennt ihr neu gebautes Hauptquartier »Dinner Key«. Dorthin soll das Flugschiff mit Lotsenhilfe rollen. Doch die Wassertiefe reicht zum direkten Anlegen am Steg nicht aus, und man sitzt zweimal fest, bevor relativ weit draußen Anker geworfen werden kann.

22. August, Sonnabend

Auflieferung der Post für Miami. Für Miami bestimmte Post wird abgegeben. Die Briefe erhalten rückseitig einen Rollenstempel als Ankunftsstempel. In Miami endet die Möglichkeit, offizielle Post beim Flugschiff aufzuliefern.

Nach der ersten Landung in amerikanischen Gewässern geht die DO-X in der »Dinner Key« von Miami vor Anker.

Die restriktive US-amerikanische Luftpostbestimmung und das Monopolgeflecht der US-Luftpostbeförderung geben ausländischer Beförderung keine Chance.

22. August, Sonnabendnachmittag und -abend

»Fabelhaft organisierter Empfang...«, berichtet Maurice Dornier in seinen Reiseimpressionen und schreibt weiter: *»... Man sieht, dass die Stadt Miami über eine ungewöhnlich geschickte, großzügige Verwaltung verfügt. Wir werden in den guten Hotels der Stadt als Gäste einquartiert und sind am Abend im Alcazar die Gäste der Stadt beim Essen, das in stimmungsvollem Saale stattfindet und bei dem uns die Tischreden erkennen lassen, dass unsere DO-X hier längst kein Fremdling mehr ist. Gute, ehrlich gemeinte Worte gedenken des Schöpfers unseres stolzen Schiffes und wieder einmal bedauern wir, Dr. Dornier nicht mit uns zu haben. Die Amerikaner sehen in unserem Fluge und dessen zäher Durchführung den Willen Deutschlands zur friedlichen Mitarbeit an der Wiedergenesung der Welt und empfangen uns als gern gesehene Boten unserer Heimat ...«*

23. August, Sonntag

Besichtigungsrummel. Am Sonntag und Montag besichtigen rund 4000 amerikanische Besucher das Flugschiff. Am Abend Empfang der Besatzung im »Deutschen Club« mit froher Geselligkeit bei den deutschen Vereinen von Miami im »Deutschen Haus«.

24. August, Montag

Stadtrundfahrt der Besatzung. Neben den Flughäfen und weiteren Sehenswürdigkeiten der imposanten Stadt wird den neugierigen Männern auch die Villa von Schmugglerkönig Al Capone gezeigt. Nach herzlicher Verabschiedung am Abend Klarmachen zum Weiterflug am nächsten Morgen.

25. August, Dienstagvormittag

191. Flug von Miami nach Charleston. Gut besetzt durch eine ganze Reihe zum Mitflug eingeladener Gäste, startet das Flugschiff mit 47 900 Kilogramm Abfluggewicht um 7.15 Uhr. Der Kurs führt entlang der nordamerikanischen Südostküste. Um 10.34 Uhr überfliegt die DO-X Jacksonville.
Es folgt die Stadt Savannah um 11.50 Uhr, und nach 870 Kilometern und fünf Stunden und 21 Minuten Flugzeit wassert Flugzeugführer Cramer von Clausbruch um 12.41 Uhr im Hafen von Charleston. Liegeplatz ist das Floß der Vacuum Oil Company, wo sofort mit dem Auftanken begonnen wird.

Dienstagnachmittag

Herumgereicht in Charleston. Zum Mittagessen ist die Besatzung Gast des Rotary-Club, und am Nachmittag ist einmal mehr »Open Ship«. Abends erzählen die Besatzungsmitglieder als Gäste des Deutschen Schützenvereins von der abenteuerlichen Reise mit ihrem Flugschiff.

26. August, Mittwoch

192. Flug von Charleston nach Norfolk. Während des Rollens zur Startposition entdeckt Bordmonteur Emil Fischer bei seinem Startcheck zwei blinde Passagiere ganz hinten im Heck des Flugschiffes. Während der Besichtigung am Vortag hereingeschlichen, haben sie es sich mit Proviant und Wasserflaschen dort gemütlich gemacht. Schnell befördern kräftige

Männerhände die beiden jungen Männer auf den Backbordstummel. Ein herbeigerufenes Schnellboot, geschickt manövriert, nimmt die ungebetenen Gäste, fachmännisch geschubst, bei einiger Fahrt an Bord. Ihr einziger Flug an dem Tag. Nach diesem Intermezzo dreht Cramer von Clausbruch auf Position und startet unter dem mächtigen Mittelbogen der Cooper River Bridge hindurch zum vierstündigen Flug nach Norfolk. Es ist genau 7.10 Uhr.
Fachleute unter den 20 in Charleston zugestiegenen Gästen werden auf das Kommandodeck gebeten und zeigen sich begeistert von Technik und Geist der Mannschaft der DO-X. Nach knapp 700 Flugkilometern kommt Norfolk in Sicht.

26. August, Mittwoch

Nach einer weiten Runde über der Stadt, den Hafen und dem gegenüberliegenden Newport News wassert die DO-X um 11.50 Uhr vor der Marineflugstation in Norfolk. Hier hat Clarence Schildhauer einige Jahre als Flieger in der Versuchsabteilung gewirkt und wird jetzt von seinen ehemaligen Kameraden auf das Herzlichste begrüßt.
Am Nachmittag wird aufgetankt, und vom Hotel aus werden per Telefon und Fernschreiber, letzte Punkte für die am nächsten Tag geplante Landung in New York organisiert. Abends geben Stadt und Handelskammer einen offiziellen Empfang mit Essen für die Besatzung. John Normen, Publicity Manager von Miami, bricht hier, vor den wichtigen Persönlichkeiten der Stadt, eine Lanze für das deutsche Flugwesen. Gern folgt die Besatzung danach der Einladung des schwedischen Konsuls, in seinem Landhaus am Wasser einige ruhige Stunden zu genießen.

27. August, Donnerstagvormittag

193. Flug von Norfolk nach New York. Den Flug von 482 Kilometern in drei Stunden und zwei Minuten genießen 51 Passagiere, die kurz vor dem Start um 8.00 Uhr mit Motorbooten an Bord kommen. In erster Linie ist es ein Fachpublikum aus Fliegern und Luftfahrtspezialisten, die Cramer von Clausbruch auch kurz steuern lässt. Vorbei an begeistert winkenden Menschen auf der ganzen Strecke passiert das Flugschiff Atlantic City um 10.16 Uhr, und um 11.10 Uhr ist die DO-X über New York.

Im August

Einiges über die Kosten der Etappe Rio de Janeiro–New York. Zur erwähnten Beihilfezusage des Verkehrsministeriums vom 27. Juli 1931 gehört die Überprüfung der Kosten durch die Deutsche Revisions- und Treuhand AG, und dieser Bericht vom 9. April 1932 ist erhalten. Er gibt Auskunft über einige interessante Kostenfaktoren. Vorweg: Insgesamt sind für die Etappe 171642,65 Reichsmark fällig. Allein die so genannten Vorbereitungskosten des Fluges während der Liegezeit in Rio lässt sich Syndicato Condor Limitada mit 32 147,52 Reichsmark vergüten.
Während der Etappenflüge fallen an 33 669,83 Reichsmark Gehälter, Löhne und Tagegelder, 34 032,62 Reichsmark für Versicherungen, 38 060,24 Reichsmark Chartergebühren für die Motoren, 7 071,71 Reichsmark für Brennstoff, und der Rest ist Sonstiges. Erlöse des Fluges aus Ticketverkauf oder Posttransport sind unbekannt.

September 1931 bis Februar 1932

Allein gelassen in New York

Von tausendfacher Menschenmenge begrüßt, kreist die D-1929 über dem Battery Park von New York, bevor sie am 27. August 1931 gegen 11.20 Uhr im Hafen wassert.

Nach euphorisch gefeierter Ankunft in New York und der DO-X in den Schlagzeilen der amerikanischen Presse kommt sehr schnell ein böses Erwachen für die Besatzung in der Weltmetropole und die Expeditionsorganisatoren im fernen Friedrichshafen. Hoffnungen für die Vercharterung oder gar den Lizenzverkauf des Flugschiffes Typ DO-X zerschlagen sich im absoluten Tief der Weltwirtschaftskrise. Die Besatzung soll ihre Aufenthaltskosten durch Besichtigungseintritt und den Verkauf von Souvenirs zusammenbekommen. Das kann nicht funktionieren: Bitterböse Briefe und Kabelnachrichten zwischen den Alleingelassenen und der Dornier-Metallbauten GmbH, die – finanziell mit dem Rücken an der Wand – wenig helfen kann, sorgen für spannungsreiche Wochen.

D-1929

1931

27. August, Donnerstagmittag

Ankunft in New York und triumphaler Empfang. Um 11.10 Uhr Ortszeit umfliegt die DO-X die Freiheitsstatue. Dann dröhnt sie den Hudson aufwärts bis zur Hudson-Brücke und im weiten Bogen über der Stadt an der Skyline von Manhattan vorbei bis zum Wasserlandeplatz im Hafen von New York, vor dem Battery Park, an der Spitze Manhattans. Die Ufer und der Platz um den prägnanten Rundbau des damaligen

Im Landeanflug zur Wasserung vor der Battery von New York. Die DO-X am 27. August 1931 gegen 11.20 Uhr Ortszeit.

Empfang durch das Stadtkomitee und erstes Erinnerungsfoto nach der Ankunft in New York. In der ersten Reihe von links nach rechts: Deutscher Konsul Dr. Paul Schwarz, Stellvertretender Bürgermeister George Maud, Clara Adams, Kommandant Fritz Hammer, Expeditionsleiter Paul Berner, Erster Flugzeugführer Rudolf Cramer von Clausbruch, Curtiss-Ingenieur Harvey Brewton, RVM-Beobachter Horst Merz, die Motorenwarte Ernst Brombeis und Adolf Marquardt, Bordingenieur Otto Eitel, Funkoffizier Henry Kiel und Elektriker Josef Dabernig.

Das Zielfoto aller Dornianer überhaupt. Die DO-X vor dem Panorama der Wolkenkratzer von Manhattan. Das Flugschiff hat sein vermeintliches Ziel in der Neuen Welt endlich erreicht.

New Yorker Aquariums sind schwarz vor Menschen. Nach dem Ankerwerfen booten 46 Passagiere und ein Teil der Besatzung aus und werden vom Komitee des Bürgermeisters von New York City, angeführt von George Maud und dem deutschen Konsul Dr. Schwarz, auf das Herzlichste begrüßt. Es entsteht das Gruppenfoto vor der Polizeistation des 27th Precinct am Battery Sea Wall. Einzige Dame auf dem Foto ist Clara Adams »... now she knows the thrill of riding in the DO-X«. Wegen 50 DO-X-Anstecknadeln, die Wilhelm Niemann ihr für zehn Dollar verkauft, gibt es später noch Ärger. Er wird für den Verkaufspreis von nur 20 Cent pro Stück aus Friedrichshafen gerügt.

Donnerstag am frühen Nachmittag

Postablieferung. Mit Ausnahme der Dornier-Eigenbelege werden sämtliche Briefe und Postkarten zur Weiterbeförderung an die US-Post abgegeben. Die Poststücke bekommen einen Durchgangsstempel auf der Umschlagrückseite. Der schwarze Kreisstempel hat die Zeilen »NEW YORK, N.Y. 17 1931/AUG 27/6-PM«. Um 18 Uhr Ortszeit wird die DO-X-Post bearbeitet und zum Weitertransport verteilt.

Wassern in North Beach. Die DO-X folgt dem Einweiser im Motorboot zum Liegeplatz. Die zahlreich geparkten Autos sind das Zeichen für einen dort selten erlebten Zuschauerandrang.

Das Flugschiff an der Ankerboje. Nach der Ankunft in North Beach am Glenn Curtiss Airport am 27. August 1931.

Weiterflug zum Liegeplatz. Mit 40 Passagieren an Bord, in erster Linie Pressevertretern, startet das Flugschiff um 14.34 Uhr und fliegt den East River aufwärts zum eigentlichen Liegeplatz zur North Beach am Glenn Curtiss Airport. Nach einer Runde über New York wassert das Flugschiff dort, im Stadtteil Queens, um 14.50 Uhr (194. Flug, Fluggewicht: 41 500 Kilogramm, Strecke: 45 Kilometer, Flugzeit: 16 Minuten). Als Wasserflugplatz und als Aufliegeplatz bietet der spätere La Guardia Airport für viele Monate ideale Bedingungen. Die weite Entfernung vom Stadtkern und relative Einöde werden bald mögliche Besucher davon abhalten, herauszukommen.

Donnerstagabend

Besatzungsquartier »The Sherry-Netherland«. Hotelier Voit, deutschstämmig aus Durlach in Baden und Leiter des renommierten »The Sherry-Netherland« in 781 Fifth Avenue Ecke 59th Street in Manhattan, lädt die Besatzung des Flugschiffes großzügig ein, in seinem Hotel zu logieren – seit der Eröffnung 1927 bis heute eine feine Hoteladresse in New York. An den Ausblick aus dem Zimmer im 30. Stock müssen sich die Männer der DO-X nicht gewöhnen, da waren sie schon höher geflogen. Neben der Hoteladresse fungiert die Büroanschrift von Friedrich Wilhelm von Meister, General Agent der Maybach Motoren Werke aus Friedrichshafen, im Ley Building in 578, Madison Avenue New York (City) zukünftig als Adresse der DO-X-Besatzung.

28. August, Freitag

Bürgermeisterempfang für die Besatzung. Der Lord Mayor von New York, Jimmy Walker, befindet sich in Europa und stattet gerade Budapest einen Besuch ab, sodass der Erste stellvertretende Bürgermeister die Flugschiffsbesatzung begrüßt. Nach dem Empfang in der City Hall stellt er sich und die Männer der DO-X für das obligate Pressefoto auf der Freitreppe der New Yorker City Hall in Positur.

1. September, Dienstag

Zwei Rundflüge über New York *(nach anderer Quelle am Montag 31. August)*. Aufgrund des herrlichen Sommerwetters und vor dem Ausbau der Motoren, die bei der Curtiss Wright Corporation in die Generalüberholung gehen, absolviert das Flugschiff zwei Rundflüge mit Passagieren über New York. Um 10 Uhr drehen in erster Linie Luftfahrtexperten und Flugsachverständige mit dem Flugschiff eine 20-minütige Runde über der Weltmetropole (195. Flug, Fluggewicht: 43 500 Kilogramm, Strecke: 57 Kilometer, Flugzeit: 20 Minuten).
Danach folgen um 11 Uhr Geld und Einfluss: 73 Passagiere aus der New Yorker Banken- und Geschäftswelt, für einige Mitflieger ihr erster Flug überhaupt, fühlen sich durch die Größe sowie die Flugstabilität der DO-X geborgen und sind begeistert (196. Flug, Fluggewicht: 44 400 Kilogramm, Strecke: 71 Kilometer, Flugzeit: 25 Minuten).

Nach dem Empfang in der City Hall von New York. Gäste und Honoratioren auf der Freitreppe von links nach rechts: (erste Reihe) Deutscher Vizekonsul Dr. Reichel, Horst Merz, Deutscher Konsul Dr. Paul Schwarz, Fritz Hammer, Erster stellvertretender Bürgermeister von New York, und George Maud; (zweite Reihe) Rudolf Cramer von Clausbruch, Freddy Schmid, Josef Dabernig, Ernst Brombeis, Paul Berner und Maurice Dornier; (rechts dahinter) Emil Fischer, Heinrich Jäger, Adolf Marquardt und Steward Fritz W. Krause. Auf der Höhe von Clara Adams (mit Hut) hinter dem amerikanischen Admiral unterhalten sich (links) Clarence Schildhauer und (rechts) Wilhelm Niemann.

Nach dem Empfang in der City Hall von New York auf der Freitreppe von links nach rechts: Deutscher Konsul Dr. Paul Schwarz, Josef Dabernig, Fritz Hammer, der Erste stellvertretende Bürgermeister von New York, Ernst Brombeis, Emil Fischer, Paul Berner, Heinrich Jäger, Adolf Marquardt, Maurice Dornier und Fritz Wilhelm Krause, Steward der DO-X.

Rundflug mit illustren Gästen. Das Flugschiff im Wolkenkratzermeer von Manhattan – die Banker an Bord fühlen sich wie zu Hause.

2. September, Mittwoch

Empfang bei Präsident Hoover im Weißen Haus. Um 9 Uhr startet ein Flugzeug mit der DO-X-Besatzung vom Teterboro Airport in New Jersey. Der Flugplatz ist rund zwölf Meilen von Midtown Manhattan entfernt. Nach der Ankunft auf dem Flugplatz Hoover Field in Washington D.C., heute übrigens einer der Parkplätze des Pentagons, nimmt Attaché Horst Wiener die Männer der DO-X in Empfang. Sie fahren gemeinsam in die deutsche Botschaft, es folgt die Begrüßung durch Botschafter Dr. Friedrich Wilhelm von Prittwitz und Gaffron (1884–1955). Er ist seit 1927 deutscher Botschafter in Washington D.C. und wird es bis zu Hitlers Machtergreifung bleiben. Jetzt begleitet er die Besatzung zum amerikanischen Präsidenten ins Weiße Haus. Herbert Clark Hoover (1874–1964), 31. Präsident der Vereinigten Staaten von Amerika, empfängt die deutsche Delegation gegen 12.30 Uhr. Vor dem gemeinsamen Dinner entsteht das bekannte Gruppenfoto im Garten des Weißen Hauses. Mit von der Partie ist Colonel Clarence Marschall Young (1889–1973). Von Hoover als Assistant Secretary of Commerce for Aeronautics am 1. Oktober 1929 in seine Administration geholt, soll Young alle Luftfahrtentwicklungen in den USA koordinieren. Er ist seinerzeit auch Vizepräsident der Pan American Airways. Gegen 18.30 Uhr landet die DO-X-Besatzung wieder auf dem Teterboro Airport und fährt zurück ins Hotel.

Um den 5. September

Ähnlich improvisiert wie in Para gestaltet sich der Motorenausbau mittels provisorischer Hebebaumkonstruktion zwischen und auf den Verstrebungen der Motorengondeln. Dabei schwojt die DO-X an einer Boje in North Beach. Eine schwierige Aktion, denn jeder der zwölf Moto-

Im Garten des Weißen Hauses zum Empfang bei Präsident Hoover von links nach rechts: Colonel Clarence M. Young, Freddy Schmid, Maurice Dornier, Heinrich Jäger, Horst Merz, Harvey Brewton, der deutsche Botschafter von Prittwitz und Gaffron, Clarence Schildhauer, US-Präsident Hoover, Wilhelm Niemann, Fritz Hammer, Paul Berner, Henry Kiel, Rudolf Cramer von Clausbruch, Ernst Brombeis, Attaché Horst Wiener.

ren vom Typ »Curtiss Conqueror GV-1550« wiegt 326 Kilogramm. Als Erstes gehen die Motoren der hinteren Reihe zur Generalüberholung. Dann folgen die vorderen mit einer Ausnahme.
Über eine mit Gleitbohlen belegte hölzerne Auf- und Ablauframpe wird die DO-X danach beim Glenn Curtiss Airport an Land gezogen. Zu dem Zeitpunkt sind elf Motoren ausgebaut und die Gondeln mit Planen abgedeckt. Nur der vordere innere Backbordmotor – er war bereits in Para ausgewechselt worden – bleibt bis zum Slippen eingebaut. Er ist für das Manövrieren auf dem Wasser notwendig. Alle Reparatur-, Wartungs- und Reinigungsarbeiten an der DO-X werden durchgeführt. Danach ist das Flugschiff für die Besichtigung herausgeputzt.

»The Giant Dornier« in North Beach als Stereofoto. Mit einem Stereobetrachter ein plastisches Sehvergnügen.

Über eine provisorische Slipanlage wird das Flugschiff in New York an Land gezogen und bleibt bis April 1932 unter freiem Himmel eingelagert.

Nach dem Ausbau der hinteren Motoren: die DO-X an der Boje in North Beach beim Glenn Curtiss Airport, Anfang September 1931.

WAL-Flugboot Olinda des Syndicato Condor vor der Postübergabe an ein Beiboot des Hamburg-Süd-Dampfers Cap Arcona bei Fernando de Noronha.

September

Neben kostenlosen Eintrittskarten für Gäste: *»Der Dornier Gesellschaft, Friedrichshafen bereitet es Vergnügen, Sie zu einem Besuch der DO-X einzuladen. Diese Eintrittskarte ist nicht übertragbar und verfällt, wenn sie nicht vom Unterzeichner vorgelegt wird«* (Nr. 479 ist die höchste bekannte Kartennummer). Eine chamoisfarbene Besuchskarte für den »Inspections Trip« des »World's Largest Airplane« kostet dagegen einen Dollar. Davon entfällt die Hälfte auf die enthaltenen Überfahrten mit der Fähre und für die DO-X-Besichtigung. Die andere Hälfte soll zu gleichen Teilen dem US-amerikanischen und dem Deutschen Roten Kreuz zugewendet werden (Nr. 9677 ist die höchste bekannte Kartennummer). Insgesamt Großzügigkeiten, die sich Claude Dornier eigentlich nicht leisten kann. Paul Berner rechnet mit anteiligen Einnahmen für die Schiffskasse von 130 Dollar pro Tag. Das funktioniert nur in den ersten drei Septemberwochen, dann nimmt das Interesse rapide ab, und die Tageseinnahmen reduzieren sich auf ein bis zwei Dollar. Die Besuchszeiten werden deshalb auf das Wochenende beschränkt. Kurz vor dem Rückflug nach Deutschland kostet der Eintritt nur noch 50 Cent, und die Karten haben eine hellblaue Farbe (Nr. 20053 ist die höchste bekannte Kartennummer). Bei vermutlich deutscher Gründlichkeit und der Kontrolle aus Friedrichshafen sind durchnummerierte Karten anzunehmen. In New York hat die DO-X also gut 20 000 Besucher.

Besichtigungskarte für die DO-X inklusive Fährgeld zum Beispiel von Midtown Manhattan nach Queens.

11. September, Freitag

Unfall des Dornier-WAL-Flugbootes Olinda des Syndicato Condor. Ein Postnachbringeflug für den Hamburg-Süd-Dampfer Cap Arcona bei Fernando de Noronha beginnt mit einem folgenschweren Zwischenfall. Beim Nachtstart in Natal verunglückt und verbrennt das Flugboot vom Typ Dornier-WAL mit dem Kennzeichen P-BALA und reißt drei Menschen mit in den Tod. Nur Bordwart Paul Hein überlebt, weil er sich vorschriftswidrig bei der Motorengondel aufhält. Fritz Hammer hatte diesen Flug wegen Abwesenheit des erfahrenen Rudolf Cramer von Clausbruch untersagt.
Aus nicht nachvollziehbaren Gründen startet Max Sauer, technischer Leiter des Condor-Syndikats und auch Flugzeugführer, den Flug trotzdem und kommt dabei ums Leben. Die Unglücksnachricht erhalten Direktor Fritz Hammer und Cramer von Clausbruch am vierten Tag ihrer Überfahrt von New York nach Bremerhaven auf dem Schnelldampfer Bremen. Hammer glaubt an die Macht der Sterne und lässt sich ständig von einem Wiener Astrologen die Horoskope seiner leitenden Mitarbeiter übermitteln. Max Sauers Horoskop sah für den 11. September »mörderisch« aus. Mit ein Grund, warum Fritz Hammer den Flug per Funk verboten hatte. Nach dem Unfall müssen Hammer und Cramer von Clausbruch schnellstmöglich nach Brasilien zurückkehren und stehen für das

weitere DO-X Unternehmen nicht mehr zur Verfügung. Am 16. März 1932 wird Direktor Fritz Hammer der Dornier Metallbauten GmbH die Abrechnung seiner Reiseauslagen inklusive Tagegelder präsentieren. Für seine Kommandantenzeit auf der DO-X vom 4. Juli bis zum 25. September 1931 stellt er stattliche 6975,82 Reichsmark in Rechnung, die er bis dahin verauslagt hatte.

12. September, Sonnabend

Harvey Brewton schreibt an Fritz Hammer. In einem Brief bedankt sich der Ingenieur als »Vertreter der Curtiss Wright-Werke an Bord der DO-X« bei seinem Kommandanten auf dem Flug von Rio nach New York für *»die Kooperation bei der richtigen Behandlung der DO-X-Motoren«* während der Zeit, wo er das Kommando innehatte. Auch Rudolf Cramer von Clausbruch wird gelobt für seinen Start in Porto Praia zum Flug über den Südatlantik. Gegen die Anordnung des Startabbruchs sich durchsetzend war es *»... seiner Konzentration zu danken, dass man an einen solchen Start denken konnte. Diese Konzentration, verbunden mit seiner sicheren, kaltblütigen, praktischen Erfahrung hat uns schließlich hoch und über den Ozean gebracht.«* Dieser Lobbrief scheint notwendig, denn innerhalb der Stammbesatzung haben die »Condor-Leute« einen schweren Stand.

Horst Merz ist inzwischen zur Berichterstattung beim Reichsverkehrsministerium nach Berlin zurückgereist. Seine nachtragenden bis diskreditierenden Berichte, was Hammer und Cramer von Clausbruch betrifft, haben nur wegen des beschriebenen Geschehens vom Tag zuvor keine weiteren Auswirkungen. Brasilien ist weit weg vom kommenden Nazi-Deutschland. Der Rachedurst der in Rio de Janeiro geschassten Schiffsführung geht dagegen sehr weit. Dazu Friedrich Christiansen im Jahre 1936: *»Ich darf hier gleich feststellen, dass unser Ziel erreicht wurde dank der ausgezeichneten Besatzung, die mir zur Verfügung stand. Es waren alles Männer, die auch in den vielen schweren Stunden, die wir gemeinsam verleben mussten, immer nur ihre Pflicht vor Augen hatten, die große Aufgabe, die uns allen gestellt war, restlos zu erfüllen. (...) um so mehr, als sich im Laufe der Zeit eine Reihe von Schmarotzern an dieses Stück Deutschland anhängte als so genannte ›Auch-Fachleute‹, bei denen Geldverdienen die Hauptsache war. (...) Merkwürdigerweise wurden diese Leute oft ernster genommen als die Besatzung und waren dann für diese eine unangenehme Belastung. Ich will hoffen, dass diese Zeitgenossen in Zukunft ihre eigenen DO-Xs bauen und selbst führen.«* Letzteres ist eindeutig eine polemische Spitze gegen Condor-Direktor Fritz Hammer. Und auch Rudolf Cramer von Clausbruch bekommt den dann hakenkreuzverzierten, mächtigen Arm von »Krischan« zu spüren. Anlässlich eines Besuches in Deutschland soll er Mitte der 1930er-Jahre von der Gestapo auf Initiative von Friedrich Christiansen festgenommen werden. Dem kann sich Cramer von Clausbruch nur durch schnelle Abreise entziehen. Der Nachkriegsstreit der »Alten Adler« um die historische Bewertung und die Rollen der DO-X-Flugzeugführer Merz und Cramer von Clausbruch beschäftigt die honorigen Herren Aviatiker noch bis Ende der 1970er-Jahre.

24. September, Donnerstag

Flugzeugschau auf dem Glenn Curtiss Airport. Anlässlich des 20. Jahrestages der ersten amerikanischen Luftpostbeförderung werden auf dem Glenn Curtiss Airport in Queens an der North Beach verschiedene historische Flugzeuge präsentiert. Augenblicklicher Stand der Luftfahrzeugentwicklung ist die an Land aufgebockte DO-X.

Der Andrang galt nicht allein der DO-X. Flugzeugschau auf dem Glenn Curtiss Airport am 24. September 1931 anlässlich des 20. Jahrestages der ersten amerikanischen Luftpostbeförderung.

25. September, Freitag

Postauflieferung der Dornier-Eigenbelege an die »Von Meister«-Adresse. Um 14.30 Uhr liefert Wilhelm Niemann eine nicht bekannte Menge der 1924 Dornier-Eigenbelege des DO-X-Fluges mit der Adresse »Herrn von Meister, 578 Madison Avenue, New York (City), U. S. A.« bei der New Yorker Hauptpost auf oder wirft sie in einen Briefkasten in Manhattan. Wir wissen es nicht. Sie müssen für die Beförderung innerhalb New York Citys mit zwei Cent Porto nachfrankiert werden. Niemann klebt die Briefmarke auf die Rückseite, auf die Klappe der Umschläge. Sämtliche an Bord der DO-X beförderten Poststücke sind mit der Landung am 27. August an die US-Post zur Weiterbeförderung abgegeben worden. Möglicherweise hat Niemann die »Von Meister«-Briefe bewusst zurückgehalten, oder er hat sie ganz einfach im Ankunftstrubel vergessen. Eine weitere Version wäre der sich entwickelnde Bargeldmangel in der Schiffskasse, der sein Handeln erfordert. Am 25. September, gut einen Monat nach der Ankunft aufgeliefert, kostet die Aktion noch einige Dollars extra.

Von Wilhelm Niemann in den Briefkasten geworfen: New Yorker Eigenbelege der Dornier Metallbauten GmbH an die »Von Meister«-Adresse.

29. September, Dienstag

Aus New York nach Berlin zurückgekehrt, hat Horst Merz inzwischen beim Reichsverkehrsministerium über den DO-X-Flug berichtet. Während seines Berlin-Aufenthalts in den Tagen erfährt Cramer von Clausbruch Details. Ministerialrat Albert Mühlig-Hofmann, übrigens in den 1960er-Jahren Vorsitzender der Traditionsgemeinschaft »Alte Adler« e.V., informiert ihn über die konkreten Vorwürfe seines »Flieger-

»Rotes« Leporelloalbum mit zehn DO-X-Fotopostkarten aus der Erprobungszeit mit Siemens-Motoren.

freundes« ihn betreffend: *»1. unkameradschaftlich, 2. überall in den Vordergrund gedrängt, 3. keine guten Landungen bis New York, 4. keine guten Bojenmanöver, 5. widerspenstig gegen das Nachtflugverbot des RVM«.*

Auch Kommandant Fritz Hammer wird von Horst Merz bedacht: *»1. Maschine in Rio nicht übernommen, 2. Maschine in New York im Stich gelassen, 3. Schiffspapiere in Unordnung (in der Kabine gefunden)«.* Insgesamt sind das schwerwiegende Vorwürfe für das Verständnis von Kameradschaft und Disziplin in Fliegerkreisen. Sie berühren die Berufsehre der Betroffenen.

6. Oktober, Dienstag

Notgriff in die Portokasse. Der Geldmangel zur Deckung des täglichen Bedarfs der Besatzung hat sich dermaßen zugespitzt, dass Niemann 529,95 Reichsmark aus der Briefmarkenkasse in die Schiffskasse bucht, um die Auszahlung von Tagegeldern an die Besatzungsmitglieder zu ermöglichen.

Dornier verschickt 1000 »graue« Postkartenalben für den Souvenirverkauf von Friedrichshafen nach New York. Am 20. Oktober folgen noch 12 014 einzelne Postkarten und 126 »rote« Postkartenalben. Sie sind sehr lange unterwegs.

Oktober bis November

Tagegelder der Besatzung aus dem Souvenirverkauf. Wilhelm Niemann soll aus dem Souvenirverkauf und dem Besuchereintritt die Tagegelder für die Besatzung erlösen. Besonders vom Verkauf der Dornier-Eigenbelege für 2,75 Dollar pro Stück und 2,50 Dollar pro Stück für die Abnahme von 100 Belegen und mehr erwarten sich die Dornier-Leute am fernen Bodensee den Erfolg. Doch bis zum 2. November wird Steward Krause, der beim Flugschiff den Verkauf organisiert hat, ganze zwei Briefe verkauft haben. Etwas günstiger sieht es bei den Aero-Revue-Heften für einen Dollar aus, von denen er in diesem Zeitraum 25 Stück verkauft. Von den DO-X-Anstecknadeln für anfangs 20 Cent und dann 50 Cent verkauft er 35 Stück, und von den »grauen« Postkartenalben für 80 Cent finden gut 50 Stück ihre Interessenten. Übrigens darf Steward Krause vom mageren Erlös noch 20 Prozent Provision für sich einbehalten. Es zeichnet sich sehr schnell das finanzielle Fiasko dieses Weges ab. Bald verzweifelnd, wird Niemann in den nächsten Wochen um brauchbares Filmmaterial des DO-X-Fluges und geeignetes Prospektmaterial in Friedrichshafen betteln, um Vorträge zu organisieren. Er hat genügend Anfragen, und die Erlöse aus Vorträgen würden die finanzielle Situation entspannen sowie das Interesse an der DO-X wach halten. Doch die Zuständigen bei D.M.B. reagieren nicht.

10. Oktober, Sonnabend

Abrechnung der Bordpost durch Wilhelm Niemann. Alle Briefmarken für das Bordpostamt verrechnet die Firma Dornier-Metallbauten GmbH direkt mit der Reichspost und bezahlt dafür, entsprechend des geschlossenen Postvertrages, nur ein Fünftel des Frankaturwertes. Das Bordpostamt bekommt die Marken für den Verbrauch und Verkauf geliefert, weshalb Niemann mit D.M.B. und nicht mit der Reichspost abrechnen muss. Bei Dornier in Friedrichshafen ist man brennend interessiert, wie die 16 000 Reichsmark in Briefmarken an Bord verbraucht worden sind. Nach dem Startunfall in Las Palmas zeichnet sich ein längerer Reparaturaufenthalt ab, und Expeditionsleiter Paul Berner überweist 1568,80 Reichsmark aus der Briefmarkenkasse an D.M.B. Seitdem wartet man dort auf den »Gewinn« aus dem Portogeschäft.

New York, den 10.Okt.1931.

ABRECHNUNG DER BORDPOST AUF FLUGSCHIFF DO-X

An Briefmarken erhalten:			
In Friedrichshafen. ①	RMk	10 000,-	
In Lissabon		6 000,-	
Sa.	RMk	16 000,-	
Per Geld-Überweisung: ②			
durch Herrn Berner 12.2.31.	RM	1 300,-	
+ Engl.Pfund 7,-	RM	142,80	
+ $ 30,-	RM	126,-	1 568,80
Per Übergabe an Schiffskasse: ③			
am 11.7.31	RM	1 490,-	
am 6.10.31	RM	529,95	2 019,95
Per D.M.B. Briefe: ④			
Lissabon	RM	11 400,-	
Natal	RM	144,-	11 544,-
Per Hartgeldbestand:			
Briefmarkenkasse	RM	48,20	
Peseten 8,75 á 2,16	RM	4,05	
Engl.Pfund -,18.2	RM	18,30	
Millreis 2-200 á.3,1	RM	-,70	61,25
Per Briefmarken-Bestand ⑤	RM		806,-
Sa.	RM		16 000,-

Wilhelm Niemann N.-O.
Dornier Flugschiff DO-X

Niemanns Bordpostabrechnung. Aus der Schiffskasse bekam die Besatzung ihr Tagegeld ausgezahlt. Wenn die »Speisung« derselben aus Friedrichshafen nicht funktionierte, griff das Schiffskommando in die Portokasse. Dies war offenbar in Rio de Janeiro (11. Juli 1931) und New York (6. Oktober 1931) notwendig. Für das hoffnungsvolle Geschäft mit D.M.B.-Eigenbelegen verrechnete Dornier 1924 Briefe.

10. Oktober, Sonnabend

Mit Sorgenfalten: Wilhelm Niemann, Navigationsoffizier der DO-X in New York im Spätsommer 1931.

Sikorsky S-40, das größte US-Flugboot. Drei Flugboote des Typs S-40, von Spöttern wegen der vielen Verstrebungen als »fliegender Wald« bezeichnet, hat Juan Terry Trippe (1899–1981), Gründer und Direktor von Pan American Airways (P.A.A.) bei Sikorsky in Bridgeport bauen lassen. Nach der Wasserung des ersten fertigen Flugbootes bei der Anacostia Naval Air Station in Washington D. C. tauft Lon Hoover, die Gattin des amerikanischen Präsidenten, die neue Errungenschaft des rührigen Trippes mit Karibikwasser. Der erste und auch so benannte AMERICAN CLIPPER hat vier Pratt & Whitney-Hornet-Motoren mit jeweils 575 PS, befördert 32 Passagiere über 1620 Kilometer und kostet 139 000 Dollar. So viel zum Vergleich mit der DO-X. Drei Clipper gehen für die P.A.A. 1931 in Dienst und begründen die amerikanische Ära der »Flying Clipper«, wo Claude Dornier mit seinem Flugschiff gern mitgemischt hätte.

13. Oktober, Dienstag

Eine Rechnung schockt Friedrichshafen. Gezwungen durch US-Wettbewerbsrechte, muss Treibstoffsponsor Vacuum Oil an Dornier für die USA-Zwischenstationen eine Spritrechnung ausstellen, und zwar für das Tanken in Miami und Charleston mit 1175,93 Dollar (4725 Gallonen), in Norfolk mit 330,48 Dollar (1944 Gallonen) und in North Beach mit 170,46 Dollar (1065,4 Gallonen). Diese Rechnung über umgerechnet 7071,71 Reichsmark ist für Dornier ein schwerer Brocken.

19. Oktober, Montag

Souvenirverkauf ist flau, benötige dringend Geld. Folgendes Telegramm von Niemann geht aus New York an die Kabeladresse »Metallflug Berlin«: *»Bücher, Briefverkauf sehr flau – Postkarten nicht eingetroffen – benötige 500 Dollar – vorschlage schnellstmögliche Übersendung von Filmen und Unterlagen für Vorträge«.* Da von der Seite Dornier-Metallbauten GmbH nichts geschieht, wird Niemann am 27. Oktober deutlicher: *»benötige dringend Überweisung oder Anweisung wo Kreditmöglichkeit«.* Außerdem möchte Wilhelm Niemann wissen, ob über die Reise seiner Frau nach New York schon entschieden wurde.

13,3 x 8,5 cm großes begehrtes Sammelobjekt. Gepäckaufkleberzettel für das Geschäft in den USA. Keiner von ihnen ist an einem Koffer in der DO-X mitgeflogen.

20. Oktober, Dienstag

Funkoffizier Henry Kiel wird zurückgerufen. Telegramm aus Friedrichshafen an Wilhelm Niemann: Aus Kostengründen soll Henry Kiel sofort nach Deutschland zurückfahren, damit er am 1. November der »Deutschen Betriebsgesellschaft für drahtlose Telegraphie« (DEBEG) wieder zur Verfügung steht. »*... dass es für uns besser ist, gegebenenfalls die Rückreisekosten für Herrn Kiel aufzubringen, als die hohen Aufenthalts- und Gehaltskosten für die nächsten Monate für ihn weiter zu zahlen, nachdem er sich ohnehin für uns beruflich kaum betätigen kann ...*« Bei einem eventuellen Rückflug des Flugschiffes wird er wieder ausgeliehen. Die »Ausleihgebühr« für den Funkoffizier stellt die DEBEG mit 320,50 Reichsmark pro Monat den Dornier-Metallbauten in Rechnung. Zu den Gehaltskosten kommen noch die Tagegeldaufwendungen, die aus der Schiffskasse bezahlt werden. Zum Vergleich: Die sechs Monteure erhalten von D.M.B. jeweils einen Monatslohn von 284 Mark.

26. Oktober, Montag

Gepäckaufkleberzettel werden geliefert. Die Dornier-Metallbauten GmbH avisiert Wilhelm Niemann die Lieferung von Gepäckaufkleberzetteln, die Anfang November als Postpaket in New York und bei Niemann ankommen.

Der kostengebeutelte Navigationsoffizier ist auf zweierlei Art äußerst angetan. Zum Ersten fällt beim Postversand offenbar kein Zoll an, und er fordert zukünftig diesen Versandweg »derartiger Sachen«. Zum Zweiten bittet er am 11. November 1931 »*... um weitere Sendungen der Zettel, da wir sie bei künftigen Flügen gut verwenden können*«.

Ob weitere Lieferungen der ovalen Gepäckaufkleber aus Friedrichshafen erfolgten, bleibt genauso offen wie die Menge der Aufkleber der ersten Lieferung. Sie sind heute begehrte Sammlerstücke.

30. Oktober, Freitag

Die ersten zwei überholten Motoren kommen zurück. Sie werden am nächsten Tag sofort eingebaut. Harvey Brewton ist der Meinung, dass nach der Anlieferung der ersten zwei grundüberholten Curtiss-Conqueror-Motoren beim Flugschiff mit jeweils drei Triebwerken pro Woche zu rechnen ist. Die nächsten zwei werden übrigens am 6. November geliefert. Ende November sollen Motorenüberholung und Einbau abgeschlossen sein.

31. Oktober, Sonnabend

Bordwart Adolf Marquardt will abmustern. Mit einem Telegramm wird Marquardts Forderung nach Abmusterung wegen der unerträglichen finanziellen Situation nach Friedrichshafen gemeldet. Er trägt sich nicht allein mit dem

An Land und schon vergessen. Die New Yorker haben in der Weltwirtschaftskrise ihre eigenen Probleme, und die DO-X ist in North Beach weit weg.

Besatzungsmitglieder werkeln am Flugschiff. Mit Treppen und Besucherstegen eingerüstet für den großen Andrang auf dem Glenn Curtiss Airfield in Queens, bleiben sie allerdings mit ihrer Arbeit an der DO-X unter sich.

Gedanken, und es besteht die Gefahr, dass die Restbesatzung auseinander bricht. Marquardt fühlt sich nicht gut behandelt, obwohl er im Gegensatz zu den ähnlich qualifizierten Kollegen eine »Sonderentschädigung« von 200 Reichsmark pro Monat bekommt.
Wie Brombeis und Fischer ist er technischer Meister. Den Südatlantik-Überflug am 4. Juni hatte er mit Maurice Dornier, Paul Berner und Emil Fischer wegen Gewichtsreduzierung nicht mitgemacht. Möglich, dass er deshalb diesen finanziellen Ausgleich bekam, den Fischer übrigens nicht erhielt.

2. November, Montag

Energisch fordert der Navigationsoffizier der DO-X eine schnellstmögliche Geldüberweisung aus Friedrichshafen, da er gegenüber der Besatzung bis zum 24. Oktober mit etwa 1200 Dollar Tagegeldauszahlungen im Rückstand ist. Die Monteure drohen mit Abmusterung. Im Brief heißt es: *»... wir haben uns bis jetzt ausnahmslos bei Freunden und Bekannten durchpumpen müssen. (...) Bis jetzt habe ich es vermieden irgendeiner bekannten Firma Kenntnis von diesem Zustand zu geben, sollte aber bis Dienstag Morgen keine Anzeige einer Geldüberweisung eintreffen, sehe ich mich gezwungen, mich mit White & Case (Anwälte) in Verbindung zu setzen um mit deren Hilfe so viel Geld aufzutreiben, dass ich der Besatzung wenigstens die rückfälligen Tagesgelder ausbezahlen kann ...«* Nach telegrafischer Anweisung aus Friedrichshafen zahlt die Bankers Trust Company am 4. November 500 Dollar an Niemann aus.

3. November, Dienstag

Charterverhandlungen mit der US Navy. Von Clarence Schildhauer eingefädelt, merkt Niemann in seinem Gespräch mit Commander Ralph D. Weyerbacher schnell, dass die Marine kein Interesse an einer längeren Charter der DO-X hat. Lediglich für vier Tage mit acht Flugstunden und deutscher Besatzung möchte die US Navy mit ihren Spezialisten das Flugschiff kennen lernen und seine Leistungen in der Luft und auf dem Wasser erleben. Dieser Vorschlag hat die Aura von Spionage. Er kommt vom Konstruktionsleiter des ersten US Navy-Luftschiffes. Weyerbacher leitete den Bau der USS SHENANDOAH (ZR 1) und führte es als Erprobungskommandant. Das Luftschiff verunglückte am 3. September 1925. Für eine längere DO-X-Charter sind im Marineetat angeblich keine Mittel vorhanden, und am Kauf des Flugschiffes besteht auch zukünftig kein Interesse. Niemann erfährt nebenbei, dass man kurz vor der Auftragsvergabe für den Bau eines Flugschiffes mit etwa 50 Tonnen Fluggewicht stehe.

5. November, Donnerstag

Eine Rechnung vom Ersten Flugzeugführer. Mit einer Aufstellung seiner Aufwendungen für die spontane Reise nach Las Palmas und entgangene Flugprämien des Condor-Syndikats durch sein Mitfliegen auf der DO-X stellt Cramer von Clausbruch der Dornier-Metallbauten GmbH 4500 Reichsmark in Rechnung. Lediglich Tage- und Kilometergelder hatte Clausbruch während seines Bordkommandos erhalten – und das Versprechen von Claude Dornier, ihn für seine Ver-

Auf der Freitreppe der New Yorker City Hall: links neben Clara Adams (mit Hut) die Akteure der schwierigen Wochen in New York, Wilhelm Niemann und Clarence Schildhauer.

dienste auch materiell zu entschädigen. Da Friedrichshafen nicht reagiert und Clausbruch sich in prekärer finanzieller Lage befindet, mahnt er am 12. Januar 1932 den Betrag bei Claude Dornier in einem persönlichen Brief an. Auch Maurice Dornier wird informiert und um Einflussnahme bei seinem Bruder gebeten. Maurice Dornier schreibt an Clausbruch am 7. März 1932: *»... Es ist mir persönlich sehr unangenehm, dass Sie so in Schwierigkeiten kamen, denn Sie wissen, dass ich nach wie vor unseren Erfolg Ihnen und Ihrem fliegerischen Können zuschreibe und was ich zu dieser Sache tun kann, werde ich tun. Wenn ich selber Vermögen hätte, hätte ich die Sache längst aus meiner Tasche bezahlt – leider wird man in der Fliegerei und meiner Tätigkeit nicht reich.«* In den folgenden Jahrzehnten bis zum Tod von Rudolf Cramer von Clausbruch 1979 bleibt dieser Betrag zwischen ihm und der Firma Dornier offen.

6. November, Freitag

Dornier-Eigenbelege sind unverkäuflich. Friedrich Wilhelm von Meister, General-Agent der Maybach Motoren Werke und mit seiner Büroanschrift 578, Madison Avenue New York (City) eine der Adressen auf den Dornier-Eigenbelegen, teilt Friedrichshafen die Unverkäuflichkeit derselben mit. Auch zu einem Preis von 2,75 Dollar sind die Aussichten gering. Alle an ihn am 25. September gesandten Belege hat er inzwischen dem Schiffskommando (Wilhelm Niemann) ausgehändigt. Niemanns Kommissionsangebote an diverse Briefmarkenhändler bleiben erfolglos.

6. November, Freitagvormittag

Chartergespräch mit Pan American Airways. Wilhelm Niemann verhandelt mit P.A.A.-Direktor Juan Trippe (1899–1981), Gründer der »PANAIR« von 1927, der späteren »PAN AM« Verkehrsfluggesellschaft, und ein ausgefuchster Geschäftsmann. Nach erster Fühlungnahme durch Clarence Schildhauer muss Niemann kaum Überzeugungsarbeit für die Qualitäten des Flugschiffes leisten. P.A.A. beabsichtigt als erste amerikanische Fluggesellschaft Flugboote im Passagierliniendienst einzusetzen, und Trippe weiß genau, was er will. Nach dem gerade laufenden Austausch der Motoren ist das Flugschiff wieder fit für gut 300 Flugstunden oder etwa drei Monate Liniendienst. Ab Dezember soll die DO-X die Strecke Miami–Nassau in Charter fliegen. Dafür steht die vorhandene Bodenorganisation der P.A.A. zur Verfügung. Dann kommt das »Spiel« um den Charterpreis. Trippe rechnet »in diesen schlechten wirtschaftlichen Zeiten« und sehr geschäftstüchtig alles nach unten und äußert sich noch nicht konkret. Außer dass die Haftpflichtgebühren für die Passagiere 1,5 Cent pro Kopf und Meile ausmachen. Obwohl Niemann das Trippe-Engagement gegenüber Dornier in Friedrichshafen im Verhältnis zu weiteren privaten Charterinteressenten favorisiert, hat er das Gefühl, wohl über den Tisch gezogen zu werden und ist froh, nicht entscheiden zu können. Das Vorhaben wird dann in Friedrichshafen

Pan American Airways-Direktor Juan Terry Trippe (rechts), gewiefter Geschäftsmann und Gründer der Fluggesellschaft, wollte die DO-X in sein Liniennetz einspannen. Hier im Gespräch mit seinem Piloten Charles Lindbergh, der das Flugschiff besichtigt.

weiter diskutiert und verläuft später im Sande. Man kann sich über den Charterpreis nicht einigen.

8. November, Sonntag

Fritz Hammer führt Gespräche mit Trippe. Aus Südamerika angereist, verhandelt Hammer als Direktor des Condor-Syndikats und Eigentümer der kolumbianischen Sociedad Colombo-Alemaña de Transportes Aéreos (SCADTA) mit der PANAIR wegen weiterer Zusammenarbeit. Niemann und Hammer, der im Waldorf Astoria Hotel logiert, telefonieren in New York miteinander. Niemanns Bitte, die DO-X-Charterpläne mit PANAIR zu unterstützen, wird Hammer nur mit halbem Herzen entsprechen. Seine eigenen Probleme sind ihm näher als irgendwelche DO-X-Interessen. Er hat in der Wirtschaftskrise ernste finanzielle Schwierigkeiten. Seine SCADTA benötigt Hilfe von außen, und Juan Trippe ist bereit für einen Deal. Mit einem »Gentleman's Agreement«, nur zwischen ihm persönlich und Fritz Hammer, bleibt der Deutsche Eigentümer des Luftfahrtunternehmens, das fortan von der PANAIR geführt wird. Später folgte ein Skandal, als das Arrangement bekannt wird: Deutsche mit dieser Art Einfluss, direkt in der Nähe des Panamakanals und das in Kriegszeiten, sind für die USA untragbar. Sie setzen die kolumbianische Regierung unter Druck, die die Airline verstaatlicht. Am 8. Juni 1940 werden alle deutschen Piloten und Mechaniker entlassen und durch amerikanisches Personal ersetzt.

11. November, Mittwoch

Niemann will die Briefmarken nicht nachzählen, die in Rio an Bord gekommen sind: *»Da die Siegel der Umschläge mit den in Rio empfangenen Briefmarken noch vollkommen einwandfrei sind, habe ich bis jetzt von einer Nachzählung abgesehen ...«* Am 23. Oktober hatte man aus Friedrichshafen darum gebeten und Niemann reagierte stur: *»... würde dies auch nur für empfehlenswert halten, wenn Sie mir dahingehend, eindeutige Anweisungen geben ...«* Die Briefmarkenreserve wird noch eine wichtige Rolle beim Rückflug nach Berlin spielen. In den Umschlägen ist auch Ärger verpackt. Seit dem 30. Juni 1931 sind die Luftpostmarken »1. Südamerikafahrt« ungültig. Niemann wird sie im Mai 1932 restlos verbrauchen und dann in Berlin ein Problem bekommen.

13. November, Freitag

Charternachfrage New York–Havanna (Kuba). Die Firma Frew Hall Inc. erkundigt sich bei Niemann wegen Einrichtung einer solchen

Strecke mit der DO-X. Havanna direkt kommt als Landeplatz nicht infrage, und Niemann schlägt als Landungshafen Matanzas an der Nordküste vor, gut anderthalb Autobusstunden von der Hauptstadt entfernt. Weiterhin ist eine stärkere Etappenunterteilung mit Zwischenlandung in Miami erforderlich.

Doch zuallererst will Niemann Erkundigungen über die Finanzkraft der Firma einziehen, wie er nach Friedrichshafen berichtet. Diese werden sehr positiv ausfallen. HAPAG-Traffic-Manager Pannes bestätig Niemann die Erstklassigkeit des Reisebüros. Es unterhält *»Verbindungen mit solchen Passagieren, die in erster Linie mit Schnelldampfern fahren, also auch für die DO-X in Frage kommen.«*

16. November, Montagmorgen

Besatzung droht mit Abmusterung *»Erbitten dringende Geldüberweisung, da vollkommen ohne Barmittel – bei fortbestehenden Bargeldschwierigkeiten weitere Mitarbeit Besatzung unmöglich – Besatzung DO-X.«* Diesen Telegrammtext von seiner Besatzung hat Niemann am Montagmorgen auf dem Tisch, mit der Aufforderung, ihn an die zuständige Adresse weiterzuleiten. In dem Begleitbrief an die Dornier-Metallbauten GmbH wird der Navigationsoffizier deutlich: *»Die Bargeld Schwierigkeit hier ist wieder einmal so groß, dass die Besatzung in den nächsten Tagen nicht weiß, woher sie das Geld nehmen soll, um ihr Essen zu bezahlen ...«* In dem Brief bestätigt Niemann den Erhalt der Anfang Oktober in Friedrichshafen abgeschickten Postkartenalben und Postkarten mit der Bemerkung: *»Leider sehe ich mit Bezug auf den Absatz dieser Sachen sehr schwarz, da an und für sich der Gedanke des DO-X ziemlich in der Versenkung verschwunden ist ...«* Die Finanzierung der Aufenthaltskosten in New York aus Besichtigungserlösen und aus dem Souvenirverkauf ist gescheitert.

Titelseite der Sonderausgabe der »Aero-Revue« mit dem Abdruck der Reiseberichte von Maurice Dornier über die Etappen von Amsterdam bis New York.

In trüber Winterstimmung in New York steht über dem weiteren Schicksal der DO-X ein großes Fragezeichen. Keiner weiß so recht, wie es weitergehen soll.

16. November, Montag, spät am Nachmittag

Charles A. Lindbergh (1902–1974) besichtigt die DO-X. Er überflog 1927 im Alleinflug den Nordatlantik in West-Ost-Richtung von New York nach Paris. In den späteren 1930er-Jahren wird er zum großen Sympathisanten deutscher Flugzeugtechnik. Wilhelm Niemann führt ihn durch das Flugschiff und schreibt dazu: *»... Heute Nachmittag hatte ich Gelegenheit Colonel Lindbergh selbst durch die DO-X zu führen, der sehr inte-*

Geöffnet für 50 Cent – und niemand kommt. Das einsame Flugschiff, aufgebockt am Glenn Curtiss Airport.

ressiert und sehr begeistert sich vor allen Dingen über die saubere Arbeitsausführung in der DO-X äußerte. Unter anderem meinte er, er hätte schon gedacht in der Sikorsky S-40 einen großen Fortschritt in der Fliegerei entdeckt zu haben, in der DO-X aber wären tatsächlich so viele weitere Möglichkeiten gegeben, dass ihm der Sikorsky jetzt sehr klein dagegen erscheine. Col. Lindbergh sollte ursprünglich heute den italienischen Premier Minister Grandi von New York nach Washington fliegen und zwar mit der zweiten Sikorsky S-40, dem CARIBBEAN CLIPPER. Dieser Flug wurde aber im Laufe des Tages wegen zu nebeligen Wetters vom State Department abgeblasen. Nun fliegt Lindbergh morgen nach Miami, um dort die ersten Flüge mit der ersten Sikorsky S-40, dem AMERICAN CLIPPER, nach Havanna und der Panama Kanal Zone zu machen.«
Am 20. Dezember 1929 hatte Juan Trippe bei Sikorsky drei S-40-Flugboote bestellt, die immerhin schon über 30 Passagiere befördern konnten. Sie waren die größten US-Flugzeuge ziviler Bauart. Am 19. November 1931 fliegt Charles Lindbergh den ersten planmäßigen Flug von Miami in die Panamakanal-Zone nach Cristobal. Diese Sikorsky S-40 mit dem Namen AMERICAN CLIPPER trägt als erstes Flugzeug den später so berühmten PAN AM-Schriftzug.

18. November, Mittwoch

Bordingenieur Otto Eitel fährt nach Hause. Wegen dringender Familienangelegenheiten reist Otto Eitel mit dem HAPAG-Dampfer NEW YORK nach Hamburg.
DO-X-Anstecknadeln wurden zu billig verkauft. Friedrichshafen mokiert sich darüber, dass Wilhelm Niemann ursprünglich 20 Cent als Verkaufspreis für die DO-X-Anstecknadeln festgesetzt hat. Das ist der umgerechnete Preis für den Verkauf in Deutschland. Unter Hinzurechnung der Versandkosten müssen in den USA mindestens 40 oder 50 Cent verlangt werden. Die Postkartenalben sollen für einen Dollar verkauft werden, unter 70 Cent darf Niemann nicht gehen.

25. November, Mittwoch

Endlich Bargeld. D.M.B. Friedrichshafen lässt über Bankers Trust Co. insgesamt 2200 Dollar an Niemann auszahlen, deren Erhalt er per Brief bestätigt. Niemann erbittet definitive Stellungnahme zu den Charterabsichten von D.M.B. Er kann die Interessenten nicht mehr hinhalten. Von Dornier wird hier eine Zurückhaltung geübt, die Niemann nicht versteht. Der Grund ist schwerwiegend. Das RVM führt über diplomatische Kanäle direkte und vertrauliche

DO-X-Verkaufsverhandlungen mit dem US-Außenministerium, von denen die Restbesatzung in New York nicht unterrichtet wird. Claude Dornier ist hier in seinem Entscheidungsspielraum durch die finanziellen Probleme seines Unternehmens in Abhängigkeit zum Deutschen Reich eingeschränkt, wenn nicht gar ausgegrenzt.

Im Dezember

Wer wird neuer Kommandant? Im Bericht für das RVM über die Südamerika-Etappe stellt Horst Merz das Kommando von Fritz Hammer äußerst negativ dar. Besonders das vermeintliche Im-Stich-Lassen von Flugschiff und Besatzung in New York wird von Merz bemängelt.
Bei dem sich abzeichnenden Bedarf für einen neuen Kommandanten wird Merz um seine Meinung gefragt, die er 1977 umschreibt: » ... *dass Christiansen für den Rückflug von New York wieder auf die DO-X kam, verdankt er meinem beim RVM aus reiner Kameradschaft gemachten, später bei seinem unerhörten Verhalten mir gegenüber bitter bereuten Vorschlag«.* Dem Vorschlag wird von Seiten des Ministeriums entsprochen, und Friedrich Christiansen reist Ende Dezember 1931 als wieder eingesetzter Kommandant nach New York.

Jahreswende 1931/1932

Stille vor der Entscheidung. In den Monaten von Dezember 1931 bis März 1932 ist es still um das Flugschiff. Zwar flugbereit, mit überholten Motoren, fristet die DO-X das Dasein eines Aufliegers auf der Slipanlage des Glenn Curtiss Airfield in New York.
Inzwischen hat die Hälfte der Besatzung abgemustert und fährt nach Deutschland zurück. Wilhelm Niemann und vier Monteure bleiben als »Stallwache« vor Ort, und Dornier erfüllt dem »N.-O. ›DO-X‹« endlich einen lange vorgetragenen Wunsch. Seine Frau kommt im Januar 1932 zu Besuch über den großen Teich, und die beiden verleben erholsame Winterwochen in den Staaten und in Kanada. Danach reisen die gesamte Restbesatzung und das Ehepaar Niemann mit einem Dampfer der Hamburg-Amerika Linie nach Cuxhaven zurück. Gefangen im allgegenwärtigen Chaos der Weltwirtschaftskrise, steht über der Zukunft der DO-X ein großes Fragezeichen.

1932

7. Januar, Donnerstag

Antonie Straßmann (1901–1952) kommt in New York an. Die populäre Berliner Sportfliegerin Antonie Straßmann, aus vermögender jüdischer Familie stammend und zwischenzeitliche Freundin des Fliegeridols Ernst Udet (1896–1941), ist seit ihrer erfolgreichen Flugzeugmodellausstellung von 1930 auch in der interessierten amerikanischen Öffentlichkeit gegenwärtig. In Zusammenarbeit mit der US-Kaufhauskette »Gimbel« betreut sie eine Wanderausstellung, die das deutsche Luftfahrtwesen präsentiert. In dem Zusammenhang zeigt sie den amerikanischen Besuchern auch ein großes Modell der DO-X mit luftgekühlten Siemens-Motoren. Jetzt geht sie von Bord des HAPAG-Turbinenschiffes NEW YORK und am nächsten Tag melden die Zeitungen: »German Woman Flyer, Pioneer of Air, to Make Her Home in America«. Sie kommt mit einem Quota Immigration-Visum als zukünftige US-amerikanische Staatsbürgerin nach New York. In den Staaten

Auf gepackten Koffern: Antonie Straßmann kurz vor dem Reiseantritt in die USA am 29. März 1930 »... to open a German model plane exhibit«.

Am Modell der DO-X, noch mit luftgekühlten Siemens-Motoren. Antonie Straßmann auf ihrer Ausstellung in einem Gimbel-Kaufhaus in New York im Sommer 1930.

erhofft sie sich bessere Berufsmöglichkeiten im Luftfahrtbereich. Antonie Straßmann muss die Emigration schon bei ihren letzten längeren Aufenthalten vorbereitet haben. Ihre jüdische Herkunft vor dem Hintergrund der heraufziehenden Naziherrschaft in Deutschland spielt zu diesem Zeitpunkt keine große Rolle, zumal sie sich als Deutsche aus Berlin fühlte und nicht so sehr als Jüdin. Sie war nie besonders an jüdischen Sitten und Traditionen interessiert. Vielleicht nimmt sie bereits jetzt Kontakt zu Christiansen oder Niemann auf, um ihr Mitfliegen auf der DO-X zu sondieren.

28. Januar, Donnerstag

Das Flugschiff ohne Propeller. Im Mid-Week Pictorial-Magazin vom 30. Januar erscheinen Fotos der DO-X. Aufgebockt und mit Treppen an den Stummeln für die Besichtigung versehen, sind alle Motoren wieder eingebaut. Es fehlen noch die Holzpropeller. Bei der inneren Backbordgondel werden sie gerade montiert.

19. Februar, Freitag

Rückkehr der Restbesatzung aus New York. Mit einem Dampfer der Hamburg-Amerika Linie kommt die Restbesatzung der DO-X in Cuxhaven an und wird mit roten Nelken begrüßt. Zur »DO-X-Reisegesellschaft« gehören: Friedrich Christiansen, das Ehepaar Niemann, die Bordmonteure Ernst Brombeis, Emil Fischer, Adolf Marquardt sowie Elektriker Josef Dabernig. Letztere Vier werden noch am gleichen Tage beim Seemannsamt Hamburg abmustern.

Nach dem Wiedereinbau der Curtiss-Motoren werden im Januar 1932 die Holzpropeller montiert und getestet. Wann die DO-X wieder in ihr Wasserelement zurückrutscht, ist noch offen.

Probelauf der Aggregate der 1. Backbordmotorengondel auf dem Glenn Curtiss Airport im Januar 1932.

Auf dem Weg nach Hause. Die »New Yorker Stallwache« an Bord eines HAPAG-Dampfers im Februar 1932: Josef Dabernig, Adolf Marquardt, Wilhelm Niemann, Friedrich Christiansen, Emil Fischer und Ernst Brombeis (von links nach rechts).

Zur Begrüßung eine Nelke. Die »Restbesatzung« bei der Ankunft in Cuxhaven am 19. Februar 1932: Josef Dabernig, das Ehepaar Niemann, Emil Fischer, Friedrich Christiansen Ernst Brombeis und Adolf Marquardt (von links nach rechts).

März 1932 bis Mai 1932

»Nichts geht mehr!« – Zurück nach Europa

Letzte Reverenz an Amerika und ein Sonntagsvergnügen bei Sonnenschein: die DO-X am 15. Mai 1932, vier Tage vor dem Rückflug nach Europa.

Wer die Entscheidung für den Rückflug von New York nach Deutschland trifft, ist aus vorhandenen Akten nicht ersichtlich. Ein Brief von D.M.B. an Niemann vom 8. Januar 1932 liest sich, als hätte Claude Dornier seine Amerikapläne an den Nagel gehängt: *»... betreffend Charterung der DO-X an ›Air Ticket Office‹ werden wir die Angelegenheit mit dem Eigentümer des Flugschiffes sofort besprechen. Wir kommen auf die Angelegenheit nach Erhalt von dessen Entscheidung zurück und bitten Sie der Ordnung halber von diesem Schreiben auch Herrn Kapitän Christiansen Kenntnis zu geben. (...) Unterschrift: Claude Dornier.«* Dorniers Entscheidungsspielraum ist begrenzt und Friedrich Christiansen als Gewährsmann des Verkehrsministeriums wieder auf dem Plan. Er ist bereits in New York, und es beginnen die Vorbereitungen für den Rückflug der DO-X nach Europa.

Do X over Spring Lake Beach, N.J.
Thorne Studio

1932

24. März, Gründonnerstag

Gründung der Deutschen Flugschiff Gesellschaft mbH. (D.F.G.). Für die Transparenz des Flugschiffbetriebes kommt vom Verkehrsministerium die Forderung an Claude Dornier, eine eigene Betriebsgesellschaft zu gründen. Ständig auf Zuschüsse des Reiches angewiesen und insgesamt sanierungsbedürftig, kann Dornier nur zustimmen und reagieren. In einem späteren Revisionsbericht heißt es zur Gründungsgeschichte: *»Die Gesellschaft wurde auf Veranlassung der Dornier-Metallbauten Ges.m.b.H. (D.M.B.), Friedrichshafen, am 24. März 1932 von den beiden Berliner Direktoren der DMB, den Herren Milatz und Schulte-Frohlinde, zum Zweck des Betriebes des Flugschiffes DO-X 1 gegründet. Das Kapital wurde auf 20 000 RM festgesetzt; die Gründer übernahmen je die Hälfte des mit 25 Prozent einzuzahlenden Kapitals. Die Mittel wurden den Genannten auf Grund besonderer Verträge seitens der DMB zur Verfügung gestellt …«* Der Gesellschaft, die ihren Sitz in Berlin hat, wird lediglich ein einziges aktives Geschäftsjahr vergönnt sein.

Autogrammkarte für einen Freund. Am 17. April 1932 unterschreiben Wilhelm Niemann und Friedrich Christiansen gemeinsam ein Foto in New York, an Bord des HAPAG-Dampfers ALBERT BALLIN.

Wilhelm Niemann (ganz links) und Friedrich Christiansen (4. von links) auf der Brücke des HAPAG-Turbinendampfers ALBERT BALLIN mit Passagieren und Kapitän Paul Wiehr (Mitte) auf der Fahrt von Cuxhaven nach New York am 7. April 1932.

Die Besatzungsmitglieder an Bord der DO-X waren de facto Seeleute, wie das Seefahrtsbuch von Ernst Brombeis zeigt.

17. April, Sonntag

Friedrich Christiansen und Wilhelm Niemann sind wieder in New York. Ab dem 6. April reisen sie auf dem HAPAG-Turbinenschiff ALBERT BALLIN von Cuxhaven nach New York, um dort den Rückflug der DO-X nach Deutschland vorzubereiten. Er soll nicht zurück nach Friedrichshafen, sondern nach Berlin führen.

19. April, Dienstag

Ernst Brombeis mustert in Hamburg an. Mit Dienstantritt 19. April wird Ernst Brombeis' Seefahrtsbuch Nr. 7289 am 20. April 1932 vom Seemannsamt Hamburg ausgefertigt. Interessant ist der Text: *»Inhaber ist angemustert als Bordwart auf dem Flugschiff Dornier DO-X. Unterscheidungssignal D-1929. Registerhafen Berlin. Geführt von Führer F. Christiansen.«* Die vorgedruckte Bezeichnung Kapitän wird mit Führer überschrieben.

Unterschrift des Inhabers:

Ernst Brombeis

Es wird bescheinigt, daß der Inhaber die durch das obenstehende Lichtbild dargestellte Person ist und die darunter befindliche Unterschrift eigenhändig vollzogen hat.

Hamburg, den 20 APR. 1932

Das Seemannsamt.

— 3 —

Bezeichnung des Inhabers.

Vor- und Zunamen: Brombeis

Geburtsort: Lindau i. Bayern

Wohnort:

Staatsangehörigkeit:

Jahr und Tag der Geburt:

Haare:

Augen:

Besondere Kennzeichen: keine

Ergebnis der Untersuchung auf

Farbenblindheit:

Sehvermögen:

Familienstand nach dem Steuerbuch:

Unterschrift des Inhabers:

Ernst Brombeis

Erste Versicherungsanstalt:

23. April, Sonnabend

Inspektionsreise nach Neufundland. »The Daily News« berichtet von der Reise Friedrich Christiansens und Wilhelm Niemanns per Bahn nach Neufundland, um die Lande- und Startverhältnisse für die DO-X in St. Johns und Umgebung zu inspizieren.

6. Mai, Freitag

Antonie Straßmann heuert an. Antonie Straßmanns gesuchtes Gespräch mit der Schiffsleitung der DO-X ist erfolgreich. Friedrich Christiansen nimmt sie in die Besatzung auf. Durch die Abteilung Seefahrt des deutschen Generalkonsulats in New York erfolgt ihre Eintragung als Besatzungsmitglied in die Musterrolle des Flugschiffes D-1929. In ihrem Heuerschein ist sie Hilfspilotin und Zahlmeister-Assistentin. Das attraktive Besatzungsmitglied der DO-X gibt dem Rückflug ein besonderes Flair. Auf dem Flug von New York nach Berlin, mit einigen »strammen« Nationalsozialisten an Bord – Horst Merz war seit Oktober 1922 NSDAP-Parteimitglied –, spielt ihre jüdische Herkunft wohl keine Rolle. Sensationell ist ihr Mitfliegen für die Presse auf beiden Seiten des Ozeans. Sie wird die erste europäische Frau sein, die den Nordatlantik im Flugzeug als Mitfliegerin überquert. In der späteren Literatur zur DO-X während der Nazizeit kommt Antonie Straßmann nicht mehr vor, und »Der Angriff«, das Hetzblatt der SA, wird die boshafte Frage stellen: »Wer hat Antonie Straßmann eingeladen?«

13. Mai, Freitag

Überführungsflug der DO-X 3 vom Bodensee über die Alpen nach Genua. Nach relativ kurzer Einflugphase überführt Dornier-Chefeinflieger

Antonie Straßmann, die Schauspielerin – selbstbewusst und unabhängig. Ausdruck sachlicher Sportlichkeit und gepflegter Jugendlichkeit. Der Typ der »Neuen Frau« der 1920er-Jahre des letzten Jahrhunderts.

Die DO-X 3 während der Zeit der Abnahme und des Einfliegens, hier beim Rollen auf dem Bodensee. Markantester Unterschied zur DO-X 1 ist die Motorenanlage von Fiat.

Richard Wagner das dritte Flugschiff vom Typ DO-X nach Italien. Es hat den Namen ALESSANDRO GUIDONI und führt das italienische Kennzeichen I-ABBN.
Mit der DO-X 3 erlebt Wagner auf derselben Flugstrecke wie mit der DO-X 2 eine unproblematische Überquerung der Alpen. Der Leistungsüberschuss des dritten gebauten Flugschiffes bei der Dienstgipfelhöhe von 3200 Metern beruhigt seine Nerven. Das war bei der DO-X 2 noch nicht so gewesen.

14. Mai, Sonnabend

Auf dem geschmierten Schlitten gleitet das Flugschiff über die Gleitbohlen der Ablaufbahn am Glenn Curtiss Airport um 5.20 Uhr zurück in sein zweites Element. Ein Motorboot zieht die DO-X herum, und mit zwei laufenden Motoren wird die Boje mit eigener Kraft angesteuert. Nachdem alle Motoren laufen und Betriebstemperatur haben, erfolgt der erste Probeflug mit den grundüberholten Curtiss-Conqueror-Motoren ohne jede Beanstandung (197. Start in 35 Sekunden mit kurzem Flug, Fluggewicht: 40 300 Kilogramm).

Im Mai

Im Rahmen der Vorbereitungen für den Rückflug lässt Wilhelm Niemann in New York einen Flugbestätigungsstempel in Rautenform herstellen. Die Nomenklatur »AMERICA/EUROPA/ FLUGSCHIFF/DO-X« in Versalien umrahmen das stilisierte Flugschiff über dem Nordatlantik der Welthalbkugel. Die amerikanische Fertigung verrät sich durch die Schreibweise.
In Deutschland hätte man AMERICA mit »K« geschrieben. Erneutes Organisieren einer Eigenbelegaktion. Im Auftrag der Deutschen Flug-

Wieder flügge – die DO-X über den Wellen der North Beach mit Passagieren an Bord.

Flugbestätigungsstempel für den Rückflug nach Europa. Auf den Belegen mit rotlilafarbenem Abschlag.

schiff GmbH (D.F.G.), Berlin, kauft Niemann in New York eine größere Menge Standard-Luftpostbriefumschläge mit rot-weiß-blauem Schrägrand und vereinzelt zusätzlich blauem Helvetica-Aufdruck »VIA AIR MAIL«. Einen Teil lässt er mit einer Textzeile bedrucken. »MIT FLUGSCHIFF DO-X TRANSATLANTISCHER FLUG, AMERICA–EUROPA« steht jetzt direkt unterhalb des oberen Luftpostrandes in schwarzer Times-Schrift auf den Briefumschlägen.
Für eine gezielte Verkaufspropaganda dieser Eigenbelege ist die Zeit zu knapp. Also soll ein Teil der Briefumschläge eine Pro-forma-Adresse erhalten, die später ergänzt werden kann. Dafür lässt Niemann Briefumschläge mit dem zusätzlichen Adressenaufdruck *»c/o Deutsche Flugschiff GmbH/Berlin, Germany«* versehen. Ähnlich verfährt der Flugschiffspostmeister mit Postkarten, die er mit schwarzen Textzeilen wie oben bedrucken lässt. Als Beförderungshinweis haben sie nur den »VIA AIR MAIL«-Aufdruck.

Typischer Bordpostbeleg des Rückfluges. Frankiert mit Briefmarken aus dem Bestand des Hilfspostamtes sowie Bordpost- und Flugbestätigungsstempel.

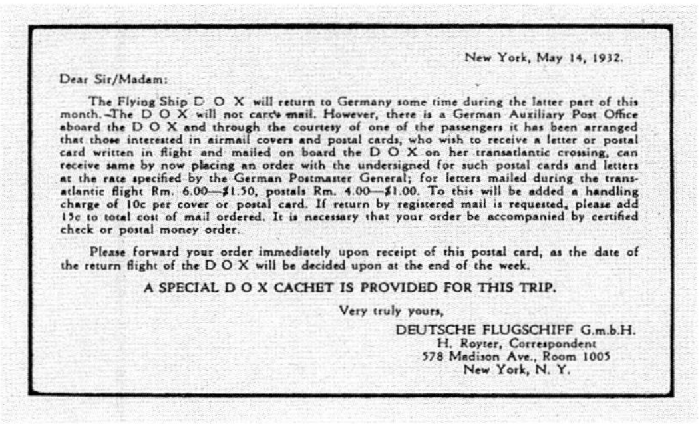

New York, May 14, 1932.

Dear Sir/Madam:

The Flying Ship D O X will return to Germany some time during the latter part of this month. The D O X will not carry mail. However, there is a German Auxiliary Post Office aboard the D O X and through the courtesy of one of the passengers it has been arranged that those interested in airmail covers and postal cards, who wish to receive a letter or postal card written in flight and mailed on board the D O X on her transatlantic crossing, can receive same by now placing an order with the undersigned for such postal cards and letters at the rate specified by the German Postmaster General; for letters mailed during the transatlantic flight Rm. 6.00—$1.50, postals Rm. 4.00—$1.00. To this will be added a handling charge of 10c per cover or postal card. If return by registered mail is requested, please add 15c to total cost of mail ordered. It is necessary that your order be accompanied by certified check or postal money order.

Please forward your order immediately upon receipt of this postal card, as the date of the return flight of the D O X will be decided upon at the end of the week.

A SPECIAL D O X CACHET IS PROVIDED FOR THIS TRIP.

Very truly yours,

DEUTSCHE FLUGSCHIFF G.m.b.H.
H. Royter, Correspondent
578 Madison Ave., Room 1005
New York, N. Y.

Bestellkarte der Flugschiffs-Gesellschaft für amerikanische Interessenten von Bordpostbelegen.

15. Mai, Sonntag

Vierstündiger Erprobungsflug über der Region von N. Y. Gegen Mittag erfolgt der Start eines Fluges, den bei heißem Frühsommerwetter Tausende von Menschen auf der Strecke beobachten und bejubeln. Es geht den Long Island Sound hinunter und an der Atlantikküste wieder zurück nach New York bis zum Spring Lake Beach in New Jersey, auch »Irish Riviera« genannt. Gekreist wird über dem Floyd Bennet Field, »New Yorks schönster und größter Airport«, über der Freiheitsstatue und über den HAPAG-Piers, bevor die DO-X in den »Heimathafen« nach Queens zurückfliegt und dort wassert. An Bord befindet sich lediglich die Besatzung (198. Flug, Fluggewicht: 47 600 Kilogramm, Strecke: 780 Kilometer, Flugzeit: 4 Stunden).

16. Mai, Montag

Die Notwendigkeit, Flugschiff und Besatzung für den Transatlantikflug mit Probeflügen »warm zu machen«, wird für größere Passagierflüge genutzt. Zweimal startet und landet die DO-X von North Beach aus. Beim ersten Flug über 150 Kilometer und 53 Minuten Dauer sind 104 Fluggäste an Bord (199. Flug, Fluggewicht: 48 200 Kilogramm).
Es folgt der zweite mit 88 Passagieren über 255 Kilometer und anderthalb Stunden Flugzeit (200. Flug, Fluggewicht: 44 200 Kilogramm). Damit ist die Nachfrage nicht befriedigt, und es mehren sich Bitten für den »Mitflug um jeden Preis«, natürlich besonders für den Kick der Atlantiküberquerung. Dafür reicht die Ladeka-

Das Umkreisen der Freiheitsstatue gehört zum Standardprogramm aller Flüge der DO-X über New York. Im Hintergrund Ellis Island.

pazität des Flugschiffes nicht aus. Volle Benzinkanister werden am Anfang des Überfluges mögliches »Passagiergewicht« ausmachen.

17. Mai, Dienstag

Letzte technische Vorbereitungen: »Maschine ist klar«. Die DO-X verursacht ein enormes Presseecho – besonders das Mitfliegen einer Frau fasziniert die Reporter der Zeitungen und Zeitschriften. Sie versuchen mit allen Mitteln, den Starttermin zu recherchieren. DO-X-Kommandant Friedrich Christiansen hat seiner Besatzung absolutes Stillschweigen über den Starttermin verordnet. Er befürchtet Sicherheitsprobleme bei öffentlich bekanntem Startort und -zeit.

Um den 17. Mai

Drei Grußadressen für Deutschland. Antonie Straßmanns Mitfliegen findet in der amerikanischen Öffentlichkeit ein großes Echo. Jimmy Walker, Bürgermeister von New York, sowie Mrs. William Dick Sporborg, Präsidentin der einflussreichen New Yorker Frauenvereinigungen, geben der attraktiven Fliegerin Grußadressen und ein Buchgeschenk für Reichspräsident von Hindenburg (1847–1934) mit ins Gepäck. Walkers Brief an von Hindenburg beginnt mit: *»Permit me to make use of the welcome opportunity of the America-Germany flight of the Dornier X to send you through the German girl flier, Antonie Straßmann, as intermediary, my most sincere greeting. This flight shows again that the time has come when the spirit of invention and enterprise has brought even the air-ocean as a link into the chain which forms closer ties among the people ...«* Auch sein »Kollege«, Berlins Bürgermeister Dr. Heinrich Sahm (1877–1939), bekommt von Walker eine Grußbotschaft. Dazu gibt es das Buch »Legendary Germany« von

Regina Jais mit auf den Weg über den Atlantik. Mrs. Sporborg sendet ihre Grüße an Dr. Dorothee von Velsen (1883–1970), Präsidentin des Deutschen Staatsbürgerinnen-Verbandes in Heidelberg.

18. Mai, Mittwochmorgen

Proviant von Deutschamerikanern. Die Verpflegung für den Überflug stiften New Yorker Bürger deutscher Abstammung und lassen sie am Morgen an Bord bringen. Proviantmeisterin Antonie Straßmann notiert: *»60 Eier, 10 Pfund Butter, 20 Pfund Corned Beef, 25 Brote, 10 Pfund Aufschnitt, 40 Dosen Milch, 40 Dosen Sardinen, 20 Pfund Schokolade, 10 Pfund frischer Aufschnitt, 6 Dauerwürste, 20 Pfund Speck, 25 Flaschen Mineralwasser, 2 Pfund Kaffee, Tee und Zucker, 30 Pfund Obst usw.«* 13 Mann und eine Frau als Besatzung wollen immerhin gut sechs Tage verpflegt sein.

Mittwoch am Spätnachmittag

Überführung zur Manhasset Bay. Mit über 50 Tonnen Abfluggewicht benötigt die DO-X eine freie Wasserfläche als Startstrecke in den Hauptwindrichtungen von einigen Kilometern Sicherheitslänge. In North Beach mit Boots- und Schiffsverkehr ist der Wasserstart mit maximalem Abfluggewicht nicht möglich. Kommandant Friedrich Christiansen will auch den lauernden Reportern entgehen. Mit einsetzender Dämmerung macht das Flugschiff plötzlich Leinen los und rollt, angetrieben von wenigen Conquerorn der vorderen Motorenreihe, vom Glenn Curtiss Airport weg und auf der Wasserfläche der North Beach davon. Das sieht aus wie eine Manövrierübung. Erst nachdem die DO-X bei Einbruch der Dunkelheit nicht zurückgekehrt ist, wird herumtelefoniert. Bevor die Reporter mitbekommen, dass Christiansen mit seiner Besatzung in die nur wenige Kilometer entfernte Manhasset Bay am Anfang des Long Island Sound gerollt ist, vergeht einige Zeit. Dort organisiert die Vacuum Oil Company das Auftanken der DO-X für den Flug nach Neufundland.

19. Mai, Donnerstagmorgen

Start zum Rückflug nach Deutschland. Um 2.25 Uhr bei Mondlicht ist Wecken für die Besatzung, die in Klepper-Schlafsäcken und auf Luftmatratzen der gleichen Firma an Bord geschlafen hat. Ankerlichten um 3.30 Uhr und nacheinander Anlassen und Abbremsen der Motoren. Aus der Manhasset Bay rollt die DO-X in die Mitte des dort beginnenden Long Island Sound. »Bullaugen und Türen dicht!«, es ist kurz nach fünf, und vom Kommandodeck kommt der Befehl: »Vollgas!«

Mit 52,4 Tonnen Startgewicht stemmt sich das Flugschiff dann auf einer Position in der Mitte der Luftlinie zwischen Sands Point und New Rochelle aus dem Wasser. Es ist 5.10 Uhr, und rund 30 Kilometer von New York entfernt gelingt der Wasserstart für den Flug nach Neufundland bei idealen Bedingungen in 58 Sekunden (201. Flug, Fluggewicht: 52 400 Kilogramm, Strecke: 2037 Kilometer, Flugzeit: 12 Stunden 9 Minuten). Nur wenige Zuschauer beobachten das Geschehen im Morgengrauen. Die Geheimhaltung des Starttermins ist gelungen. Während Reporter in North Beach nach dem verschwundenen »giant German airliner« fragen, ist der bereits auf dem Flug nach Neufundland. In zehn Metern Flughöhe, wenn möglich in Sichtweite der Küste, fliegt die DO-X Richtung Nordosten. Bei merklich kühler werdenden Außentemperaturen wird gegen 9.50 Uhr Nova Scotia erreicht, das mehrere Stunden an der Backbordseite vorbeizieht. Überall winken die Menschen, wenn sie das Flugschiff sehen.

19. Mai, Donnerstag

14 Besatzungsmitglieder und ein Fluggast sind an Bord. Zur Besatzung zählen folgende Mitglieder: der Kommandant, Kapitän Friedrich Christiansen, von seinen Leuten auch »Krischan« oder »Käpt'n Los-los« betitelt; als Navigationsoffizier fungiert Kapitän Wilhelm Niemann. Erster Flugzeugführer ist Luft Hansa-Seeflugkapitän Horst Merz, und als Zweiter Flugzeugführer hat Seeflugkapitän Walter Diele, Fluglehrer der Verkehrsfliegerschule Warnemünde, auf dem rechten Führersitz Platz genommen. Die DEBEG stellt wieder ihren Funkoffizier Henry Kiel zur Verfügung. Als Maschineningenieur ist Otto Eitel an Bord, weiterhin die Bordwarte mit Meisterbrief Ernst Brombeis, Adolf Marquardt und Emil Fischer sowie die Monteure Heinrich Jäger, Fredy Schmid und Josef Dabernig. Curtiss-Ingenieur Harvey Brewton hat ein wachsames Auge auf die geliehenen Motoren, und Antonie Straßmann ist als Hilfspilotin und Zahlmeister-Assistentin in die Musterrolle eingetragen. Sie erledigt Schreib- sowie Bordpostarbeiten und sorgt für das leibliche Wohl der Besatzung während des Überfluges. Als einziger Passagier auf der ersten Etappe New York–Neufundland fliegt Elmer M. Applegit von der Vacuum Oil Company mit. Seine Firma ist zuständig für die zeitgerechte Treibstofflieferung bei den Zwischenlandeplätzen.

Donnerstagvormittag

Das »Department of Post and Telegraphs« von Neufundland gibt Folgendes bekannt: *»Es wird die Briefbeförderung mit dem Flugschiff DO-X nach Europa ermöglicht, das heute in St. John's eintreffen soll. Höchstens 3000 Briefe, jeder mit einem Gewicht unter einer Unze, werden befördert. Für den Zweck wird eine eigene Briefmarke für 1,50 Dollar herausgegeben, die ab heute Mittag im Hauptpostamt zum Verkauf kommt. Postschluss für die DO-X Briefe ist sofort nach Ausverkauf der Sondermarke, spätestens aber um 10 Uhr heute Abend am Donnerstag, den 19. Mai. G. Hodder, Deputy Minister«.* Die Marken kommen nur als Viererblock für sechs Dollar in den Verkauf, und alle 2000 Blöcke sind nach kurzer Zeit vergriffen. Dabei handelt es sich nicht um extra gedruckte Sondermarken. 8000 neufundländische Luftpostmarken zu einem Dollar erhalten lediglich den roten Aufdruck:
»TRANS-ATLANTIC/WEST TO EAST/Per Dornier DO-X/May, 1932./One Dollar and Fifty Cents/(Linie)«.
Ein Bogen mit 40 Marken läuft falsch herum durch die Druckmaschine, und der rote Aufdruck steht auf dem Kopf. Obwohl keiner dieser Fehldrucke mit dem Flugschiff über den Atlantik reist, gehören sie heute zu den Raritäten der DO-X-Philatelie.

Donnerstag im Laufe des Tages

Während des gut zwölfstündigen Fluges auf der ersten Etappe hat Navigationsoffizier Niemann kaum Zeit, sich den Postangelegenheiten zu widmen. Der Flug entlang der nordamerikanischen Ostküste, einer gefürchteten Wetterecke bei zwar moderatem Flugwetter, aber nur streckenweise auf Küstensicht, fordert seinen navigatorischen Aufwand.
Aber für die Bestellung der Bordpost hat der Flugschiffspostmeister ja schließlich eine Zahlmeister-Assistentin. Zusammen mit Antonie Straßmann frankiert er mit dem restlichen Briefmarkenbestand des Bordpostamtes die Briefumschläge und Postkarten der D.F.G.-Eigenbelege und entwertet sie durch den Bordpoststempel mit dem Datum »19 MAI 32«. Einige Besatzungsmitglieder liefern auch ihre ganz persönlichen »Besatzungsbelege« beim Bordpostamt auf.

Mit den restlichen Briefmarken seiner Abrechnung vom 10. Oktober 1931 für 806 Reichsmark wäre Niemann bei dem hohen Porto von sechs Mark für den Brief und vier Mark für die Postkarte nicht weit gekommen. Nun erfüllen die Briefmarken für 6000 Reichsmark in den noch versiegelten Umschläge ihren Zweck. Seit Rio de Janeiro hat er sie nicht angerührt. Alle Reichspostbriefmarken an Bord reichen für rund 680 Briefe und etwa gleich viele Postkarten. Das sind nach D.F.G.-Vorstellungen nicht genug für einen erhofften Verwertungserlös. Wilhelm Niemann bedient sich daraufhin provisorischer Barfrankaturstempel. Sie werden mit dem bordeigenen Stempelkasten zusammengestellt. Für die »nur« gestempelten Postbelege mit »AFFRANCHISSEMENT/PERCU 6 RM.« bzw. »4 RM.« hält sich das spätere Interesse sehr in Grenzen. Es fehlen die Briefmarken auf den Postbelegen.

Donnerstag am Spätnachmittag

Warum Zwischenlandung in Dildo? Um dieses Etappenziel ranken sich die meisten Geheimnisse. Antonie Straßmann beschreibt die Situation: *»... Es ist kalt trotz Sonne. 16 Uhr* (Antonie Straßmann verwendet die New Yorker Zeit, gleich 17.30 Uhr Neufundland Standard Time, NST) *Neufundland in Sicht. Wir steigen. Kahle Berge ragen kegelförmig auf. Tiefeingeschnittene Fjorde. Kleine Ortschaften. Hochgelegene Seen zwischen den Bergen. Es erinnert an Norwegen. 15 Kilometer geht es über dieses weltfremde Land ...«* Die kurze überflogene Landstrecke von 15 Kilometern kann nur die Verbindung zwischen der neufundländischen Hauptinsel und der Penisula Avalon sein, auf der die Hauptstadt St. John's liegt. Die DO-X fliegt über die Placentia Bay herein, überquert die Landverbindung und hat die Trinity Bay vor sich, wo sie vor dem kleinen Ort Dildo wassert.

Die DO-X-Sondermarken kommen nur als Viererblock für sechs Dollar in den Verkauf. Alle 2000 Blöcke sind bereits nach kurzer Zeit vergriffen.

Mit dem letzten Tropfen Benzin in Neufundland. Nach zwölf Stunden Flug gehört alle Aufmerksamkeit der Schiffsführung den Treibstoffanzeigen. Dem Flugschiff geht das Benzin aus. Mit stotternden Motoren oder womöglich stehenden Propellern unkontrolliert wassern zu müssen, gehört zum Angstpanorama der Schiffsleitung der DO-X.
Von der Anfluglinie bis zum geplanten Landepunkt in Holyrood oder auch St. John's, wo Treibstoff für den Überflug lagert, wären mehr als 100 Kilometer Flug über bergiges Land nötig. Weiterhin melden die Deutsche Seewarte und das amerikanische Weather Bureau in New York den ganzen Südostteil von Avalon mit Cap Race an der südlichen Spitze im Nebel. In Dildo gibt es keinerlei Vorbereitungen für den überraschenden »Besuch« des Flugschiffes und vor allem

Navigationsoffizier und Erster deutscher Flugschiffspostmeister Wilhelm Niemann an seinem Arbeitstisch im Kommandantenraum.

keinen brauchbaren Treibstoff. Aufgrund mangelnder Treibstoffqualität und auch wegen einsetzender Dunkelheit muss von einer Betankung abgesehen werden. Über Nacht müssen 650 Gallonen Flugbenzin aus dem 100 Kilometer entfernten Holyrood geholt und am frühen Morgen getankt werden.

20. Mai, Freitagmorgen

202. Flug von Dildo nach Harbour Grace, ein Hüpfer! Nach kalter Nacht in der Nähe der Frostgrenze startet die DO-X um 9.19 Uhr auf dem ruhigen Wasser der Trinity Bay, um nach wenigen Minuten Harbour Grace an der Conception Bay zu erreichen. Von hier aus soll eigentlich der Überflug beginnen. Doch das benötigte Flugbenzin lagert in Fässern im gut 80 Kilometer entfernten Holyrood. Start zum 203. Flug nach Holyrood, der in 30 Minuten erledigt ist. Das Startgewicht von nur 39,10 Tonnen zeigt, wie »leer gelutscht« sich das Flugschiff auf den kurzen Weg macht.

Freitagvormittag

Gegen 10.20 Uhr, von 5000 begeisterten, zum größten Teil aus St. John's angereisten Menschen umjubelt, wassert das Flugschiff in der Conception Bay vor Holyrood. Dort lagert der Betriebsstoff für den Transozeanflug in Fässern und Kanistern auf einer Pier.
Was dann geschieht, schildert später Horst Merz: *»Ein schwerer Tag lag am Abend des 20. Mai im Hafen von Holyrood hinter uns. Hatten wir doch 27 000 Liter übernehmen müssen. Das war schwierig und zeitraubend, weil uns nur zwei Ruderboote zur Verfügung standen und immer nur zwei bis drei von den vielen Fässern von der Landungsbrücke zum etwa 100 Meter entfernt vor Anker liegenden Schiff gebracht wer-*

27 000 Liter Treibstoff aus Fässern mit der Handpumpe in die Tanks der DO-X befördern: Holyrood an der neufundländischen Conception Bay blieb der Besatzung als Kraftanstrengung in Erinnerung. Von hier aus startete die DO-X zum Flug über den Atlantik.

den konnten, wo sie dann mit der Handpumpe entleert werden mussten ...« 3660 Liter Treibstoff sind in Kanistern auf dem Fluggastdeck verstaut, das einem Lagerraum gleicht: weggestapelte Sitzmöbel, aufgerollte Läufer, abgehängte Gardinen und dazwischen rund 200 Blechkanister mit Benzin. Während des Überfluges wird »Krischan« das »kostbare Nass« mittels Trichter eigenhändig in die Tanks umfüllen, *»... ohne einen Tropfen zu verschütten!«,* wie Antonie Straßmann schreibt.

Freitagnachmittag

Die Neufundlandpost kommt an Bord. In plombierten Postsäcken werden dem Flugschiff 1804 Briefe mitgegeben. Davon tragen 1362 den Rollentagesstempel: ST. JOHNS,N'FLD. »1932 MAY19 7-PM«. Durch die Verspätung des Flugschiffes wird der Postschluss verlängert, und so erhalten 427 Briefe den Rollenstempel – wie vorher allerdings mit dem Datum »MAY20 12-M«.
65 Briefe kommen ohne Sondermarke mit normaler Frankatur in den Postsack. Die verschlossenen Postsäcke lassen die Stempelung mit dem Flugbestätigungs- sowie Bordpoststempel der DO-X nicht zu. In Calshot werden sie der britischen Post übergeben.

Freitagabend

Ärgerliches drückt die Stimmung. Nach dem anstrengenden Tag – erst um 21.30 Uhr ist die Benzinübernahme beendet – soll ein warmes Abendessen an Land die Besatzung entschädigen und etwas aufwärmen. *»Was wir nach stundenlangem Warten an Essen erhielten, war wenig und kalt!«* Das böse Urteil der Hungrigen kann noch getoppt werden. »So schnell wie möglich an Bord, um wenigstens noch ein Auge voll Schlaf zu nehmen«, heißt die Devise. Doch der Besitzer des verfügbaren Bootes zum Übersetzen hat sicherheitshalber seine Riemen mitgenommen. Bis beide herbeigeschafft sind, vergeht eine Stunde, während der die Männer mit Dame frierend in der nächtlichen Hundekälte auf der Landungsbrücke warten. *»Da wurde manch kerniges Wort gesprochen!«,* berichten später die Chronisten. Als die Besatzung schließlich gegen 1.30 Uhr in ihre Schlafsäcke kriecht, ist die Stimmung nicht gerade rosig. Auf Neufundland war irgendwie der Wurm drin!

20. bis 21. Mai,
Freitag bis Sonnabend

Amelia Mary Earhart-Putnam fliegt der DO-X voraus. In den Presseberichten des Tages ist neben dem Rückflug der DO-X die amerikanische Fliegerin Amelia Mary Earhart-Putnam (1897–1937) in den Schlagzeilen, noch vor Antonie Straßmann die zweite Frau in diesen Tagen auf dem Luftweg über den Nordatlantik. Amelia Earhart, die als erste Frau und Passagierin im Juni 1928 den Atlantik überflogen hat, zieht dabei größere Aufmerksamkeit auf sich. Auf den Tag genau fünf Jahre nach Lindberghs Atlantiküberquerung startet »Lady Lindy«, wie Amelia Earhart mit Bezug auf ihren männlichen Vorausflieger von der Presse genannt wird, zum Alleinflug und zu ihrem zweiten Flug über den Nordatlantik.
Um 19.12 Uhr Ortszeit hebt ihr Hochdecker vom Typ Lockheed-Vega auf dem Flugfeld von Harbour Grace auf Neufundland ab. Nach 13 Stunden und 55 Minuten sowie 3218 Flugkilometern wird sie in Irland wieder Boden unter die Füße bekommen.

21. Mai, Sonnabendmorgen

Start zum 204. Flug. Holyrood–Horta. Nach dem Wecken um 3.30 Uhr und Frühstück an einem ausgehängten Türblatt über zwei Stuhllehnen als Tisch werden zwei Motoren zum Manövrieren angelassen. Loswerfen von der Boje und Anker lichten sind die nächsten Schritte. Horst Merz dazu: *»Zuerst war es gar nicht einfach, den Anker hochzubekommen, der hinter einem Steinblock gehalten hatte. Dann wollten die Motoren bei der Kälte – es waren nur wenige Grad über Null! – nicht anspringen. Endlich liefen alle, und vor dem kräftigen Südwind rollten wir in die Conception Bucht hinaus. Wir ließen den Motoren Zeit, sich ordentlich durchzuwärmen, und rollten weit nach Norden, da wir ja nach Süden gegen Land zu starten und dann noch innerhalb der Bucht mit der schweren Maschine eine Kurve fliegen mussten. Endlich war der Startplatz erreicht. Kehrt! Ein letzter prüfender Blick über alle Instrumente und das Steuer. Los! Vollgas!! Schnell kommt das Schiff trotz seiner 55,5 Tonnen – in Wirklichkeit waren es 57,5 Tonnen, wie wir später im November durch Nachwiegen nach der Rückkehr in Altenrhein einwandfrei feststellen konnten – auf Stufe und legt an Geschwindigkeit zu. Günstig sind die kalte, gut tragende Luft, der scharfe Wind und die ziemlich starke kurze See ohne Dünung. Aufs äußerste angespannt saß ich am Steuer: Noch nie war ein Flugzeug mit solchem Gewicht gestartet und geflogen, (...) 120, 130, 140 Stundenkilometer zeigte der Geschwindigkeitsmesser. Nur ruhig weiterlaufen lassen, denke ich, bis sie von selbst raus will, denn noch einmal hineinfallen darf sie bei dem Gewicht nicht! Endlich bei 155 Kilometern ein leichter Zug am Höhenruder – wir sind frei!!! Startdauer eine Minute und 46 Sekunden. (...) Als an Steuerbord die Landzunge zu Ende geht, drehe ich langsam auf Ostkurs. Beim Passieren des Kaps kommt noch ein kritischer Augenblick, als wir in die Abwindböen kommen, die uns bei unserem geringen Kraftüberschuss fast aufs Meer drücken. Vollgas und Zähne aufeinander! Nach einigen Sekunden sind wir durch und stehen mit südöstlichem Kurs auf den Neufundlandbänken ...«* Startzeit ist 6.20 Uhr Neufundlandzeit. Der längste Flug im Leben des Flugschiffes wird 15 Stunden und 20 Minuten dauern. 2324 Kilometer, wenige Meter über den Wellen des Atlantiks, werden zurückgelegt.

Sonnabend über den Tag

Schönwetterflug und noch einmal Bordpost. Nach dem Überfliegen der Neufundlandbänke unter niedrigen Wolken mit ruppigen Böen und zum Glück ohne den berüchtigten Nebel klart das Wetter auf. Bei ruhiger See im Sonnenschein und in zwei bis drei Metern Höhe über der Wasseroberfläche zieht die DO-X mit Durchschnittstempo 159 km/h ihren südöstlichen Kurs Richtung Azoren. Bei gleichmäßigem Treibstoffverbrauch wird das Flugschiff stündlich um 1715 Liter Benzin und 39,4 Liter Schmiermittel leichter. Walfische, die sich träge durch die lange Atlantikdünung wälzen und von Zeit zu Zeit Fontänen hochjagen, ein menschlicher Körper, in braunes Segeltuch genäht, wie eine klobige Holzfigur auf den Wellen treibend, und eine unter Vollzeug heimwärts rollende dänische Bark, die eine Ehrenrunde bekommt, sind alles, was auf dem stundenlangen Flug beobachtet wird. Nochmals kommt Bordpost unter den DO-X-Stempel vom »21. MAI 32«. Es sind hauptsächlich Eigenbelege mit Barfrankatur, die Briefmarken waren ja inzwischen ausgegangen.

Sonnabendnacht

Schwierige Landung vor Horta auf den Azoren. Nach gut zwölf Stunden Flugzeit sind endlich die nordwestlichen Inseln der Azorengruppe Corvo und Flores in Sicht, zwischen denen die DO-X durchfliegt. Es wird relativ schnell dunkel, und zunehmende Nebelschwaden erschweren die Orientierung für die jetzt wieder höher fliegenden Flugzeugführer Merz und Diele. Sie erkennen die Feuer der Insel Faial, an deren nördlicher Küste sie entlangfliegen, um das in der Straße zwischen Faial und Pico liegende Horta mit seinem Hafenfeuer auszumachen. Offenbar ist es verdeckt, und erst als nach einiger Zeit kehrtgemacht wird, kann die Besatzung an Backbord in der Ferne Horta ausmachen. Jetzt geht das Benzin zu Ende. Die ungefährdete Nachtlandung vor Horta ist nicht mehr gewährleistet. Ein rechtzeitiges Abfangen der Maschine im Gleitflug mit abgestellten oder von selbst stehen gebliebenen Motoren ist ohne Sicht auf die Atlantikwellen unmöglich. In der Situation will Horst Merz den letzten Tropfen Treibstoff ausfliegen und die Wasserung möglichst dicht vor Horta versuchen. Die vermeintliche Fehlentscheidung der Sicherheitslandung in Dildo mit den folgenden Problemen steckt ihm noch in den Knochen. Sein Kollege Walter Diele, Fluglehrer für große Seeflugzeuge bei der DVS in Warnemünde, empfiehlt die sofortige Landung. Zur falschen Zeit risikofreudig, wird Flugzeugführer Merz vom Kommandanten Christiansen zurückgepfiffen, der die Wasserung auf dem Atlantik befiehlt. Es wird also mit Gas gelandet, das heißt die Maschine mit laufenden Motoren allmählich an das Wasser heranführen, von dem in der Dunkelheit nichts zu sehen ist. Horst Merz beschreibt die Landung: »*... Dann nahm ich so viel Gas weg, dass die Maschine auf ebenen Kiel liegend ganz allmählich an Höhe verlor. Hinter uns herrschte äußere Spannung im ganzen Schiff. Denn jeder wusste, die nächsten Minuten entschieden über den Rückflug! Meine Augen hingen an den Instrumenten und mit leichten Steuerausschlägen verbesserte ich nach ihnen die Lage der Maschine. (...) Als der Höhenmesser noch etwa zwanzig Meter zeigte, zog ich das Höhenruder etwas an. Im nächsten Augenblick berührte die Hacke*

New York–Berlin. Reiseimpressionen des Kommandanten von der Schallplatte und die Liste der Besatzung in Bildern. Claude Dornier kam in Calshot an Bord.

22. Mai 1932, 6 Uhr. Vor der Hafenkulisse von Horta wird das Flugschiff für den Start vorbereitet. Nächstes Etappenziel ist das spanische Vigo.

Von Horta aus gesehen: Der Pico, höchster Berg und Vulkan auf den Azoren, in der Morgendämmerung mit DO-X und noch schlafender Besatzung.

das Wasser! Gas raus! Weich und ohne jeden Stoß setzte die Maschine ins Wasser ein und lief längs der Dünung aus. (...) Fast vier Stunden mussten wir mit dem Antrieb zweier Motoren noch rollen. (...) Gegen Mitternacht liefen wir in dem Hafen von Horta ein und machten an derselben Boje fest, an der ich im November 1927 mit meiner Heinkel-Atlantikmaschine D-1220 gelegen hatte.«

Sonnabend um Mitternacht und Sonntagmorgen

Durch vier Stunden langes Rollen auf dem Atlantik verzögert sich die Ankunft in Horta. Der portugiesische Gouverneur besichtigt das Flugschiff, dessen Besatzung sofort mit dem Bunkern aus einem Leichter beginnt, was zweieinhalb Stunden dauert. Der portugiesische Zoll macht Schwierigkeiten wegen der 200 leeren Benzinkanister, die die Schiffsleitung loswerden will. Letztendlich bleiben sie in Horta. Nach kurzer Schlafpause wird am Morgen um 6.25 Uhr Ortszeit, direkt aus dem Hafen heraus, zum Flug nach Vigo gestartet. Nur ein paar Nachtschwärmer und Frühaufsteher bekommen die DO-X im Hafen von Horta zu sehen.

22. Mai, Sonntag

Beim Start kollidiert eine Möwe mit dem Propeller des äußeren Backbordmotors der hinteren Motorenreihe ohne Folgen für die Technik. In Vigo wird die kleine Macke am getroffenen Blatt des vierblättrigen Holzpropellers ausgeglichen. Noch in New York hatten die männlichen Besatzungsmitglieder untereinander versprochen, sich bis Europa nicht mehr zu rasieren. Dafür ist es jetzt so weit, und die Herren verschwinden einzeln im Waschraum. Auf dem Flug, kaum mehr als drei Meter über der glatten See des Atlantiks, wird die DO-X wieder besuchsfein gemacht. Gardinen kommen an die Bullaugen, Teppiche werden ausgerollt und die Stühle an ihren Plät-

Frisches Weißbrot, Brötchen und Zervelatwurst auf dem Weg zum Flugschiff. Begrüßung des Cap Arcona-Kapitäns beim Zwischenstopp in Vigo am 23. Mai 1932.

zen festgeschraubt. Weiterhin wird letzte Bordpost gestempelt (205. Flug, Startgewicht: 51 900 Kilogramm, Strecke: 1861 Kilometer, Flugzeit: 11 Stunden 21 Minuten).

Sonntagnachmittag

Ankunft im nordspanischen Hafen Vigo. Gegen 17 Uhr kommt die Küste des spanischen Festlandes in Sicht. Nach einer Ehrenrunde über Vigo, dessen Straßen und Promenaden schwarz von Menschen sind, wassert die DO-X um 18.45 Uhr auf dem Ria de Vigo direkt vor dem Hafen. Ein Sonntagsereignis, das sich die Spanier nicht entgehen lassen wollen. Eigentlich ist nach der Atlantiküberquerung ein Ruhetag vorgesehen. Doch nach dem unproblematischen Flug bis dahin entscheidet sich die Schiffsleitung für den Weiterflug am nächsten Tag.

23. Mai, Montagmorgen

Grüße vom Dampfer CAP ARCONA. Am Morgen liegt der Hamburg-Süd-Dampfer CAP ARCONA vor dem Panorama der Peninsula de Morrazo gestoppt, etwa 200 Meter von der DO-X entfernt. Nach alter Sitte lässt der Kapitän des Passagierdampfers der DO-X-Besatzung frisches Weißbrot, Brötchen und Zervelatwurst hinüberbringen.

Montagvormittag

Start in Vigo um 10.45 Uhr. Vor Anker liegend, erfolgt in der Nacht seit 2.30 Uhr, aus einem Leichter heraus das Bunkern von Treib- und Schmierstoffen. Nach kurzer Stippvisite des spanischen Marinebefehlshabers beginnt um 10.45 Uhr der Start zum Flug über die sturmgepeitschte Biskaya. Froh, über den 70-Stundenkilometer-Nordsturmwellen dahinfliegen zu können, navigiert Wilhelm Niemann trotz 22 Grad starker Abdrift genau auf den Punkt der bretonischen Île d'Ouessant am Anfang des englischen Kanals.
Weiter führt der Flug nach Calshot, das um 16.15 Uhr erreicht wird (206. Flug, Startgewicht: 50 300 Kilogramm, Strecke: 1351 Kilometer, Flugzeit: 7 Stunden 44 Minuten).

DO-X-Besatzungsmitglied, Hilfspilotin und Zahlmeister-Assistentin Antonie Straßmann in der Kabinentür der DO-X in Calshot am 23. Mai 1932.

Montagnachmittag

Da man eine Viertelstunde vor der avisierten Ankunft Calshot überfliegt, gibt es noch eine Stadtrunde über Southampton. Gegen 16.30 Uhr wassert die DO-X im Seeflughafen der Royal Air Force. Die englische Post holt die neufundländischen Postsäcke ab.
Am Abend, anlässlich eines Festmahles zu Ehren der Besatzung durch die Royal Air Force, werden für den nächsten Morgen der Weiterflug nach Berlin und das Mitfliegen von Claude Dornier auf der letzten Etappe verkündet.

24. Mai, Dienstagmorgen

Mit Claude Dornier an Bord nach Berlin. Um 9 Uhr begrüßt die Besatzung Claude Dornier und seine Frau mit einem »dreifach vom Herzen kommenden hipp, hipp, hurra!« an Bord des Flugschiffes. Gut eine Stunde später, um 10.15 Uhr, erfolgt der Start in Richtung Berlin.

Mai 1932 bis November 1932

Höhenflug über Deutschland

Müggelsee bei Berlin, 24. Mai 1932 gegen 18.30 Uhr. Eine solche Sensation lassen sich Berliner »Süßwassermatrosen« nicht entgehen: die umlagerte DO-X kurz nach der Wasserung.

Dem enthusiastischen Empfang Zigtausender Berliner folgt in den nächsten Tagen ein entsprechendes Presseecho in den Zeitungen des Deutschen Reiches. Für einige Tage verdrängt das Flugschiff die wirtschaftlichen Probleme und politischen Aufregungen des Jahres 1932 aus den Schlagzeilen der Gazetten. In sechs Tagen, so schnell wie der »Lloyd Express«, die Schnelldampfer BREMEN und EUROPA des Norddeutschen Lloyd, überquert die DO-X den Atlantik. Um es genau zu sagen: 8200 Kilometer New York–Berlin in 54,4 Stunden Flugzeit mit einer durchschnittlichen Geschwindigkeit von 151 km/h. Für den Luftverkehr der Zeit eine sensationelle Leistung. Jetzt wollen die Menschen das Flugschiff sehen und erleben und die Besatzung stolz als ihre Helden feiern.

D-1929

1932

24. Mai, Dienstagmittag

Mit der Salut schießenden Küstenbatterie auf der Insel Borkum begrüßt Deutschland die heimkehrende DO-X. Nach einer Ehrenrunde über dem See-Flugplatz von Norderney und wechselnder Begleitung kleinerer Flugzeuge fliegt Horst Merz an den Ostfriesischen Inseln entlang und über Cuxhaven elbaufwärts.
Erstmals bekommen die Hamburger das Flugschiff zu Gesicht. Es dreht eine Runde über dem Hafen und dem HAPAG-Gebäude an der Binnenalster. Weiter geht die Route die Elbe hoch über Havelberg, Brandenburg und dann nach Osten Richtung Berlin. Werder, Cecilienhof, Nikolskoe, die Havel hinauf.

Dienstagnachmittag

Riesenbegeisterung in Berlin. Aus Richtung Pichelsdorf hereinkommend, überfliegt die DO-X die Reichshauptstadt. Nach einer Ehrenrunde um die Siegessäule am »Großen Stern« im Zentrum von Berlin geht es über Treptow und Grünau weiter zum Großen Müggelsee mit zigtausenden von winkenden Menschen an den Ufern. Um 18.27 Uhr wassert die DO-X dort und wird nach dem Festmachen an einer verankerten gelben Tonne in der Südwestecke des Sees von den Berliner »Süßwassermatrosen« und ihren Untersätzen eingekeilt (207. Flug, Startgewicht: 50 600 Kilogramm, Strecke: 1250 Kilometer).

Dienstagabend

An Bord der längsseits gegangenen Regierungsbarkasse begrüßen Reichsminister Gottfried Treviranus (1891–1971) und Berlins Bürgermeister Dr. Heinrich Sahm (1877–1939) Claude Dornier und die Besatzung des Flugschiffes. Die geladenen Gäste der Dornier-Metallbauten GmbH für die Begrüßung umkreisen derweil auf dem Fahrgastschiff WINTERMÄRCHEN die DO-X. Es hat die Gäste der Firma an der Landungsbrücke des Gartenlokals »Bellevue« in Friedrichshagen abgeholt.

25. Mai, Mittwoch

Nach dem Überflug, der für die Besatzung Dienst rund um die Uhr bedeutet hat, ist von Christiansen der Mittwoch als Ruhetag befohlen. Doch mit Ruhe ist nicht viel. Das Hotel Kaiserhof, wo die Besatzung logiert, wird von Reportern belagert, und eine Sturzflut von Grußadressen und Telegrammen ergießt sich über die DO-X-Leute.
Mit einem Beispiel sei hier Walter Diele erwähnt. Der 26-jährige Fluglehrer der Verkehrsfliegerschule in Warnemünde und List ist acht Tage vor dem Abflug in New York Vater einer Tochter geworden, die er noch gar nicht zu Gesicht bekommen hat. Dem Kopiloten der DO-X gratuliert die »Berufsvereinigung Deutscher Flugzeugführer e.V.« direkt nach der Landung noch mit Datum vom 24. Mai 1932:
»... Wir gestatten uns, Ihnen zu der ausgezeichneten Leistung zu gratulieren, die Sie durch Ihre Tätigkeit als 2. Führer auf dem Flugschiff DO-X vollbracht haben. Wir wünschen Ihnen von Herzen, dass es Ihnen vergönnt sein möge, noch recht oft in so hervorragender Weise für die Deutsche Luftfahrt so erfolgreich tätig sein zu können. Mit herzlichem Glückab, Berufsvereinigung Deutscher Flugzeugfüher e. V., Meyer.«

Mittwochnachmittag

Zum Frühstück beim Reichsverkehrsminister. Zum offiziellen Frühstück mit Damen im kleinen Kreis – übrigens um 14 Uhr, entsprechend diplomatischer Gepflogenheiten – bittet Reichsminister Gottfried Treviranus die Besatzung in sein Ministerium. In aufgeräumter Stimmung sind ihm die politischen Spannungen des Tages

Beängstigendes Gedränge auf dem Müggelsee bei Berlin. Von Bord des Fahrgastschiffes Wintermärchen ein Blick auf die gerade gelandete DO-X.

Einer der offiziellen Auftritte während des Deutschlandfluges. In der ersten Reihe von links: Niemann, Christiansen, Merz, dieser mit Luft Hansa-Mütze, und der neue Bordingenieur Siller.

nicht anzumerken. Seine nur achtmonatige Amtszeit im zweiten Kabinett Brüning ist in fünf Tagen zu Ende. Am 1. Juni ist Franz von Papen (1879–1969) Reichskanzler und wird auf Treviranus verzichten.

26. Mai, Donnerstagvormittag

Gartenrestaurant »Rübezahl« wird Liegeplatz. Bei einem Ortstermin am Müggelsee mit Dipl.-Ing. Heinrich Schulte-Frohlinde, Leiter der Dornier-Niederlassung in Berlin, Regierungsbaurat Miehlke vom Wasserbauamt Köpenick und Kommandant Friedrich Christiansen sowie Beamten der Wasserschutzpolizei einigt man sich auf den Liegeplatz der DO-X am Bootsanleger des Gartenrestaurants »Rübezahl« am Westufer des Großen Müggelsees. Nach einigen baulichen Maßnahmen kann nur dort ein Besichtigungsbetrieb aufgezogen werden.

26. Mai, Donnerstagmittag

Zu Ehren der DO-X-Besatzung gibt der Aero-Club von Deutschland einen Empfang mit festlichem Essen. Das Foto von Antonie Straßmann mit Blumenstrauß zwischen Friedrich Christiansen und Claude Dornier an der Tafel im Berliner Flugverbandshaus gehört zum viel gedruckten Motiv in den deutschen Zeitungen.

Donnerstagnachmittag

Wohl einer der ersten Dankes- und Antwortbriefe nach der Heimkehr geht nach Hamburg zur Deutschen Vacuum Öl AG. Friedrich Christiansen schreibt: *»Nach glücklicher Durchführung der gesamten Erprobungsflüge des ›Do X‹ Nr.1, der anschließenden Reise nach Südamerika und den Vereinigten Staaten und nach Durchführung des Rückfluges New-York – Berlin in 52 1/2 Stunden Flugzeit möchte ich im Namen der Schiffsleitung Ihnen und der gesamten Vacuum Organisation meinen besten Dank aussprechen. Die organisatorische Unterstützung, die Sie dem Flugunternehmen geleistet haben, die auch bei raschen Umdispositionen stets prompt durchgeführte Versorgung des Flugschiffes, waren für uns eine große Entlastung. Die Qualität Ihrer Lieferungen war überall gleichmäßig und in jeder Weise einwandfrei. (...) Teilnahme an dem historischen Flug des Dornier ›Do X‹ Nr.1 bedeutet eine in jeder Weise anerkennenswerte Förderung der deutschen Fliegerei. Ich bin mit vorzüglicher Hochachtung Kapt. Fr. Christiansen Do X.«*

Wie wertvoll das Treibstoffsponsoring der Vacuum Öl AG auf den internationalen Etappen für die D.F.G. einzuschätzen war, zeigt sich beim folgenden Deutschlandflug, der mit 25 356,80 Reichsmark Brennstoffkosten zu Buche schlägt.

Beim Bankett des Aero-Clubs im Flugverbandshaus. Antonie Straßmann im Gespräch mit Claude Dornier (rechts), beobachtet von Ministerialrat Mühlig-Hofmann aus dem Reichsverkehrsministerium. Links sitzt Friedrich Christiansen.

27. Mai, Freitag

Bei der Auflieferung der Bordpost im Durchgangspostamt Berlin C am 25. Mai werden die vom Flugschiffspostmeister reichlich verwendeten Graf-Zeppelin-Flugpost-Sonderbriefmarken »1. Südamerikafahrt« bemängelt. Sie sind seit dem 30. Juni 1931 ungültig. Zwei Tage benötigen die Stellen der Reichspost, um für den Vorgang ein Auge zuzudrücken. Mit Datum vom 27. Mai 1932 erhalten Postkarten und Briefe der letzten DO-X-Bordpost ihren Berliner Durchgangs- bzw. Ankunftsstempel. So endet die Geschichte der »Posthilfsstelle Flugschiff DO-X«, die von der Reichspost aufgehoben wird.

Anfang Juni

Vorbereitungen für den Besucherbetrieb. Der Liegeplatz an der »gelben Boje«, erstem Festmacherpunkt des Flugschiffes im Müggelsee, ist für den erwarteten Besucheransturm völlig ungeeignet. In direkter Nachbarschaft des Restaurants

Mit »Gargoyle Mobiloel Aero H« liefen die Curtiss-Motoren wie geschmiert. Gesponsert wurde das Öl von der amerikanischen Vacuum Oil Company. Sie sorgte für die weltweit pünktliche Belieferung der DO-X.

Warten auf Besucher. Fotopostkartenblick von der »Rübezahl«-Terrasse auf das Flugschiff am Südwestufer des Müggelsees.

»Rübezahl« am Südwestufer gibt es einen geeigneten, hölzernen Seesteg. Parallel zu diesem, in wenigen Metern Entfernung, lässt die Berliner Bauverwaltung in aller Eile und in strömendem Regen des schmuddeligen Frühsommers einen zweiten Holzsteg bauen. Dazwischen macht das Flugschiff für die nächsten vier Wochen fest. Eine andere Möglichkeit ist bei den flach auslaufenden Seeufern nicht gegeben, da das Flugschiff mit 1,30 Metern Tiefgang auch die berühmte Handbreit Wasser unter dem Kiel benötigt.
All das geschieht auch zur großen Freude von O. Müller, des »Rübezahl«-Restaurantbesitzers, der schnellstmöglich bei der Graphischen Kunstanstalt von W. Meyerheim in Berlin eine DO-X Ansichtskartenserie mit verschiedenen Motiven drucken lässt. So ganz aktuell kann und will Müller wohl nicht sein.
Die Fotos zeigen die DO-X mit Siemens-Motoren vom Januar 1930, und der Werbetext für sein Restaurant lässt schmunzeln: »Landungsstelle des Flugzeuges DO-X«.

6. bis 20. Juni

Die Berliner pilgern zum Großen Müggelsee. Fast 100 000 Berliner bringen Eintrittsgelder von 43 029,05 Reichsmark zum Großen Müggelsee. Der kurze Blick ins Innere der DO-X kostet 50 Pfennig, und ermäßigt sind Kinder und Berechtigte mit zehn Pfennig dabei. 50 Pfennig, heute etwa drei Euro, war damals eher ein Abschreckungspreis. In tiefster Rezession bleibt vielen Menschen und besonders Familien nur der Blick vom Ufer auf das Flugschiff. Doch das reicht zur Befriedigung der Neugier. Einmal dieses grandiose Flugschiff sehen, und ein Stück Erzählstoff für spätere Kinder- und Enkelgenerationen ist gesichert.
Wer sich das Vergnügen der Besichtigung leistet, kommt über einen langen Holzsteg auf einem der Stummel des Flugschiffes an. Weiter durch die Tür, Blick nach rechts, Blick nach links in das abgesperrte Fluggastdeck, und dann schieben einen die nächsten Neugierigen schon durch die gegenüberliegende Tür nach draußen. Dort geht es noch einige Stufen hinauf auf eine Plattform, um von außen in die Führerkabine zu schauen. Über den anderen Stummel und den zweiten, neuen Holzsteg geht es zurück ans Ufer. Irgendwie unbefriedigend für das lange Anstehen, meinen viele Berliner und auch die Organisatoren.

Beschilderung für den Besucherbetrieb. Zu den wichtigen Teilen des Flugschiffes gab es Erläuterungsschilder.

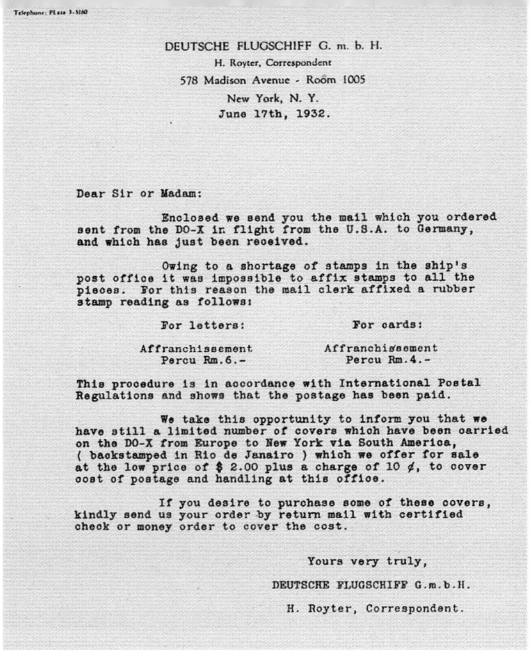

Telephone: PLaza 3-5160

DEUTSCHE FLUGSCHIFF G. m. b. H.
H. Royter, Correspondent
578 Madison Avenue - Room 1005
New York, N. Y.
June 17th, 1932.

Dear Sir or Madam:

Enclosed we send you the mail which you ordered sent from the DO-X in flight from the U.S.A. to Germany, and which has just been received.

Owing to a shortage of stamps in the ship's post office it was impossible to affix stamps to all the pieces. For this reason the mail clerk affixed a rubber stamp reading as follows:

For letters:	For cards:
Affranchissement Percu Rm.6.-	Affranchissement Percu Rm.4.-

This procedure is in accordance with International Postal Regulations and shows that the postage has been paid.

We take this opportunity to inform you that we have still a limited number of covers which have been carried on the DO-X from Europe to New York via South America, (backstamped in Rio de Janairo) which we offer for sale at the low price of $ 2.00 plus a charge of 10 ¢, to cover cost of postage and handling at this office.

If you desire to purchase some of these covers, kindly send us your order by return mail with certified check or money order to cover the cost.

Yours very truly,
DEUTSCHE FLUGSCHIFF G.m.b.H.
H. Royter, Correspondent.

Anschreiben, mit dem H. Royter, »Correspondent« der Deutschen Flugschiff Gesellschaft, die Eigenbelege an die Interessenten nach New York verschickt.

Gerade fertig gestellt: der neue Landungssteg links und die Plattform für den Besucherbetrieb am Großen Müggelsee in Berlin direkt neben dem Ausflugsloka »Rübezahl«.

Sie lassen sich für die folgenden Stationen der DO-X etwas einfallen. Für den Kassen- und Kontrollbetrieb in Berlin und auf den zukünftigen Besichtigungsstationen beschäftigt die D.F.G. jeweils vor Ort angeworbenes Hilfspersonal.

21. Juni, Dienstag

Abschluss des Chartervertrags für den Deutschlandflug. Nach einigen Verhandlungen stellt das Verkehrsministerium die reichseigene DO-X der Deutschen Flugschiff Gesellschaft »zur Durchführung von Vorführungsflügen« bis zum 29. April 1933 zur Verfügung. Nach dem Vertrag ist aus dem Betrieb des Flugschiffes entstehender Gewinn an das Deutsche Reich abzuführen. Auf dem Müggelsee wird das Flugschiff an eine Festmachetonne verholt und flugfertig gemacht.

21. Juni bis 14. November

Bei der seit April angemusterten Besatzung des Flugschiffes ergeben sich einige Neubesetzungen. Die Vergütung der Männer durch die D.F.G. setzt sich aus drei Teilen zusammen:

TAGEGELDER RM 26.399,28.

Die der Besatzung des Flugschiffes während des Deutschlandfluges gezahlten Tagegelder betrugen:

für Kapitän Christiansen RM 20,-- pro Tag einschl. Übernachten
" Navig. Offizier Niemann " 14,-- " ", " "
" Funk- " Henry Kiel
" Ingenieur Siller } " 12,-- " " " "
" Flug-Kapitän Merz } je Kopf
" Kapitän Sönnichsen RM 14,-- " " " "
" Kassierer Uhland " 16,-- " " " ".

Den Bordmonteuren wurden RM 12,-- pro Tag und Kopf an Tagegeldern gezahlt.

Bei dem Aufenthalt in Zürich wurden Tagegelder von sfrs. 31,--, sfrs. 22,--, sfrs. 18,-- und sfrs. 15,-- gezahlt (November 1932).

Wer bekommt wie viel Tagegeld? Eine stille Besatzungshierarchie neben den üblichen Kommandostrukturen an Bord der DO-X während des Deutschlandfluges.

Gehälter für die Schiffsführung und die Offiziere bzw. Löhne für die Bordmonteure sowie Kilometergelder, ein Posten, der für den Deutschlandflug mit 53 697,86 Reichsmark zu Buche schlägt. Dritte Verdienstquelle der Besatzungsmitglieder ist das Tagegeld einschließlich notwendiger Übernachtungen. Pauschal aus der Schiffskasse bezahlt, kann es jeder ausgeben oder sparsam bewirtschaften. Die unterschiedlichen Tagessätze lassen durchaus Schlüsse der »Wertigkeit« der einzelnen Besatzungsmitglieder für das »Unternehmen DO-X« zu. Insgesamt zahlt Kassierer Uhland während des Deutschlandfluges 26399,28 Reichsmark an Tagegeldern aus.

Bei der folgenden Aufzählung der Besatzung ist der Tagegeldsatz in Klammern zum Namen gestellt. Kommandant ist Kapitän Friedrich Christiansen (20 Reichsmark), assistiert von seinem bewährten Navigationsoffizier Kapitän Wilhelm Niemann (14 Reichsmark). Beide sind zwar aufgrund ihrer Ausbildung in der Lage, das Flugschiff auch zu fliegen, dürfen es aber offiziell nicht. Ihnen fehlt der Flugschein See-C 2 für große Seeflugzeuge. Einzig berechtigter Flugzeugführer an Bord während des Deutschlandfluges ist Luft Hansa-Seeflugkapitän Horst Merz (12 Reichsmark). Auch Funkoffizier Henry Kiel (12 Reichsmark) gehört zum alten Stamm der Besatzung.

Neu an Bord sind Bordingenieur Siller (12 Reichsmark) und als Pressesprecher Kapitän Theo E. Sönnichsen (14 Reichsmark). Alle Geldangelegenheiten regelt Kassierer Uhland (16 Reichsmark). Als Bordmonteure fliegen die »alten Hasen« Ernst Brombeis, Emil Fischer, Heinrich Jäger, Freddy Schmid und Josef Daberning als Elektriker mit. Neu an Bord sind die Monteure Baur und Dorsch (alle Monteure 12 Reichsmark). Curtiss-Ingenieur Harvey Brewton steht nicht auf der Gehaltsliste der D.F.G. Er gehört als »lebender Teil« zur Motorenanlage der DO-X und wird von Curtiss-Wright bezahlt. Brewton kehrt nach dem Deutschlandflug in die USA zurück. Zwischenzeitlich erfolgt der Kauf der geliehenen Motoren inklusive Ersatztriebwerk – sie haben einen Neuwert von 99 000 US-Dollar – durch das Reichsverkehrsministerium.

Kapitäne als Flieger beim Stop der DO-X am Müggelsee in Berlin. Friedrich Christiansen (links) war Kapitän der Flensburger Reederei von H. Schuldt, und Wilhelm Niemann stand im Dienst der Hamburger HAPAG.

Zwischen den Rundflügen über Berlin macht die DO-X an einer Ankerboje im Müggelsee fest, immer umkreist von Neugierigen und Polizeibooten.

22. Juni, Mittwoch

Zu insgesamt vier Rundflügen startet und landet das Flugschiff auf dem Müggelsee. Für diese Flüge von jeweils 15 bis 27 Minuten Dauer werden keine Flugscheine verkauft. Lediglich Pressevertreter und extra eingeladene Fluggäste kommen in den Genuss des Blicks auf Berlin aus wenigen hundert Metern Höhe. Starts und Landungen sind erst nach dem Vertragsschluss vom Vortag wieder möglich.
In erster Linie dienen die kurzen Flüge der technischen Überprüfung des Flugschiffs vor dem folgenden Deutschlandflug (209. Flug, Startgewicht: 42 400 Kilogramm, Strecke: 57 Kilometer, Flugzeit: 20 Minuten; 210. Flug, Strecke: 43 Kilometer, Flugzeit: 15 Minuten; 211. Flug, Strecke: 45 Kilometer, Flugzeit: 16 Minuten; 212. Flug, Strecke: 77 Kilometer, Flugzeit: 27 Minuten).

23. Juni, Donnerstag

213. Flug von Berlin nach Stettin. Wie bei den Rundflügen über Berlin sind auch auf dem Flug nach Stettin keine zahlenden Passagiere an Bord (213. Flug, Startgewicht: 42 300 Kilogramm, Strecke: 159 Kilometer, Flugzeit: 62 Minuten).
Zu den weiteren Etappen des Deutschlandfluges muss erwähnt werden, dass die DO-X nirgends »blind« wassert, also ohne genaue Kenntnis der örtlichen Gegebenheiten. Ein Vorauskommando inspiziert jeweils Wochen und nochmals kurze Zeit vor der geplanten Ankunft des Flugschiffes das gesamte Umfeld und gibt letztendlich »grünes Licht« für eine Landung. Reisekosten von 6826,17 Reichsmark wird dieses Vorauskommando, das der Berliner D.M.B.-Direktor Schulte-Frohlinde leitet, während des Deutschlandfluges verbrauchen.

25. bis 29. Juni

Besichtigungsmöglichkeit in Stettin. Die DO-X verholt in einen kleinen Flusslauf, sodass sie bequem über die Stummel besichtigt werden kann. Die D.F.G. erzielt einen Erlös von 8804,77 Reichsmark aus Eintrittsgeldern, das sind 24 469 zahlende Besucher.

25. Juni bis 27. August

Bodenorganisation durch die Luft Hansa AG. Hierzu gehören in erster Linie der Flugkartenverkauf und die Betreuung der Fluggäste auf der ersten Hälfte des Deutschlandfluges sowie die Versorgung des Flugschiffes an seinen Liegeplätzen. Demonstriert wird dies durch das Setzen der Luft Hansa-Kontorflagge auf dem Bug.

30. Juni, Donnerstagvormittag

214. Flug von Stettin nach Königsberg. In einer Höhe um hundert Meter fliegt die DO-X über den Wellen der Ostsee an der Küste entlang. Spätestens wenn das Dröhnen der Motoren anschwillt, kommt Bewegung in die Menschen an den Sandstränden von Hinterpommern an

Nach der Wasserung auf der Oder verholt das Flugschiff in eine schmale Kanalmündung direkt am Fluss. Bei direkter Ufernähe an den Außenseiten der Stummel ein unkomplizierter Weg für die Besucher, an Bord zu kommen.

diesem herrlichen Sommertag. Alles jubelt dem Flugschiff mit seiner stolzen Besatzung und den Passagieren zu. Erstmals sind in Deutschland Fluggäste an Bord, die zusammen 707,40 Reichsmark für ihre Flugscheine bezahlt haben (214. Flug, Startgewicht: 44 500 Kilogramm, Strecke: 497 Kilometer, Flugzeit: 2 Stunden 57 Minuten).

Donnerstagnachmittag

Die unbefriedigende Art der Besucherführung in Berlin und die Vermutung, an allen Stationen der Reise ein ähnliches Problem zu haben, führt zur Konstruktion einer mobilen »Treppenanlage« für das Flugschiff. In Königsberg kommt die transportable Leichtbaukonstruktion aus Metall-

Oft in Begleitung »kleiner Brüder«: Die DO-X auf dem Weg an der Ostseeküste entlang von Königsberg bis nach Flensburg.

Vorne rein und hinten raus. Bauarbeiten für die Stege und die mobile »Treppenanlage« des Flugschiffes. In Königsberg kam die transportable Leichtbaukonstruktion aus Metallrohren erstmals zum Einsatz.

Eines der wenigen Fotos durch ein Bullauge der DO-X während des Deutschlandfluges. Hier beim Kreisen über Danzig.

rohren erstmals zum Einsatz. Der Rundgang beginnt auf einem der Stummel. Über die Treppe der Konstruktion steigt der Besucher an der Seite des Bugs auf das Vordeck des Flugschiffes und kann so durch die Fenster in den Führerraum blicken. An der anderen Seite herunter, auf den zweiten Stummel, geht es dann durch die Tür in das Fluggastdeck, zum Umschauen. Von da aus durch eine eigens in Berlin montierte Nottür auf der Steuerbordseite am Heck wieder an Land. Diese Art Kreisverkehr für die Besucher bewährt sich.
Die Luft Hansa war übrigens sehr erbost, als sie bei Übernahme des Flugschiffes im April 1933 feststellte, dass die mobile Treppe nicht mehr zur Ausrüstung gehörte. Die Flugschiff-Gesellschaft hatte sie nach dem Deutschlandflug verkauft. Dafür waren dann 500 Reichsmark Schadensersatz an die Luft Hansa fällig.

30. Juni bis 5. Juli

Über 29 000 Besucher in Königsberg. In Königsberg liegt die DO-X im Hafen in einem Seitenbecken. 29 450 begeisterte Menschen besichtigen das Flugschiff und bringen der D. F. G einen Erlös von 12 760,39 Reichsmark aus Eintrittsgeldern.

6. Juli, Mittwoch

215. Flug von Königsberg nach Danzig. Nach einem Abstecher entlang der Kurischen Nehrung bis Memel und Rückflug an der Küste wird im Wasserflughafen von Danzig bei Östlich Neufähr gelandet. Der Erlös aus Flugscheineinnahmen für den Streckenflug beträgt 1260 Reichsmark (215. Flug, Startgewicht: 48 000 Kilogramm, Strecke: 193 Kilometer, Flugzeit: 75 Minuten). Ob die DO-X tatsächlich bis Memel geflogen ist, wie eine zeitgenössische Postkarte angeblich belegt, ist nach den bekannten Flugdaten zu bezweifeln.

6. bis 13. Juli

Für knapp eine Woche macht die DO-X Station im Wasserflughafen von Östlich Neufähr. Nahe der Danziger Bucht, in der Toten Weichsel gelegen bietet der Wasserflughafen aufgrund seiner Lage bei jedem Wetter sichersten Schutz gegen Wind und Seegang. Zum Wasserflughafen gehören ein Abfertigungsgebäude mit Flughafenrestaurant, Anlegestege und eine Ablaufbahn für Wasserflugzeuge. Die D.F.G. erlöst 5557,70 RM aus Eintrittsgeldern von rund 12 800 zahlenden Besuchern.

8. Juli, Freitag

Das Interesse an einem Vortrag über die Reisen der DO-X ist riesig. Die Deutsche Luftschiff Gesellschaft vermerkt immerhin 328 Reichsmark als Einnahmen. Etwa 20 Pfennig dürften als Eintritt wohl realistisch gewesen sein. Also haben gut 1640 Zuhörer den Ausführungen gelauscht.

12. Juli, Dienstag

Zwei Rundflüge über Danzig-Zoppot. Erlös aus Flugscheineinnahmen für die Rundflüge 943,82 Reichsmark (216. und 217. Flug, Startgewicht jeweils: 42 400 Kilogramm, Strecke: 74 Kilometer, Flugzeit : 27 Minuten).

13. Juli, Mittwoch

218. Flug von Danzig nach Swinemünde. Mit 60 Passagieren ist die DO-X fast ausgebucht. Für die Deutsche Flugschiff Gesellschaft ergibt sich ein Erlös aus Flugscheineinnahmen für den Streckenflug von 1724,22 Reichsmark (218. Flug, Startgewicht: 46 100 Kilogramm, Strecke: 441 Kilometer, Flugzeit: 2 Stunden 35 Minuten).

14. bis 15. Juli, Donnerstag und Freitag

Besichtigung in Swinemünde. Während der Urlaubshochsaison, in direkter Nähe der von den Berlinern besonders geliebten »Kaiserbäder« Ahlbeck, Heringsdorf und Bansin auf Usedom, kommen an zwei Tagen über 10 000 Neugierige, um das Flugschiff zu besichtigen. Die D.F.G. erlöst 4673,42 Reichsmark aus Eintrittsgeldern.

16. Juli, Sonnabend

Von Swinemünde entlang der Küste von Rügen führt der Kurs des Flugschiffes nach Stralsund. Robert Förster (1897–1997), DVS-Fluglehrer in Warnemünde, fliegt die DO-X auf dem rechten Sitz auf der Strecke: »... *Ich wusste nicht, was ich mehr bewundern wollte, die Tatsache, dass 54 Tonnen durch die Luft flogen, oder die Festigkeit des Flügels, der dieses Gewicht spielend leicht zu tragen schien. Noch heute habe ich das leichte Durchbiegen der Flügelenden bei angreifenden Böen vor Augen, wie ich auch jetzt noch auf das in uns gesetzte Vertrauen stolz bin, das 51 Fluggäste beseelte, als sie an Bord stiegen. Der in Sicht der Ostseebäder und rund um Rügen durchgeführte Flug hatte zweifellos eine große Anzahl der an der Ostsee erholungsuchenden Menschen nicht nur neugierig, sondern auch mit Stolz hinterherschauen lassen.*« Der Erlös aus Flugscheineinnahmen für diesen Streckenflug beträgt 1818 Reichsmark. Unter Berücksichtigung einiger ermäßigter Flugscheine für mitfliegende Kinder kostet ein Ticket 40 Reichsmark. Tausende beobachten die Wasserung auf dem Strelasund und das Festmachen der DO-X im Hafen (219. Flug, Startgewicht: 46 800 Kilogramm, Strecke: 269 Kilometer, Flugzeit: 1 Stunde 38 Minuten).

Besatzungsmitglieder mit kleinen und großen Damen. Nach der Besichtigung schnell noch ein Erinnerungsfoto auf dem Steg zur Hilfstür im Heck. Ernst Brombeis und Freddy Schmid (links) sowie Wilhelm Niemann und Monteur Baur (rechts) rahmen die vornehme Besucherfamilie ein.

Nach der Wasserung auf der Swinemünder Reede rollt das Flugschiff zum Anleger im Osternothafen.

In »Atlantikhöhe« dröhnt die DO-X an Saßnitz vorbei und wird von Konrad Glaris auf die Fotoplatte gebannt.

Im Hafen von Stralsund beginnt der Andrang der Besucher zur Besichtigung des Flugschiffes.

16. und 17. Juli

Besichtigung in Stralsund. Etwa 6457 Besucher zahlen der Deutschen Flugschiff Gesellschaft 2802,55 Reichsmark an Eintrittsgeldern.

18. Juli, Montag

220. Flug von Stralsund nach Warnemünde. Wieder ist das Flugschiff mit über 60 Fluggästen, also voll besetzt, unterwegs und bringt der D.F.G. einen Erlös von 1188 Reichsmark aus Flugscheineinnahmen (220. Flug, Startgewicht: 42 200 Kilogramm, Strecke: 122 Kilometer, Flugzeit: 52 Minuten). Begleitet und umkreist von einer Staffel von Maschinen der Deutschen Verkehrsflieger Schule (DVS) und von der Ostsee anfliegend, trifft die DO-X um 13.15 Uhr über Warnemünde ein. Nach einem Schlenker in Richtung Rostock wassert sie gegen 13.30 Uhr auf dem Breitling, an dem Warnemünde liegt. Festgemacht wird sie an einem Seesteg am westlichen Uferstreifen, in direkter Nachbarschaft der Heinkel-Werke mit seinen Ablaufbahnen für Wasserflugzeuge und dem angrenzenden Landflugplatz – Start- und Landeplatz der begrüßenden Sportmaschinen.

19. bis 21. Juli, Dienstag bis Donnerstag

Ursprünglich soll die DO-X nach kurzem Stopp auf dem Breitling von Warnemünde nach Rostock weiterfliegen. Ungünstige Wetterverhältnisse und -vorhersagen führen zur Entscheidung der Schiffsleitung, in Warnemünde zu bleiben. Der Besichtigungssteg wird montiert und das Gelände für Gäste, Besucher und Zuschauer vorbereitet.

Anfangs müssen die Besucher in einen zwischen Ufer und Stummel gelegten Kahn klettern, um das Flugschiff zu erreichen – reichlich mühselig und auch nicht ganz ungefährlich. Deshalb wird die DO-X zum erwarteten Hitler-Besuch weiter Richtung Heinkel-Werke verholt, und man kann auf den Kahn verzichten. In den drei Liegetagen schleust die Besatzung 10 379 interessierte Menschen durch ihr Flugschiff. Sie zahlen 4300,20 Reichsmark an Eintrittsgeldern.

21. Juli, Donnerstag

Adolf Hitler besichtigt die DO-X. Im Dauerwahljahr 1932, mit fünf Wahlgängen zum Reichstag und Reichspräsidenten, versuchen die Nazis die Demokratie mit ihren eigenen Waffen zu schlagen. Einer Ängste schürenden Propaganda als Vorbereitung folgt Hitler als moderner Heilsbringer, der auch real vom Himmel landet. Hitler ist übrigens erst seit dem 26. Februar 1932 deutscher Staatsbürger. Es ist wieder Wahlkampf für die Reichstagswahl am 31. Juli. Auf dem Flug zur Kundgebung der NSDAP in Göttingen landet Hitlers Flugzeug in Warnemünde.
Hitler, der sich selbst als »Narr der Technik« bezeichnet, nimmt sich für die Besichtigung der DO-X reichlich Zeit. In der Hauszeitschrift der Dornier-Werke, der »Dornier Post« Nr. 3 vom Mai/Juni 1939, schildert Friedrich Christiansen sein Empfinden beim »Führerbesuch«. Unter der Überschrift »Durch dick und dünn mit dem Führer« ist zu lesen: »*... Als wir dann zum Deutschlandflug starteten, hatte die Besatzung der DO-X ihr größtes Erlebnis – wir trafen mit dem Führer zusammen. Adolf Hitler war damals schon ›unser Führer‹ denn vom Kapitän bis zum letzten Maschinisten war die gesamte Besatzung der DO-X nationalsozialistisch. Es war im Juli 1932 während des Wahlkampfes, als das Flugzeug des Führers in Warnemünde dicht neben der DO-X landete und Adolf Hitler unser Flugschiff besuchte. Einen ganzen Tag blieb der Führer auf der DO-X, die er bis ins kleinste besichtigte. Er war im Piloten- und Führerraum, kroch durch den Maschinenraum, besichtigte eingehend die Funkanlage, kurzum alle Einzelheiten unseres Flugschiffes wurden lange und sorgfältig besichtigt. Und Mann für Mann der Besatzung nahm von dieser denkwürdigen Begegnung den*

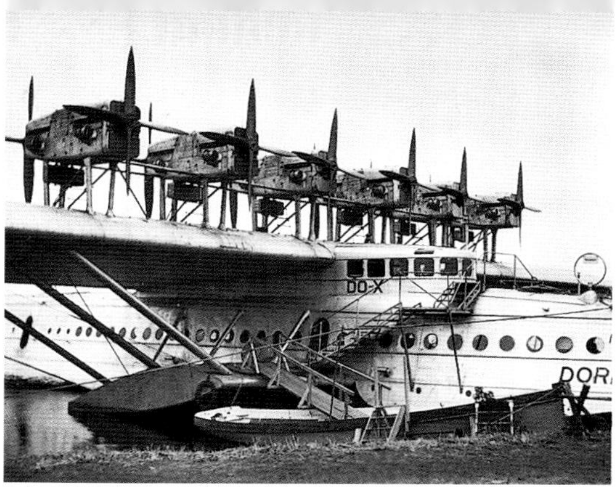

In Erwartung des Besucheransturms. Über provisorische Treppchen in ein Boot und dann auf zwei Bohlen hinüber zum Stummel. Ein reichlich abenteuerlicher Weg zum Besichtigungsvergnügen in Warnemünde.

Gruppenfoto mit Flugschiff am Breitling. Solche Aufnahmen gehörten zu den privaten Fotoklassikern auf der Reiseroute der DO-X wie hier in Warnemünde am 20. Juli 1932.

20. Juli 1932, Sommertag mit Besucherandrang. Von links: Antonie Straßmann, Friedrich Christiansen und Ernst Heinkel beim Stopp der DO-X in Warnemünde.

Warten auf Adolf Hitler. Von links: Horst Merz, Friedrich Christiansen, Dr. Ernst Heinkel und Wilhelm Niemann. Warnemünde, am 21. Juli 1932.

Adolf Hitler, der sich selbst als »Narr der Technik« bezeichnete, inspiziert das Flugschiff bis in den letzten Winkel, hier mit Wilhelm Niemann (links) und Friedrich Christiansen in Warnemünde.

Glauben mit: Wenn der Führer die Macht in Deutschland ergreift, dann schafft er uns wieder eine Luftfahrt und Luftwaffe.« Als »Führer und Reichskanzler« titulierte Adolf Hitler erst nach dem Tod des Reichspräsidenten von Hindenburg am 2. August 1934 und nach der Vereinigung der Ämter von Reichspräsident und Reichskanzler in seiner Person. Im Jahre 1932 war »Herr Hitler« unterwegs, und ob die Schweizer Staatsbürger des technischen Personals oder Harvey Brewton als US-Bürger sich als Nationalsozialisten empfanden, sei dahingestellt – so viel als Ergänzung zu Christiansens Text von 1939.

22. Juli, Freitag

221. Flug von Warnemünde nach Travemünde. Wieder in Begleitung kleinerer Wasserflugzeuge der Verkehrsfliegerschule, fliegt die DO-X majestätisch an der Ostseeküste entlang und wassert auf der Pötenitzer Wiek bei Travemünde. Der Erlös aus Flugscheineinnahmen für den Streckenflug beträgt 1260 Reichsmark (221. Flug, Startgewicht: 46 100 Kilogramm, Strecke: 232 Kilometer, Flugzeit: 1 Stunde 24 Minuten).

23. und 24. Juli

»... Wie ein silbergrauer Riesenvogel liegt das Flugschiff DO-X an der Landungsbrücke des Travemünder Flughafens. (...) Über den gigantischen Tragflächen schimmern gelb-grau auf hohen Stativen zwölf Curtiss-Motoren zu je 650 PS ...« Mit diesen Worten beginnt Sportredakteur Theodor Dotzer der »Kieler Neuesten Nachrichten« seinen Bericht. Zusammen mit 70 Passagieren wird er den nächsten Flug nach Kiel mitmachen. Während der zwei Besichtigungstage des sommerlichen Travemünder Wochenendes zahlen 10 510 Besucher 4561,20 Reichsmark an Eintrittsgeldern. Über seine Eindrücke vor dem Start zum Weiterflug am 26. Juli schreibt Dotzer weiter: *»... Eine kleine Treppe wird angesetzt, und über die Seitenflosse balancierend wird man, von hilfsbereiten Besatzungshänden gestützt, durch die Bordtür in das Innere geschoben. Nun hebt ein neues Staunen an. Das ist nicht die Kabine eines Flugzeugs, das ist ein vornehmer Teeraum, künstlerisch ausgestattet und tapeziert, dazu in langen Reihen links und rechts bequeme Lehnsessel. Wären die Bullaugen nicht, durch die man die kräfti-*

gen Verspreizungen der Tragflächen sehen kann, man würde nie auf den Gedanken kommen, sich in einem Flugschiff zu befinden …« Horst Merz rollt vom Anleger aus dem Travemünder Hafen in die hinterste Ecke der Pötenitzer Wiek, um gegen den auffrischenden Südwestwind zu starten. Um 13.10 Uhr gibt er Vollgas für den Start zum Flug nach Kiel. »*… und dann erhebt sich der Riesenvogel in sein eigentliches Element. Das ohrenbetäubende Gebrumme unseres Flugschiffes lässt das Vieh auf den Weiden wie toll auseinanderlaufen. In etwa 100 Metern fliegen wir am Ostufer der Lübecker Bucht entlang.«*

26. Juli, Dienstag, früher Nachmittag

Die Flugroute verläuft entlang der Küstenlinie Richtung Norden. Fehmarn kommt um 13.40 Uhr in Sicht, und die Fluggäste blicken skeptisch aus den Backbordbullaugen auf die grüne Insel mit einem drohenden Gebirge schwarzgrauer Gewitterwolken darüber, das sich aus Südwesten heranschiebt. Doch an Steuerbord scheint die Sonne auf den wenig bewegten Fehmarn-Belt. Neugierig schauen die Passagiere, die sich das Flugvergnügen jeweils 20 Mark haben kosten lassen, auf einen unter Vollzeug dort kreuzenden Großsegler. Die gesamte Besatzung der Dreimastbark NIOBE, Segelschulschiff der Reichsmarine auf Ausbildungsfahrt, ist an Deck angetreten und grüßt die vorbeiziehende DO-X. Von der Tragödie auf dem Wasser des Belts, wenige Minuten später, erfahren Besatzung und Fluggäste nach der Landung in Kiel. Eine plötzliche Gewitterböe lässt den Segler um 14.15 Uhr in nur drei Minuten kentern und versinken. Er reißt 69 Mann der Besatzung – darunter, besonders tragisch, 47 junge Matrosen, Laufbahnanwärter der Reichsmarine, die unter Deck Unterricht haben – in den Tod. Ein nationales

DO-X in Travemünde am Steg des Seeflughafens auf dem Priwall.

An Steuerbord kreuzt das Schulschiff NIOBE der Reichsmarine die Route der DO-X. Wenige Minuten später schlagen die Wellen des Belts über dem versinkenden Großsegler zusammen.

Vor dem Besucheransturm auf dem Priwall. Erstmals ist die DO-X in ihrer geplanten Heimatbasis mit Liegeplatz, Bergungshalle mit lichter Torweite von 60 Metern und einer Torhöhe von zwölf Metern sowie Flugzeugdock zu Besuch.

Unglück, das sämtliche Tagespolitik dieses Sommers für einige Zeit in den Hintergrund drängt.

Dienstagnachmittag

Inzwischen haben Wind und Regen der durchziehenden Gewitterfront zugenommen, was die Stimmung an Bord aber offenbar nicht trübt, wie Theo Dotzer beschreibt: »*Die Sicht ist nicht besonders gut, denn das Wetter ist schlechter und schlechter geworden. Trotzdem erkennt man unten winkende Hände und wehende Tücher.*
Gleichzeitig hämmern die Motoren ihr eintöniges Lied. Wohlig dehnt man sich in den Polstern. Man merkt kaum, dass man fliegt. Nur ab und zu bei einer plötzlichen Böe gerät der Schiffskörper in sanfte Schwingungen und trotzdem geht es in sausender Fahrt mit 180 Stundenkilometern auf Kiel zu. (...) Ein Steward eilt durch das Schiff und bietet Cognac und Portwein für diejenigen an, die einen leichten Druck in der Magengegend spüren. Der Regen peitscht stärker gegen den Schiffskörper und die Bullaugen. Motorengeräusch und Sturm vereinigen sich zu einem unheimlichen Konzert. Trotzdem fühlt man sich sicher und geborgen ...« Nach einer Runde über der Innenstadt von Kiel und über den Werftanlagen auf der Ostseite des Hafens, von Tausenden im Regen wartenden Menschen begrüßt, wassert das Flugschiff vor der Schwentine-Mündung direkt im Kieler Hafen um 14.30 Uhr. Viel zu weit vom vorgesehenen Landeplatz am Hindenburgufer vor Bellevue entfernt, schauen dort triefnasse und enttäuschte Besucher einer vorbei- und wegrollenden DO-X hinterher. Ihr Ziel ist die Seeflugstation Holtenau fördeabwärts (222. Flug, Startgewicht: 45 500 Kilogramm, Strecke: 202 Kilometer, Flugzeit: 76 Minuten, 1350 Reichsmark Einnahmen für Flugscheine).

Bei der Wasserung vor der Schwentine-Mündung im Kieler Hafen haben Matrosen der Reichsmarine Tribünenplätze.

27. bis 30. Juli,
Mittwoch bis Sonnabend

Gegen Wind und Regen von zwölf Motoren vorwärtsgetrieben, rollt das Flugschiff nach Holtenau. Kommandiert von Friedrich Christiansen wird die DO-X an die steinerne Abrollbahn des Wasserflughafens manövriert. *»Scheunes Schietwedder hebt Ji hier in Kiel«,* tönt es von der Back zu Theo Osterkamp (1892–1975) herüber. Als Stationsleiter der Luftdienst GmbH dirigiert Christiansens Seefliegerkamerad aus Kriegszeiten das Anlegemanöver in Holtenau vom Ufer aus. *»... Endlich liegt der Luftriese fest vertäut an der Rollbahn. Laufplanken werden herbeigeschleppt, und im nächsten Augenblick verbinden Stege das Flugschiff mit dem Flughafengelände. Ein Willkommensgruß aus allen Kehlen wird von Kapitän Christiansen mit einem Schmunzeln quittiert. Mit freudestrahlenden Gesichtern entsteigen die Fahrgäste dem Schiffsrumpf. Jeder schüttelt dem ›Käppen‹ noch einmal die Hand zum Abschied, der jüngste Passagier – ein kaum dreijähriges Mädelchen – bekommt einen liebevollen Klaps von Papa Christiansen ...«* Das so getätschelte Mädelchen ist die Magdalena Niemann, Tochter des Navigationsoffiziers, die mit ihrer Mutter Mar-

Mit voller Kraft gegen den Wind. Rollen auf der Kieler Förde Richtung Seeflugstation Holtenau.

Kurz nach dem Anlegemanöver am 26. Juli 1932: die DO-X, vier Tage lang bestaunter Besucher der Seeflugstation Kiel-Holtenau.

Die DO-X in Holtenau und ein Frachter auf der Kieler Förde. An den verregneten Julitagen in Kiel muss der Sonnenschirm als Regenschutz dienen.

Schmuddelwetter in Kiel-Holtenau. Des Mannes und Vaters Stolz durch den Kamerasucher gesehen. Dafür bietet ein Flugschiff genau den richtigen Hintergrund, das bildschärfer geraten ist als seine Familie.

tha seit Warnemünde als Gast mitfliegt. In der Berichterstattung des Deutschlandfluges ist Friedrich Christiansen allgegenwärtig als Kapitän, Kommandant, Flieger, Held usw., als ob es keine Besatzung gäbe. Infolgedessen gibt es Neider seines wohlgefällig gepflegten Images. An den vier Besichtigungstagen in Holtenau zahlen rund 12 184 Besucher 5287,75 Reichsmark an Eintrittsgeldern in die Kasse der D.F.G.

30. Juli, Sonnabend

Bei strahlendem Sommerwetter säumen Tausende von Menschen die Ufer der Flensburger Förde vor Mürwik und recken die Hälse zum Himmel. Um 15 Uhr kündet das sonore Motorenbrummen vom Anflug der DO-X, und die begeisterten Menschen beklatschen die glatte Landung. Flugkapitän Horst Merz bugsiert den »Riesenvogel« in den Flensburger Hafen, und sein Kommandant sagt, wo er anlegen soll: direkt vor dem Kontorgebäude der Ozean-Linie der Reederei H. Schuldt! Als Schiffskapitän hat Friedrich Christiansen von 1924 bis 1930 deren schmuckes Passagier- und Frachtschiff MS Rio Bravo (5946 BRT) kommandiert. Jetzt lässt er das Flugschiff am Schiffsanleger der Reederei festmachen. Sofort sind Journalisten bei ihm, um zu berichten. Einer von ihnen ergeht sich in Blumigkeit: *»Mit unwandelbarer Freundlichkeit empfängt Kapitän Friedrich Christiansen jeden einzelnen, weist mit Hand- und Minenspiel hierhin und dahin. Er führt uns in seinem Reich herum, zeigt seinen Kartentisch mit allem, was zur christlichen Fliegerei gehört. Vorneaus die beiden Rudergänger, die zwei lebenden Augen des Riesen, rückwärts im Quergang, die sechs Männer an den Motoren. Sie lauern an den Herzkammern des modernen Ichthyosaurus und regeln die Blutzufuhr.«* Erlös aus Flugscheineinnahmen für den Streckenflug: 769,50 Reichsmark (223. Flug, Startgewicht: 44 800 Kilogramm, Strecke: 191 Kilometer, Flugzeit: 70 Minuten).

31. Juli, Sonntag

Am Bollwerk des Hafens beim Kompanietor ist die DO-X vertäut. Von Schutzpolizisten abgesperrt, drängeln sich Tausende Besucher für einen Blick auf das silbergraue »Fliegende Schiff« und eine Eintrittskarte. Nach Meldung der lokalen Presse sind es an diesem Tag 6800 zahlende Besucher, und die D.F.G. verbucht 3074,50 Reichsmark auf der Erlösseite. Ein Großteil der Neugierigen kommt aus Flensburger Wahllokalen. Sie haben gerade mit ihrem Kreuz dazu beigetragen, die NSDAP mit Adolf Hitler an der Spitze zur größten Fraktion im Reichstag zu machen.

Zur Unterhaltung der Wartenden intoniert die Flensburger Schupokapelle neben dem Flugschiff lustige Weisen. Außerdem wird sie die DO-X am Montagvormittag mit dem »Deutschlandlied« verabschieden.

Passagier-Motorschiff R*IO* B*RAVO* *der Ozean-Linie, seit der Indienststellung im August 1924 bis Sommer 1930 unter dem Kommando von Kapitän Friedrich Christiansen.*

Ein Lächeln von Wilhelm Niemann, der Gelassenheit ausstrahlt. Besucherbetrieb an jedem Tag forderte die Besatzung zunehmend.

»Das Luftschiff (Flugschiff) ist fabelhaft.« Postkartengruß eines begeisterten Besuchers der DO-X in Kiel.

1. August, Montagvormittag

Start zum Flug nach Wyk auf Föhr. »... *Gegen halb elf Uhr wärmte Kapitän Friedrich Christiansen die Motoren an. Hafendamm und Schiffbrücke spürten dieses Anwärmen recht vernehmlich.*« Über das Ablegen und den Start am Vormittag um etwa 10.50 Uhr berichten damals Zeitungsreporter als Mitflieger: »... *Die Kapelle spielt das Deutschlandlied beim Ablegen. Drüben an der Absperrung stehen die Schupos salutierend stramm. Längst haben die Zuschauer, die Jungen voran, Absperrung Absperrung sein lassen und stehen nun dicht gedrängt am Ufer, da taucht unter ihnen noch ein aufgeregt winkender Herr auf: Einer der noch mit will und seinen wohlerworbenen Flugschein als Signalflagge schwingt. Da man auf der DO-X keine Anstalten macht, wieder anzulegen, sondern gerade mitten beim Drehen ist, welches Manöver von einer Polizeibarkasse besorgt wird, um das Flugschiff in die richtige Richtung seiner Startbahn zu wenden, requiriert der Nachkömmling schließlich ein Ruderboot, mit dem einige Jungens in der Nähe des Schauplatzes sich aufgehalten hatten. Als die Sache nicht schnell genug gehen will, greift er gar selbst mit in die Ruder. Dann hat der Spätergekommene es doch noch geschafft und wird von sicheren Händen auf dem Stummel der DO-X in Empfang genommen. (...) Schließlich ging es hinaus auf die Förde, begleitet von allerlei Fahrzeugen. In wenigen Minuten rauschte die DO-X an den Ochseninseln vorbei, wendete und setzte gegen den Wind zum Start an. Auf der Höhe zwischen Strandfrieden und Mürwik hob sich das Flugschiff majestätisch aus dem Wasser, flog donnernd eine Kurve über Flens-*

burg und entschwand nach Westen.« 64 Fluggäste – darunter auch Flensburgs Oberbürgermeister Dr. v. Hansemann und sein Wyker Kollege Dr. Meyer sowie weitere Stadthonoratioren, reichlich Pressevertreter und einige Familienangehörige der 13 Besatzungsmitglieder, die als Gäste kostenlos mitfliegen – erleben das einmalige Gefühl des Besonderen an Bord der DO-X. Diesmal sind mehr »Umsonstflieger« als üblich an Bord. Der Erlös aus den Flugscheineinnahmen beläuft sich daher auf nur 963,75 Reichsmark für den Streckenflug.

1. August, Montagmittag

Nach dem Start in Flensburg führt die Flugroute quer über Schleswig-Holstein nach Leck und weiter zum Nordfriesischen Wattenmeer. In Schleswig und dem wenige Kilometer entfernten Ellingstedt, Geburtsort von Navigationsoffizier Wilhelm Niemann, und auch in Husum schauen die Menschen vergeblich wartend in den Himmel, auf der Suche nach dem versprochenen Riesenvogel. Die Schiffsführung hat spontan die vorgesehene Route verlassen und fliegt direkt nach Föhr. Die Husumer machen mit einem Gedicht ihrer Enttäuschung Luft:

Dornier X –
Werrer mal nicks,
Werrer mal narrt,
Dat't nicks mehr ward,
Is uns nu klor.
Denn bliev man dor.

Montagmittag

Ankunft auf der Reede von Wyk. Im biografischen Werk »Die Kapitäne Christiansen« werden die Minuten der Ankunft beschrieben: *»Ein frischer Augusttag. Das sonst so ruhige Wyk, der liebliche kleine Badeort, ist in festlicher Aufregung. Die Landleute verlassen die Erntearbeit, alles strömt zum Wyker Strand, wo sich gegen Mittag alles was Beine und Zeit hat, in erwartungsvoller Stimmung versammelt. Die Häuser sind beflaggt und geschmückt, und keiner entsinnt sich, jemals so viele Menschen am Strand gesehen zu haben. Die Feuerwehr ist aufgeboten, um Ordnung zu schaffen. Der Mittelweg auf der Strandpromenade wird abgesperrt. Für 12 Uhr ist die Ankunft vorgesehen. (…) Die versehentlich durchgegebene Meldung von einem verspäteten Abflug von Flensburg gibt einer gewissen Enttäuschung Raum. Die Feuerwehr wird zum Essen weggeschickt, da man die Ankunft erst gegen 1 Uhr erwartet. Doch schon vor 12 Uhr füllt die Luft ein Brausen. DO-X erscheint, zunächst kaum sichtbar über der Hallig Oland. Große Aufregung am Strand. Wo ist die Feuerwehr? Das Brausen wächst zum Dröhnen, immer größer wächst der Riesenvogel über die heimatlichen Gewässer seines Führers. Der Feuerwehrhauptmann ist verzweifelt, wie kriegt er seine Männer zur Stelle? ›Lat Für blaasen!‹ ruft einer seiner Getreuen, dann geht alles unter in dem überwältigenden Anblick und in Freudenausbrüchen der sonst so ruhigen Inselbewohner und der begeisterten Menge.«* Nach der Wasserung läuft die DO-X mit vier Manövermotoren an der Promenade entlang, dreht zur Ankerboje auf der Wyker Reede vor dem Südstrand und macht dort fest. Der 224. Flug, der mit einem Startgewicht von 47,5 Tonnen in Flensburg beginnt, geht über eine Strecke von 112 Kilometern in 45 Minuten Flugzeit. Weiter berichtet der Chronist: *»Ausbooten der Fluggäste. Feierliche Einholung des Ehrenbürgers durch die Stadtvertretung. Unter den Klängen des Schleswig-Holstein-Liedes und unter den begeisterten Zurufen seiner Landsleute steht Fiede wieder auf Heimatboden. Jeder Händedruck und Willkommensgruß sind Zeichen der Anteilnahme an seinem größten Tag – dem Tag seines Lebens.«*

Nach der Ankunft an der Ankerboje auf der Wyker Reede mit Christiansens Geburtsstadt im Hintergrund.

1. und 2. August, ab Montagnachmittag

Mit einer Sonderbeilage begrüßt die »Föhrer Zeitung« an diesem Montag den berühmten Sohn ihrer Insel. In der plattdeutschen Grußadresse heißt es: *»Fiede, du büst weltberühmt. Se hemm di in Amerika und in England, in Berlin un överall hochleben laten. Se hem utkeeken nah dien grot Fleegmaschin un sünd ganz ut de Tüt weß vör Begeisterung. Fiede – wie sünd still dorbi worden. Wi wüssen, wat du dor wedder vör een Riesenstück dütsche Arbeit leist hest. Wi sünd still un stolt worden. Denn du bist jo us Fiede. Dien lütt Heimatinsel hett dien grot Wark mitbelewt. Uns' Oogen sünd ümmer achter di her wesen op dien lange Reisen un wi hemm de Hänn falt', dat de leew Gott di behöden much in alle Gefohr. Wi könnt keen grote Ehrung för di un dien Lüd maken, Fiede, denn wi sitten midden in de Badetied. Awer wi weten: Du büst uns! Du hest di am meisten dorto feut, vör de Wyk mit dien Riesenfleeger to legen. Wi staht mit Water in de Oogen für Stolt un Freude, du! De Heimat höllt ehren Jung' in'e Arm! Willkamen, willkamen!«* Für die nächsten zwei Tage ist das Flugschiff zur Besichtigung freigegeben. Rund 3950 Besucher lassen sich zum Flugschiff an der Boje hinüberfahren und bezahlen 1713,40 Reichsmark an Eintrittsgeldern.

3. August, Mittwochvormittag

Von Wyk auf Föhr nach List auf Sylt. Ab 8.30 Uhr booten 60 Fluggäste ein. Für 20 Mark gönnen sie sich *»einen herrlichen Flug – eine Erinnerung fürs Leben!«*, wie einer von ihnen nach der Ankunft in List begeistert berichtet. Nach halbstündigem Warmlaufen der Motoren erhebt sich das Flugschiff kurz nach 9 Uhr von der Wyker

Gern gegebene Autogrammkarte: Kommandant Friedrich Christiansen, sein Flugschiff und seine Heimatstadt Wyk auf einen Blick.

Über den Nordseewellen vor Sylt: An Westerlands Kurpromenade vorbei dröhnt das Flugschiff Richtung Norden zum Landeplatz im Königshafen bei List.

Reede. Der 40 Kilometer umfassende Luftlinienabstecher von Wyk zur Nordspitze von Sylt wird zu einem Rundflug über die Halligen ausgedehnt. Quer über Föhr nach Utersum geht es nach einer Schleife über der Insel nach Wittdün auf Amrum, und dann wird Hörnum überflogen. So ergibt der 225. Flug eine Strecke von 120 Kilometern in 45 Minuten. In Atlantikmanier dröhnt die DO-X gegen 10 Uhr den Dünensaum und Strand an der Sylter Seeseite entlang, an Westerlands Kurpromenade vorbei Richtung List zum Ende der schmalen Insel. Gewassert wird auf dem spiegelglatten Wattenmeer ganz in der Nähe der Seeflugstation List im Königshafen. Nach dem Ausbooten der Fluggäste, die 1048 Reichsmark mit ihren Tickets in die Schiffskasse zahlen, beginnt ab 12 Uhr der Besichtigungsrummel.

3. August 1932 um 10.15 Uhr: Nach dem Wassern im Sylter Königshafen am Ellenbogen rollt die DO-X mit Manövermotoren zum Ankerplatz.

Mittwochnachmittag

Ursprünglich soll das Flugschiff bis Sonnabend in List zur Besichtigung liegen und am Donnerstagvormittag einen Rundflug über Eiderstedt bis nach Helgoland und zurück durchführen. Doch das Programm wird kurzfristig zusammengestrichen. Bleibt nur der Flugschiffsbesuch bis 8 Uhr abends und am folgenden Donnerstagvormittag. Einmal einen Blick in die DO-X werfen, dieser Wunsch löst auf der Insel eine Völkerwanderung aus. Zu dieser Zeit fährt noch die Sylter Inselbahn, die daraufhin viele Extrazüge einsetzt, um die Menschenmassen an das Ende der Sylter Welt zu bringen. Der Königshafen ist von Westerland knapp 20 Kilometer entfernt und befindet sich damit außerhalb einer spontanen Wanderlust. Bleibt nur das Fahrrad oder die Inselbahn, denn Autos gehören 1932 zu einer seltenen Errungenschaft. An der Boje liegend und im Pendelverkehr mit Motorbooten, die jeweils 20 bis 30 Personen befördern, besichtigen fast 3000 Menschen das Flugschiff. Die D.F.G. erlöst 1271,45 Reichsmark aus Eintrittsgeldern.

Mittwochabend

Empfang in Westerland. Bei seiner Begrüßungsrede in der Nordstrandhalle findet Bürgermeister Kapp einmal mehr Begrüßungsworte, die einige Besatzungsmitglieder nach acht Wochen Empfangsstress in deutschen

Städten nur noch schwer ertragen können: *»Namens der Stadt Westerland, ihrer Bewohner und ihrer Kurgäste habe ich die Ehre, den heute abend in unserer Mitte weilenden Führer des größten Flugschiffes der Welt, Kapitän Christiansen, nebst seinen bewährten Mitarbeitern zu begrüßen …«* Nebst seinen bewährten Mitarbeitern lässt der Kommandant die Sonne des öffentlichen Wohlwollens auf sich scheinen und beschattet mit breiter Brust die hinter ihm stehenden 13 realen Arbeiter der Besatzung.

4. August, Donnerstagnachmittag

226. Flug. Zurück nach Wyk. Mit einem Startgewicht von 44,2 Tonnen hebt das Flugschiff im Königshafen von List um 17 Uhr ab und entschwindet nach einer Ehrenrunde in südlicher Richtung, diesmal begleitet von drei Wasserflugzeugen der DVS-Seefliegerschule List/Sylt. Darunter befindet sich auch der viermotorige Dornier-SUPERWAL D-1761, auf dem die Seeflugausbildung für die C-Scheine erfolgt. Ursprünglich gehört das Flugboot der Luft Hansa und ist als RÜGEN im Ostsee-Liniendienst eingesetzt, bevor es ab Mai 1931 der Flugzeugführerausbildung dient. Auf dem Flug über 100 Kilometer in 35 Minuten ist die DO-X nicht ausgebucht. Es sind etwa 50 Passagiere an Bord. Der Erlös aus Flugscheineinnahmen für den Streckenflug beträgt 477,20 Reichsmark. Es ist ein Flug mit vielen geladenen Gästen an Bord, darunter auch Bürgermeister Kapp mit Gemahlin und weitere wichtige Menschen. Nach ihrer Wasserung auf der Reede vor Wyk geben Flugschiff, Flugboot und Wasserflugzeuge ein bemerkenswertes Panorama für die Sommergäste ab. In einem Pendeldienst fliegt die Luft Hansa für zwölf Reichsmark die Sylter Gäste wieder nach Westerland zurück. Der folgende Freitag ist endlich ein lang ersehnter Ruhetag für die Besatzung.

Im Pendelverkehr mit Motorbooten fahren 3000 Besucher zum verankerten Flugschiff im Königshafen von List auf Sylt.

Do X in List

am Mittwoch, den 3. August

Größtes Flugschiff der Welt mit 12 Motoren, ca. 100 Personen fassend / Das Meisterwerk deutscher Flugtechnik

Ca. stündliche Verbindung mit der Kleinbahn

Ab Westerland	7^{40}	10^{10}	11^{00}	12^{30}	13^{45}	14^{40}	15^{40}	16^{00}	17^{50}
„ Wenningstedt	7^{55}	10^{20}	11^{09}	12^{40}	13^{57}	14^{50}	15^{50}	16^{10}	18^{00}
„ Kampen	8^{00}	10^{30}	11^{20}	12^{50}	14^{07}	15^{00}	16^{00}	16^{20}	18^{10}

Rückkehr nach Wunsch mit beliebigen Zügen bis 21 Uhr ab List

Rückfahrpreis

ab Westerland RM. 1.90 — ab Wenningstedt RM. 1.70 — ab Kampen RM. 1.50

Rechtzeitig Fahrkarten lösen

Auskunft erteilen: die Badeverwaltung / die Hapag - Reisebüros die Sylter Inselbahn u. alle Kleinbahnstationen

Aenderungen vorbehalten

Druck von Fr. Ball, Westerland

»Einen halben Tag lang Sonderzüge im Stundentakt«, verkündet der Anschlagzettel. Nur so konnte die Sylter Inselbahn der Menschenmassen Herr werden.

Zubringerboot von der DO-X zurück nach List. Vor dem Start am Nachmittag wartet der Dornier-Superwal D-1761, Schulflugboot der Verkehrsfliegerschule List, an Ankerbojen auf seinen Auftritt. Er wird das Flugschiff von List nach Wyk begleiten.

Fliegen Sie mit Do X

Donnerstag, den 4. August 1932

Flug

List–Wyk auf Föhr

Preis 20.- RM.

Sonnabend, den 6. August 1932

Weiterflug

List (Sylt)-Helgoland-Norderney

Preis 50.- RM.

Flugscheine für beide Fahrten in der Agentur der Deutschen Luft-Hansa, Carl Meyer, Westerland

Großformatige Anzeige in der Sylter Zeitung vom 4. August 1932. Den Weiterflug nach Norderney für 50 Reichsmark buchen lediglich vier Erwachsene und ein Kind.

6. August, Sonnabend

Bis kurz vor dem Start in Wyk treffen Fluggäste für die DO-X mit dem Motorboot aus Dagebüll und dem Wasserflugzeug aus List ein. Eigentlich soll das Flugschiff die Passagiere am Sonnabendmorgen aus List abholen, doch das Interesse für den Flug von List nach Norderney für 50 Reichsmark hält sich in Grenzen. Also werden die Mitflieger, die ihren Flugschein bei der Luft Hansa-Agentur von Carl Meyer in Westerland erworben haben, mit dem Flugzeug herangeflogen. Die magere Einnahme aus Flugtickets von 225 Reichsmark lässt leere Sitzreihen im Fluggastdeck vermuten.

Nachdem das Startgewicht von 40,2 Tonnen auf der Wyker Reede in die Luft gestemmt worden ist, fliegt die DO-X in einer Stunde und 42 Minuten zunächst in Richtung des vor sechs Tagen ausgelassenen Städtchens Husum und dann im großen Bogen über die Insel Helgoland nach Norderney. Ein Flug von 270 Kilometern.

Sonnabend und Sonntag

Station in Norderney. Der Ausbau des Wasserflughafens der ostfriesischen Insel wird seit einigen Jahren vom Deutschen Reich besonders gefördert. Für den Bau eines Hebekrans und die Verlängerung einer Kranbrücke sowie den Ausbau des Landflugplatzes werden Ende der 1920er-Jahre 1,3 Millionen Reichsmark investiert. Norderney soll der Priwall der Nordsee werden, das Luftverkehrsdrehkreuz für England und den Transatlantikflug. Mit ein Grund, warum die DO-X der Insel einen Besuch abstattet. Aus Eintrittsgeldern erzielt die D.F.G. einen Erlös von 1705,30 Reichsmark von knapp 4000 zahlenden Besuchern. Eine andere Quelle schätzt allerdings nur 2100 Besucher.

8. August, Montagmorgen

Auf dem Flug von Norderney nach Bremen Wasserung und Start auf dem Jadebusen vor dem Wilhelmshavener Südstrand. Dazwischen kurzes Anlegen im 1928 wiedereröffneten Seeflughafen am Südstrand-Fliegerdeich (228. Flug, Startgewicht: 45 900 Kilogramm, Strecke: 170 Kilometer, Flugzeit: 62 Minuten). Es sind Fluggäste an Bord, und eine Besichtigung ist nicht möglich.

Montagvormittag

Weiterflug zum »Weserflughafen Blexen« vor Bremerhaven auf der Nordenhamer Weserseite. Ende der 1920er-Jahre gibt es über 100 genehmigte Wasserflugplätze in Deutschland. 1927 gründen die Länder Preußen, Bremen und Oldenburg zusammen mit den Amtsverbänden Butjadingen, Blexen, Bremerhaven und Wesermünde die »Weser-Seeflughafen-Gesellschaft« mit Sitz in Bremen. Bis 1928 entsteht der Weserflughafen Blexen mit einigen kleineren Gebäuden und einem schwimmenden Anlegeponton in der Nähe des heutigen Fähranlegers Nordenham-Blexen.

Landung und Start der DO-X in Blexen haben seinerzeit neben dem Zeigen des guten Willens gegenüber der Betreibergesellschaft in erster Linie Erprobungscharakter. Für spätere Pläne der Luft Hansa sollen die Wasser- und Ortsverhältnisse für das Flugschiff überprüft werden. (229. Flug, Startgewicht: 41 300 Kilogramm, Strecke bis Bremen: 154 Kilometer, Flugzeit bis Bremen: 54 Minuten)

An der Boje liegend, erwartet das Flugschiff Besucher von der ostfriesischen Insel Norderney.

Montagnachmittag

Nach kurzem Halt im Blexen Aufstieg zum 230. Flug nach Bremen. Bevor der Hafenverkehr von Bremen beginnt, wassert das Flugschiff auf der Weser, und eine Barkasse schleppt die DO-X zu ihrem Liegeplatz in den Überseehafen. 925 Reichsmark aus Flugscheineinnahmen für den Streckenflug Norderney–Bremen klingeln in der Kasse der D.F.G.

Montagnachmittag: Einschleppen des Flugschiffes in den Bremer Überseehafen.

9. bis 11. August, Dienstag bis Donnerstag

Besichtigung in Bremen. Wie in allen großen Städten ist das Interesse an dem Flugschiff sehr groß. Die Lokalpresse berichtet umfassend, und die Menschen drängen zur Besichtigung. Die D.F.G. erzielt einen Erlös von 8540 Reichsmark aus Eintrittsgeldern von etwa 19 500 zahlenden Besuchern.

12. August, Freitag

231. Flug von Bremen nach Hamburg, Parkhafen. Von Tausenden Zuschauern beobachtet, wassert die DO-X über die Elbe anfliegend, mit einem Bogen über der Innenstadt, in den Parkhafen hinein. Den besten Blick haben die Menschen vom Athabaskahöft aus. Ein Grund für die ungewöhnliche Wasserungsstelle ist die direkte Nachbarschaft des neuen Petroleumhafens mit einer schnellen Tankmöglichkeit. Ungeeigneter für den Besucherbetrieb kann der Liegeplatz für das Flugschiff gar nicht sein. So sind dort nur das Ein- und Ausbooten der Fluggäste und das Auftanken vorgesehen. Erlös aus Flugscheineinnahmen für den Streckenflug: 975 Reichsmark (231. Flug, Startgewicht: 45 200 Kilogramm, Strecke: 296 Kilometer, Flugzeit: 1 Stunde und 40 Minuten).

13. August, Sonnabend

232. Flug und 1. Flug über Hamburg. Um für die Besichtigung hergerichtet zu werden, startet das Flugschiff am Vormittag im Parkhafen und wassert nach einigen Runden über der Innenstadt auf der Außenalster (232. Flug, Startgewicht: 38 800 Kilogramm, Strecke: 45 Kilometer, Flugzeit: 16 Minuten). Die Atmosphäre ist nicht sehr

Mit Frachtdampfern im Hintergrund: die DO-X bei ihrem Stopp im Bremer Überseehafen.

Tausende beobachten am Sonnabendmittag des 13. August 1932 von den Ufern der Außenalster die Wasserung der DO-X, und viele kleine Ruder-, Paddel- und Segelboote begleiten die rollende DO-X zur »Alsterlust«, wo sie vertäut wird.

viel anders wie bei der Landung der DO-X auf dem Müggelsee in Berlin. Tausende beobachten von den Ufern der Außenalster die Landung, und Hunderte kleine Ruder-, Paddel- und Segelboote begleiten die rollende DO-X zur »Alsterlust«. Dort, an Hamburgs traditioneller Badeanstalt, wird festgemacht.
Anfang der 1930er-Jahre schätzen bodenständige Hamburger die »Alsterlust« als beliebtes Ausflugsziel mit Lokal und großem Kaffeegarten auf einer Plattform über den Alsterwellen. Das auf Pfählen im Seeboden gegründete Bauwerk ist heute nur noch auf historischen Fotos zu bewundern.

13. bis 25. August

Beinahe schlägt Hamburg Berlin bei der Begeisterung der Menschen für das Flugschiff. Die D.F.G. erzeilt einen Erlös von 39747,50 Reichsmark aus Eintrittsgeldern für gut 91 500 zahlende Besucher und ist damit nicht weit von der 100 000-Marke der Berliner Besucher entfernt.

27. August, Sonnabend

233. Flug und 2. Flug über Hamburg. Die DO-X verabschiedet sich nach dem Start auf der Außenalster mit einer Runde über Hamburg und wassert im Parkhafen, wo die Fluggäste für Travemünde an Bord kommen (233. Flug, Startgewicht: 37 900 Kilogramm, Strecke: 54 Kilometer, Flugzeit: 19 Minuten).

Für über zehn Tage ist das Café der »Alsterlust« mit dem Panorama des Flugschiffes beliebter Treffpunkt vieler Hamburger. Fast hunderttausend Menschen besichtigen hier die DO-X.

Sonnabendnachmittag

234. Flug von Hamburg nach Travemünde. In einem weiten Bogen, erst an der Nordseeküste hoch, über Schleswig-Holstein hinweg und an der Ostseeküste zurück, führt der Weg nach Lübeck-Travemünde. Dort wassert die DO-X

auf der Pötenitzer Wiek. Erlös aus Flugscheineinnahmen für den Streckenflug: 1368 Reichsmark (234. Flug, Startgewicht: 46 800 Kilogramm, Strecke: 389 Kilometer, Flugzeit: 2 Stunden 25 Minuten).

27. August bis 4. September

Wartungs- und Instandsetzungsstopp auf dem Priwall. Das Flugschiff wird im Flender-Flugschiffdock der Versuchsanstalt äußerlich gereinigt und bekommt einen neuen Schutzanstrich.

Dringend notwendige Wartungsarbeiten erfolgen im Flender-Flugschiffdock in Travemünde-Priwall.

DO-X im Travemünder Dock. Das Flender-Dock hatte einen Kran und eine Katapultschiene auf dem linken Dockrand.

Das 40 Meter lange und 25 Meter breite Dock hat eine Versenktiefe von 3,50 Metern und kann 100 Tonnen tragen.

5. September, Montag

235. Flug von Travemünde nach Hamburg-Altona. Erlös aus Flugscheineinnahmen für den Streckenflug: 756 Reichsmark. Für die weiteren Streckenetappen des Deutschlandfluges werden keine zahlenden Passagiere mehr mitgenommen (235. Flug, Startgewicht: 46 000 Kilogramm, Strecke: 213 Kilometer, Flugzeit: 1 Stunde 26 Minuten).

6. September, Dienstag

236. Flug von Hamburg-Altona nach Duisburg. Nach dem Start auf der Elbe führt die Flugroute an der deutschen und niederländischen Nordseeküste entlang und dann den Rhein aufwärts. Mit einer Flugzeit von vier Stunden und 26 Minuten ist dieser Flug der zeitlich längste des gesamten Deutschlandfluges (236. Flug, Startgewicht: 42 500 Kilogramm, Strecke: 635 Kilometer, Flugzeit: 4 Stunden 26 Minuten).

7. bis 12. September

Besichtigung in Duisburg: In sechs Tagen, mit einem Wochenende dazwischen, besichtigen 34 347 Menschen das Flugschiff im Duisburger Hafen. Die zahlenden Besucher erbringen Eintrittsgelder von 15 165 Reichsmark.

Nach der Wasserung auf dem Rhein, an ankernden Binnenschiffen vorbei, rollt das Flugschiff Richtung Hafenliegeplatz in Duisburg.

13. September, Dienstag

237. Flug von Duisburg nach Düsseldorf. Nach dem Start auf dem Rhein im Duisburger Hafen zwischen den Rheinkähnen geht der kurze Flug nach Düsseldorf. Gewassert wird vor der Rheinbrücke, übrigens neben der Hammer Eisenbahnbrücke, seinerzeit die einzige Düsseldorfer Rheinbrücke weit und breit. Die DO-X läuft unter der heutigen Oberkasseler Brücke durch

Bereits beim ersten Stopp auf dem Rhein in Duisburg drängeln sich an sechs Tagen über 34 000 Besucher über die Besichtigungsstege.

und wird gegenüber der Düsseldorfer Altstadt bei den heutigen Festwiesen am Ufer vertäut (237. Flug, Startgewicht: 40 300 Kilogramm, Strecke: 95 Kilometer, Flugzeit: 34 Minuten).

14. bis 20. September

Besichtigung in Düsseldorf. Wieder in sechs Tagen über ein Wochenende drängeln sich 41 249 zahlende Besucher über die Besichtigungsstege und -treppen; der Erlös für die D.F.G. aus Eintrittsgeldern: 17 902 Reichsmark.

21. September, Mittwoch

238. Flug von Düsseldorf nach Köln. Bei bedecktem Herbstwetter startet das Flugschiff auf dem Rhein und fliegt entlang des Flusslaufes in Richtung Köln. Nach einer Runde um den Kölner Dom und die Innenstadt wassert Horst Merz ein gutes Stück vor der Hohenzollernbrücke auf dem Rhein. Er rollt mit der DO-X unter der Brücke durch und macht direkt dahinter an einem Anleger für Ausflugsdampfer fest (238. Flug, Startgewicht: 42 000 Kilogramm, Strecke: 139 Kilometer, Flugzeit: 51 Minuten).

22. bis 28. September

Besichtigungsmöglichkeit in Köln. Die D.F.G. erzielt Einnahmen von 20 281 Reichsmark aus Eintrittsgeldern von rund 46 730 zahlenden Besuchern.

Mit der Düsseldorfer Rheinbrücke, der heutigen Oberkasseler Brücke, im Hintergrund, besichtigen in sechs Tagen über 40 000 Menschen die DO-X.

29. September, Donnerstag

239. Flug von Köln nach Bonn. Das Motordröhnen der DO-X kennen die Bonner bereits. Schon einmal, am 5. November 1930 gegen 14 Uhr, dem ersten Tag seines Fluges in die USA, ist das Flugschiff über Bonn in Richtung Amsterdam vorübergezogen. Schon damals hat sich Albert Sonntag, Direktor des Flugplatzes von Bonn-Hangelar, im Auftrag der »Arbeitsgemeinschaft Luftverkehr Siebengebirgsflug« um einen Besuch des Flugschiffes mit Landung auf dem Rhein bemüht. Nach der Rückkehr der DO-X aus Amerika sieht Sonntag eine neue Chance und nimmt die Gespräche wieder auf. Als Vorkommando inspiziert D.F.G.-Direktor Milatz die Bonner Strom- und Uferverhältnisse am Rhein und stimmt einer Landung in Bonn zu. Bereits Stunden vor der geplanten Ankunft säumen Tausende das Rheinufer in Bonn und Beuel. Von Köln kommend, wassert das Flugboot auf dem Rhein und macht an der ersten Fährgasse

Nach dem Wassern auf dem Rhein rollt das Flugschiff unter der Kölner Hohenzollernbrücke hindurch zu seinem Liegeplatz.

Eine Runde um den Kölner Dom und dann die Wasserung auf dem engen Rhein.

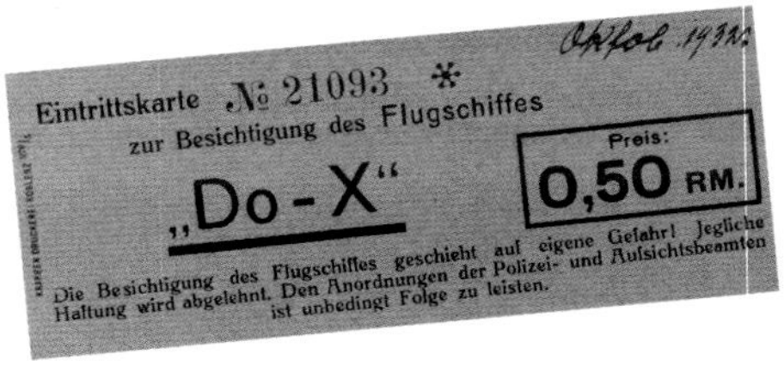

In Koblenz gedruckt und von extra angeworbenem Hilfspersonal verkauft: 50 Pfennig für die Eintrittskarte aus rotem Papier vom Oktober 1932.

fest (239. Flug, Startgewicht: 41 600 Kilogramm, Strecke: 139 Kilometer, Flugzeit: 49 Minuten).

30. September bis 2. Oktober

Mit einem Galaempfang im Hotel »Königshof« begrüßt die Bonner Stadtverwaltung die DO-X-Besatzung. In den drei Tagen des Wochenendaufenthalts von Freitag bis Sonntag werden die Männer der Besatzung 21515 zahlende Besucher durch ihr Schiff schleusen. Das bringt 9341,50 Reichsmark in die Kasse der Deutschen Flugschiff Gesellschaft.

3. Oktober, Montag bis 6. Oktober, Donnerstag

Der 240. Flug mit einem Startgewicht von 41 000 Kilogramm führt den Rhein aufwärts von Bonn nach Koblenz. Auch diese Strecke von 119 Kilometern ist so angelegt, dass die Wasserfläche des Flusses in der Nähe bleibt. Das gilt für die gesamte Routenplanung des Deutschlandfluges. Schwierigkeiten auf ausgeprägten Überlandstrecken, ohne Wasserläufe oder -flächen zum Landen in der Nähe, hätten unweigerlich zum Bruch des Flugschiffes geführt. Nach 44 Minuten Flugzeit wassert die DO-X bei Koblenz-Pfaffendorf auf dem Rhein und rollt zum Liegeplatz. In den zwei Tagen vom 4. bis 6. Oktober werden fast 23 000 Besucher gezählt, die insgesamt 9925 Reichsmark an Eintrittsgeldern zahlen.

8. Oktober, Sonnabend

241. Flug von Koblenz nach Frankfurt a. M. Die Wasserung auf dem Main ist nicht unproblematisch. Ein relativ schmaler Wasserlauf und enge Orts- sowie ungünstige Windverhältnisse treiben Horst Merz beim Landen den Schweiß auf die Stirn. Er kommt zu schnell herein, und erstmals wird eine Sogwirkung Richtung Heck beim angestellten Eintauchen beobachtet, die der DO-X ein halbes Jahr später in Passau das

Rollen auf dem Rhein, beobachtet von vielen Zuschauern auf der Rheinuferpromenade von Koblenz-Pfaffendorf am 3. Oktober 1932.

Heck mit Leitwerk abknickt (241. Flug, Startgewicht: 42 700 Kilogramm, Strecke: 228 Kilometer, Flugzeit: 88 Minuten). Vom 9. bis 13. Oktober werden über 40 600 Menschen das Flugschiff besichtigen und 17 628,50 Reichsmark Eintritt bezahlen.

Nach glücklicher Landung auf dem engen Main bei Frankfurt rollt das Flugschiff zum Liegeplatz.

14. Oktober, Freitag

Starke Südweststürme verhindern den Start zum Flug nach Wiesbaden. Erst am 15. Oktober kurz vor 14 Uhr werden Mainz und Wiesbaden mit Propellergedröhn überflogen.

15. Oktober, Sonnabend

Bei nasskaltem Wetter und stark böigem Wind wassert die DO-X gegen 14 Uhr zwischen Schierstein und Niederwalluf auf dem Rhein. Tausende Schaulustige, darunter besonders viele Schulkinder, die seit Stunden die Ankunft des Flugschiffes erwarten, beobachten die Wasserlandung vom Rheinufer nach Niederwalluf und vom Hafendamm aus. Mit eigener Motorkraft manövriert Horst Merz seine 48 Meter Spannweite durch die 75 Meter breite Hafeneinfahrt bis zum Liegeplatz im Schiersteiner Hafen. Nachdem die DO-X ihre Liegeposition erreicht hat, brandet der Beifall Tausender auf (242. Flug, Startgewicht: 38 5000 Kilogramm, Strecke: 100 Kilometer, Flugzeit: 40 Minuten).
Um die Menschenmassen zu bewältigen, haben die Wiesbadener Verkehrsbetriebe die Wagenfolge auf der Linie 15 zwischen Luisenplatz und Schierstein verstärkt. Der Tagesrückfahrschein für Erwachsene kostet 50 Pfennig und 40 Pfennig für Jugendliche unter fünfzehn Jahren und Schüler. Der Andrang ist so groß, dass die Perso-

Ein Teil der Besatzung in Wiesbaden am 16. Oktober 1932. Von links nach rechts: Dabernig, Dorsch, Fischer, Brombeis, Kiel, Christiansen, Schmid, Niemann, Siller, Uhland.

Offiziere des Flugschiffes bei der »Behördenarbeit« in Wiesbaden. Kommandant Christiansen (links) beobachtet Bordingenieur Siller (sitzend) beim Quittieren. Als Zeugen sind Funkoffizier Henry Kiel (rechts hinten) und ein weiteres Besatzungsmitglied am Schreibtisch dabei.

nenbeförderung auf der Linie zeitweise zusammenbricht und sich Hunderte zu Fuß nach Schierstein aufmachen.

16. Oktober, Sonntag

Bis zum Mittwoch, 19. Oktober, besteht die Möglichkeit zur Besichtigung des Flugschiffes. Bereits am ersten Tag verbucht die Straßenbahnlinie 15 gut 13 000 Fahrgäste, die den Riesenvogel im Schiersteiner Hafen bestaunen wollen. Für die vier Besichtigungstage erlöst die D.F.G genau 7332 Reichsmark an Eintrittsgeldern, die 16 539 Besucher bezahlen, um vom Blick ins Innere der DO-X fasziniert zu sein.

20. Oktober, Donnerstag

Von Wiesbaden-Schierstein aus rollt die DO-X auf dem Rhein nach Mainz-Kaisertor. Da die Steganlage auf dem Flugschiff montiert bleibt und auf die Stummel gelegte Absperrpfosten mitrollen, kann der Besichtigungsbetrieb nach ganz kurzer Festmachzeit bereits am Donnerstagnachmittag beginnen. Bis zum 25. Oktober besichtigen gut 20 000 Menschen das Flugschiff und seine Innenausstattung. Das ergibt 8746,75 Reichsmark an Eintrittsgeldern.

Ab 21. Oktober, Freitag

Während des DO-X-Aufenthalts in Mainz-Kaisertor vom 20. bis 26. Oktober lernt Horst Merz beim Aero-Club Wiesbaden e.V. das Segelfliegen. Nach Autoschlepps in Erbenheim und Gummiseilstarts auf der Platte legt er seine A-Prüfung ab. Danach tauft er den RRG-Prüfling auf den Namen HOTTI DO-X.

Auf dem kurzen Stück Rhein zwischen Wiesbaden-Schierstein und Mainz-Kaisertor rollt das Flugschiff, angetrieben durch einen Manövermotor der vorderen Motorenreihe. Der Besichtigungssteg auf dem Bug wurde dafür nicht abgebaut.

Vorbereitungen für den Besuchsbetrieb. Am 26. Oktober 1932, nach dem Wassern in Mannheim, macht das Flugschiff an seinem Liegeplatz im Altrhein fest.

26. Oktober, Mittwoch

Der 243. Flug der DO-X mit einem Startgewicht von gut 42 Tonnen führt über 159 Kilometer in einer Flugzeit von 54 Minuten nach Ludwigshafen/Mannheim. Dort macht das Flugschiff im Altrhein fest. In den vier Tagen der Besichtigungsmöglichkeit vom 27. Oktober bis zum 1. November werden 36 494 zahlende Besucher der Flugschiffsgesellschaft 16 105,25 Reichsmark einbringen.

Mannheim, 28. Oktober 1932: Wie ein Bandwurm zieht sich die Besucherschlange über Steg und Flugschiff.

DO-X-Rundgang. Vorne hinein und durch die Nottür im Heck wieder an die frische Mannheimer Luft.

Letztes Besatzungsfoto während des Deutschlandfluges in Mannheim. Von links nach rechts: Niemann, Dorsch, Baur, Schmid, Jäger, Fischer, Christiansen, Kiel, Merz, Uhland, Brombeis, Sönnichsen, Dabernig, Brewton, Siller.

2. November, Mittwoch

Am frühen Vormittag startet das Flugschiff Richtung Schweiz. Bei diesem 244. Flug mit einem Startgewicht von 43 400 Kilogramm werden bis zum Zürichsee 723 Kilometer bewältigt, und er dauert vier Stunden und 15 Minuten. In Zürich werden Erinnerungen an Berlin und Hamburg wach. Zehntausende säumen die Ufer und sind vom heimkehrenden Flugschiff begeistert. Die Schweizer empfinden die DO-X als ihr Flugschiff.

In den zehn Tagen ab dem 3. bis zum 13. November werden über 52 000 Besucher gezählt, und die Erlöse aus Eintrittsgeldern von 22 737,27 Reichsmark machen die Jahresrechnung der DO-X richtig rund.

4. November, Freitag

Erstmals seit vielen Wochen werden in Zürich Rundflüge mit dem Flugschiff angeboten. Ein erster Flug muss nach dem Start vom Zürichsee wegen Nebels vorzeitig abgebrochen werden (245. Start und kurzer Flug). Mit 45 400 Kilogramm Startgewicht folgen einige Zeit danach drei Rundflüge mit Start und Landung auf dem Zürichsee (246. Flug, Strecke: 82 Kilometer, Flugzeit: 29 Minuten; 247. Flug, Strecke: 85 Kilometer, Flugzeit: 30 Minuten; 248. Flug, Strecke: 60 Kilometer, Flugzeit: 21 Minuten). Der Erlös aus den Einnahmen und aus dem Verkauf der Flugscheine für die Rundflüge am 4. und am 14. November ergibt zusammen 3316,78 Reichsmark.

14. November, Montag

250. Flug. Rückflug von Zürich in die Werft nach Altenrhein. Nach einem letzten Rundflug am gleichen Tag über Zürich und Umgebung

Alle Motorenabdeckungen hoch: Nach dem langen Flug von Mannheim nach Zürich und den geplanten Rundflügen gehört die Aufmerksamkeit der Monteure den ihnen anvertrauten Motoren.

Für den Start zu den Rundflügen rollt das Flugschiff auf den Zürichsee hinaus und nimmt letzte Passagiere an Bord.

(249. Flug mit 42 200 Kilogramm Startgewicht, Strecke: 102 Kilometer, Flugzeit: 36 Minuten) startet die DO-X zum Rückflug nach Altenrhein. Dafür arrangiert sich die D.F.G. mit den schweizerischen Postbehörden. Auf dem 47 Minuten dauernden Rückflug von Zürich zur Do-Flug AG nach Altenrhein werden offiziell Briefe sowie Einschreibbriefe und Postkarten mit Schweizer und Liechtensteiner Frankatur befördert. Als anteilige Einnahme aus der Postbeförderung verbucht die D.F.G einen Erlös von 1078,48 Reichsmark abzüglich 161,77 Reichsmark Agenturprovisionen. Dieser letzte Flug des Jahres 1932 bringt das Flugschiff zur Generalüberholung in jene Flugzeughalle, aus der es gut zwei Jahre davor für den Überführungsflug in die USA herausgezogen worden war (250. Flug, Startgewicht: 42 200 Kilogramm, Strecke: 133 Kilometer, Flugzeit: 47 Minuten).

21. November, Montag

Abmusterung der Besatzung. In Vertretung von Kommandant Christiansen bestätigt Wilhelm Niemann als N.-O. (Navigationsoffizier) die Heuerzeiten der Besatzungsmitglieder und veranlasst die Eintragungen beim Seemannsamt in Hamburg. Im Seefahrtsbuch von Ernst Brombeis zum Beispiel lauten die von Niemann handschriftlich ausgeführten Eintragungen: »*Während der Atlantik- und Deutschlandflüge, in der Zeit vom 19. April 1932 bis zum 14. November 1932, Dienstzeit sechs Monate 25 Tage, als Bordwart gedient. Hamburg den 21. November 1932, Unterschrift des Kapitäns: i. V. Niemann N.-O. Die vorstehende Unterschrift wird beglaubigt und die erfolgte Abmusterung hiermit vermerkt. Das Seemannsamt*«.

Dezember

Beginn der Überholungsarbeiten bei Do-Flug in Altenrhein. Seit dem 5. November 1930 ist die DO-X um die halbe Welt geflogen, wurde repariert oder lag, von Besuchertrauben außen und innen umlagert, ohne Dach über dem Kopf, im Wasser. Dafür hat sie sich recht gut gehalten. Die Kosten für die Überholung der Flugschiffzelle und -motoren werden mit 119 207,39 Reichsmark über ein Drittel der stattlichen Erträge des Deutschlandfluges von 316 343,17 Reichsmark verbrauchen. Neben den Gehältern, Löhnen, Kilometer- und Tagegeldern sind besonders rund 30 000 Reichsmark Kosten für Versicherungen ein Faktor, der sich reichlich gewinnschmälernd präsentiert. Der Gewinn des Deutschlandfluges ist dann mit nur 1502,90 Reichsmark ernüchternd, besonders für das Reichsverkehrsministerium, das ihn vertragsgemäß einstreichen darf.

Rotfarbiger Sonderstempel für den Flug der DO-X von Zürich nach Altenrhein in die Werft zur Überholung.

Februar 1933 bis März 1980

Endzeitstimmungen auf dem Weg in die Vergessenheit

Am Chiemsee steigen Gäste zu. Im frischen Luft Hansa-Anstrich soll das Flugschiff 1933 durch Europa touren. Doch in Passau ist bereits alles vorbei.

Unter Luft Hansa-Regie, befohlen von den neuen Machthabern des Deutschen Reiches, soll die DO-X durch Europa touren. Es ist nicht die Zeit der Kostenüberlegungen, die die Flugschiffszukunft im Luftverkehr mit einem Fragezeichen versehen haben. Als reichseigener, flugzeugtechnischer Superlativ passt die DO-X in das Propagandapanorama unter dem Hakenkreuz. Erster Fluggast des Jahres 1933 ist der gerade ernannte Reichskanzler Adolf Hitler, der sich vom neuen Kommandanten Horst Merz durch die Gegend fliegen lässt. Doch wenige Tage später ist für das Flugschiff alles vorbei: Bei einer schwierigen Glattwasserlandung auf der Donau bei Passau reißen Leitwerk und Heck der DO-X ab. Es ist der Anfang vom Ende des Flugschiffes, das im Museum landen wird.

DO-X
HANSA

1933

30. Januar, Montag

Mit der Einrichtung des Reichskommissariats für Luftfahrt, das ab dem 28. April erst Luftministerium und wenig später Reichsluftfahrtministerium heißt, bemächtigen sich die Nationalsozialisten der Lufthoheit. Im wahrsten Sinn des Wortes, denn dem Reichsminister der Luftfahrt und späteren Oberbefehlshaber der Luftwaffe Hermann Göring wird der Satz nachgesagt: »Alles was fliegt, gehört mir!« Die Luftfahrtabteilung des Reichsverkehrsministeriums, mit entsprechend gesiebtem Personal, ist die Keimzelle des explosionsartig wachsenden Apparates Reichsluftfahrtministerium (RLM).
Luft Hansa-Vorstand Erhard Milch wird Görings Staatssekretär, und für den »ollen Krischan«, den inzwischen 54-jährigen Friedrich Christiansen, haben seine Kameraden den Posten eines Ministerialrates als Leiter der Gruppe IV »Luftsport und Ausbildung« im RLM eingerichtet. Ihn kleidet jetzt die Uniform eines Fliegerkommodores, das ist der Rang eines Obersts, in dem von Görings altem Freund Bruno Loerzer (1891–1960) geführten Deutschen Luftsportverband (DLV), der Tarnorganisation einer zukünftigen Luftwaffe.

Wie schon in New York gibt es einen Kofferaufkleber für das Passagiergepäck. Auch er wird seine Zweckbestimmung nicht erfüllen.

Februar/März

Anstatt der Deutschen Flugschiff Gesellschaft wird die Luft Hansa ab dem 30. April 1933 die DO-X betreiben. Das Luftfahrtunternehmen plant für 1933 Europaflüge in die Balkanstaaten bis Istanbul und in die skandinavischen Länder. Anschließend sollen einige Ostseestädte und nochmals der Rhein besucht werden.

Im Februar

Vortragsreihe über die DO-X und den geplanten Europaflug. In mehreren Städten finden Vortragsveranstaltungen statt, um die DO-X wieder in Erinnerung zu rufen. 956,25 Reichsmark Eintrittsgelder werden für die D.F.G. in Bremerhaven, Kolberg, Koeslin, Stolp, Celle, Dresden und Berlin erzielt. Alles Städte, die außerhalb der Routenplanung des Jahres 1933 liegen. Sollen die Reiseneugier geweckt und Mitflieger geworben werden, oder hat man die Philatelisten im Auge? Die Europaflüge werden nämlich auch wieder Postflüge sein.

Im März

Pressekampagne der Luft Hansa für den Europaflug. Das agile Luftverkehrsunternehmen präsentiert das Programm seines Flugschiffes für 1933, das sich wie folgt liest: »*... Die DO-X wird in diesem Sommer einen Europaflug unternehmen. Flugkapitän Merz, der in den beiden letzten Jahren bekanntlich als 1. Führer die DO-X zweimal über den Atlantischen Ozean geführt hat, ist auf dem geplanten Europaflug mit der alleinigen Führung des Flugschiffes beauftragt. Vorläufig wurde als Flugweg eine südliche Flugroute vorgesehen, die vom Bodensee aus über den Starnberger See bei München, Passau, die Donau abwärts nach Wien und Budapest führen soll. Anschließend ist ein Flug in die Schweiz vorgesehen. Sodann wird der zwölfmotorige Riese den Rhein abwärts nach*

Essen fliegen und von dort wahrscheinlich den skandinavischen Ländern und Ostseestaaten einen Besuch abstatten. Nach einem Flug über Ostpreußen und Danzig wird DO-X in Berlin Wannsee landen. Von Berlin aus führt die Route über die Elbe zum Rhein und dann rheinaufwärts über Worms, Karlsruhe zurück nach Friedrichshafen, wo die Landung im Herbst erfolgen dürfte. (...) Örtlich sind jeweilig Besichtigungen, Rund- und Touristikflüge mit dem Flugschiff vorgesehen, das 66 Fluggästen Platz bietet. Die Besatzung besteht aus insgesamt 16 Köpfen.«

Im April

Die Luft Hansa AG lässt Werbematerial produzieren. Dazu gehört ein zwölfseitiger, schwarzweiß gedruckter und bebilderter Prospekt, der interessante Informationen für die Fluggäste der Europaflugetappen zusammenfasst. Die »Ausführliche Illustrierte Beschreibung« des Luftfahrtunternehmens für »Das erste Flugschiff der Welt Do.X« ziert in den meisten Fällen der Abschlag eines roten Gummistempels. Im kreisrunden Schriftzug mit einem Außendurchmesser von 2,5 cm und der Aufschrift FLUGSCHIFF »Do.X.« (oben) und EUROPAFLUG 1933 (unten) prangt der Luft Hansa-Kranich. Ein Stempel, der auch auf der Rückseite offizieller Fotopostkarten der Deutschen Luft Hansa AG zu finden ist. Unter dem Firmenschriftzug heißt es dort weiter: »Auskunft und Flugscheinverkauf in allen Reisebüros.« Die Motive der Postkartenserie mit verschiedenen älteren Fotos der DO-X liefert die Dornier-Metallbauten GmbH. Sie muss sich das Wegretuschieren ihres Namens am Bug des Flugschiffes gefallen lassen. Dort steht nun LUFTHANSA als Retusche statt DORNIER. Auch ovale Zettel (13,5 x 8,3 cm) zum Aufkleben auf das Passagiergepäck gibt es mit dem neuen Schriftzug: LUFTHANSA FLUGSCHIFF »DO.X« Dass schon keiner dieser Zettel 1931 in New York auf möglichem Passagiergepäck Verwendung fand, kann im Nachhinein als böses Omen angesehen werden. Den Lufthansazetteln, damals ohne Rückseitengummierung, wird es genauso ergehen.

Die DO-X auf Stufe kurz vor dem Abheben. Mit Luft Hansa-Schriftzug retuschierte Ansichtskarte. Motiv aus der Luft Hansa-Fotopostkartenserie von 1933.

Ausführlicher Luft Hansa-Prospekt für den Europaflug 1933.

Signifikantes Werbeelement in roter Stempelfarbe. 2,5 Zentimeter großer Luft Hansa-Stempel für die DO-X-Flugsaison 1933.

Bereits während des Deutschlandfluges 1932 zeigt die Deutsche Luft Hansa Flagge auf dem Flugschiff. Hier auf dem Bug in Warnemünde.

Bis April in Altenrhein

Äußerliche Veränderungen am Flugschiff für die neuen Aufgaben. Markanteste Umbaumaßnahme während des Werftaufenthalts in Altenrhein ist die Verlegung der Richtfunkanlage aus dem Rauchsalon im Bug in das Heck des Rumpfes. Auf den späteren Fotos des Flugschiffes ist der kreisrunde drehbare Richtfunkrahmen auf dem Heck zu erkennen. Ein hellweißer Anstrich über alle Flächen trägt schwarze Kennzeichenziffern und am Bug den Schriftzug »LUFT HANSA«. Im oberen Teil des Seitenleitwerkes ist das Kranichsymbol im Kreis aufgemalt. Neu ist auch die mobile Treppenanlage in Leichtbauweise für die Besichtigungsrunde.

Kommandant und Erster Flugzeugführer der Luft Hansa-DO-X: Seeflugkapitän Dipl.-Ing. Horst Merz im Frühjahr 1933.

24. April, Montag

Beginn der Indienststellung der DO-X für 1933 in Altenrhein. Kommandant und Erster Flugzeugführer, Luft Hansa-Seeflugkapitän Dipl.-Ing. Horst Merz, »erledigt« das, nach eigener Aussage, innerhalb von fünf Tagen. Luft Hansa-Seeflugkapitän Urban wird Zweiter Flugzeugführer. Bis auf die vier Motorenwarte Schmid, Jäger, Baur und Dorsch sowie Ingenieur Siller, bereits Flugingenieur des Deutschlandfluges, kommt eine neue Besatzung an Bord. Sie besteht aus Flugzeugfunker Friedel, Schiffszahlmeister Prömel, Bootsmann Ploog, die neuen Motorenwarte Straub, Goos und Groeber sowie Steward Knackfuß und Bordfotograf Bundermann. Die schwierige Aufgabe der Werbung für den Europaflug liegt in den Händen des Luft Hansa-Werbeleiters Angermund als »Superkargo der Do.X«. Mit 16 Mann Besatzung werden 66 Passagiere befördert.

28. April, Freitag

Ankündigung der Postflüge nach Budapest und Zürich. Das Reichspostministerium kündigt die Postbeförderung mit dem Flugschiff DO-X an. Die Verfügung im Amtsblatt des RPM spricht für sich: *»Postbeförderung mit Flugschiff DO-X. Die Deutsche Luft Hansa AG wird mit dem Flugschiff DO-X demnächst Europaflüge unternehmen, in deren Verlauf auf den von Deutschland nach dem Ausland führenden Flugstrecken Post befördert werden soll. Es sind vorläufig folgende Flüge mit Postbeförderung in Aussicht genommen: a) Passau–Budapest, ab Passau voraussichtlich am 12. Mai, b) Passau–Zürich, ab Passau voraussichtlich am 29. Mai. 1. Beförderungsgegenstände: Zugelassen sind gewöhnliche Briefe im Einzelgewicht bis 20 g und Postkarten an Empfänger in beliebigen Bestimmungsorten. 2. Gebühr: Für Postsendungen, die mit dem Flugschiff DO-X befördert werden sollen, ist eine Gesamtgebühr von 30 Rpf für eine Postkarte und 50 Rpf für einen Brief bis 20 g zu entrichten. 3. Freimachung: Postsendungen für das Flugschiff DO-X können mit gewöhnlichen Freimarken oder Luftpostmarken freigemacht werden. Freimachung durch Freistempler ist nicht gestattet. (…) 5. Stempel: Das Postamt Passau entwertet die auf den Postsendungen befindlichen Freimarken mit seinem Aufgabestempel. Außerdem erhalten sämtliche Sendungen den Abdruck eines für den jeweiligen Flug vorgesehenen Sonderstempels. Der Sonderstempel für den Flug Passau–Budapest wird die Inschrift haben ›Flugschiff DO-X Passau–Budapest Europaflüge 1933‹ (…)«*

29. April, Sonnabendvormittag

Flug vom Bodensee zum Starnberger See. Die DO-X startet auf dem Bodensee vor Altenrhein und wassert auf dem Starnberger See, wo sie beim beliebten »Undosabad« festmacht. Zu den geplanten Rundflügen am Nachmittag erscheint Adolf Hitler unangekündigt. Dazu Horst Merz: *»… Während einer kurzen Pause, die wir nach einem Anlegemanöver am Undosabad einlegten, bemerkte ich an Land eine große Erregung. Heilrufe und erhobene Grußhände. Der Führer Adolf Hitler kam! Nach kurzer persönlicher Meldung und Begrüßung – er dankte mit einem herzlichen Händedruck und den Worten: ›Na, wir kennen uns ja schon!‹ – und Vorstellung meiner Besatzung brachten wir unseren alten DO-X-Schlachtruf, ein dreifaches Hipp-Hipp-Hurra! Auf den Führer aus. Dann betrat er als erster Fluggast dieses Jahres das Schiff und trug sich in unser Gästebuch ein. Nach dem Start ließ ich bei ihm anfragen, ob er in den Führerraum kommen wolle, wo ich den Sitz des zweiten Flugzeugführers für ihn freigemacht hatte. Er kam und saß 40 Minuten rechts von mir am Doppelsteuer. Hier hatte ich so recht Gelegenheit, ihn selbst und sein großes Wohlwollen und Verständnis für die Fliegerei zu sehen: Alle Instrumente wurden aufmerksam beobachtet, die Spanten abgefühlt, wie groß die von den Motoren hervorgerufenen Erschütterungen seien, ja sogar einmal für Minuten das Steuer selbst geführt …«*

30. April, Sonntag

Offizielle Übernahme der DO-X durch die Deutsche Luft Hansa AG. Die Deutsche Luft Hansa AG wird als Eigentümerin in die Deutsche Luftfahrzeugrolle eingetragen. Das Flugschiff behält sein Kennzeichen D-1929. Geflaggt wird zeitgemäß. Mit dem Erlass des Reichspräsidenten von Hindenburg über die vorläufige Regelung der Flaggenhissung vom 12. März 1933 sind die schwarz-weiß-rote Reichsflagge und die Hakenkreuzflagge gleichberechtigt. Horst Merz schreibt dazu später: *»Eine kurze Pause nach dem Anlegemanöver am Undosabad benutzte ich zum Setzen der neuen Flaggen – achtern das reine Schwarz-Weiß-Rot, vorn als Gösch die Hakenkreuzflagge –, wobei die Besatzung vor dem Schiff angetreten war und ich kurz auf die Bedeutung dieses Augenblicks hinwies …«*

Dass über allem, sozusagen im Topp des Flugschiffes an einer Flaggenstange noch über den Motoren, die Kontorflagge der Deutschen Luft Hansa in farbenfrohem Blau und Gelb flattert, gibt dem Bild die Farbenfreude des Aufbruchs in vermeintlich bessere Zeiten.

Sonderstempel als Flugbestätigungsstempel der Reichspost für den geplanten Europaflug der Luft Hansa-DO-X.

Mit Reichskanzler Adolf Hitler an Bord rollt Horst Merz zum Start vom »Undosabad« in den Starnberger See hinaus.

Hinterer Ausgang der DO-X für die Besucher, hier am »Undosabad« in Starnberg.

3. Mai, Mittwoch

Flugbesprechung für die Landung auf dem Chiemsee. Rittmeister Braun aus Prien, der sich für die Landung auf dem Chiemsee eingesetzt hat, bespricht die technischen Vorbereitungen mit Luft Hansa-Direktor und Werbeleiter Angermund und Flugkapitän Merz. Für Montag, den 8. Mai, gegen 16 Uhr wird die Landung auf dem Chiemsee geplant.

Anfang Mai

Vielfältig sind die Möglichkeiten, um das Flugschiff in Augenschein zu nehmen. Eine davon ist die Veranstaltung einer »Zielfahrt z. DO.X 1933« auf vier Rädern für ADAC-Mitglieder, die der Automobil-Club (A. M. C.) Starnberg organisiert. Die begehrte und geschmackvolle Teilnehmerplakette aus Messing mit emaillierten Elementen in den Abmessungen 9,0 x 6,5 cm fertigt Deschler & Sohn in München-Giesing.

8. Mai, Montag

Schlechtes Wetter verhindert den Start vom Starnberger See. Bei Regen und Kälte erwartet eine Riesenmenschenmenge am und auf dem Chiemsee das Flugschiff. Angereist mit Sonderzügen, benutzen die Zuschauer den Sonder-

Blick von der Fläche des Flugschiffes auf die Caféterrasse des »Undosabades« in Starnberg.

dampfzug vom Bahnhof Prien nach Stock oder das Sonderschiff der Chiemseeschifffahrt. An die 250 Autos und 20 Omnibusse füllen die Parkplätze. Bis weit aus Niederbayern kommen die Schaulustigen angereist.

9. Mai, Dienstag

Start vom Starnberger See um 10.24 Uhr. Wiederum kann der geplante Zeitpunkt von 9.30 Uhr für die Landung in Prien nicht eingehalten werden. Mit 20 Fluggästen an Bord, hauptsächlich Pressevertreter sowie Reichsstatthalter Franz Ritter von Epp (1868–1946) mit seinem Adjutanten Major a. D. Franz Hailer von der Luft Hansa, fliegt die DO-X, über Rosenheim kommend, den Chiemsee an.

Dienstagmittag

Wasserung auf dem Chiemsee um 11.15 Uhr. Von der Anhöhe zwischen Breitbrunn und Plötzing kann die Landung auf dem Chiemsee nahe der Steinwand auf Herrenchiemsee gut beobachtet werden. Die DO-X wird vom Motorboot Rudolf der Chiemsee-Schifffahrt Feßler in die Stocker Bucht eingeschleppt und gegen 11.45 Uhr in den Stocker Schären festgemacht. Ab 14 Uhr ist die DO-X für 50 Pfennig, Kinder die Hälfte, zur Besichtigung freigegeben.

Dienstagnachmittag

Start vom Chiemsee gegen 17 Uhr. Nach dem Start aus südlicher Richtung über dem Wald der Herreninsel, mit einer Schleife über Prien abfliegend, verschwindet das Flugschiff bei Traunstein, an einer drohenden Gewitterfront vorbei, mit nordöstlichem Kurs Richtung Passau. Gut 10 000 begeisterte Besucher beobachten das Schauspiel.

Bei dieser Fotopostkarte mit retuschiertem Lufthansa- statt Dornier-Schriftzug ist das Flugschiff nach seiner Landung auf dem Müggelsee in Berlin im Juni 1932 zu sehen.

Dienstagabend

Bruchlandung auf dem Kachlet-Stausee bei Passau um 18.15 Uhr. Bei drohendem Gewitter über dem Landeplatz und spiegelglatter Seefläche fliegt Horst Merz zu steil und vor allem zu schnell an. Die zwangsläufige Wasserberührung am Heck reißt der DO-X das Leitwerk ab. Walter Urban, auch »Väterchen« genannt und später Flugkapitän beim Syndicato Condor in Brasilien, kommentiert den Vorfall als Zweiter Flugzeugführer vom rechten Pilotensitz aus: *»Herr Merz, wir haben ja keinen Schwanz mehr!«* Merz gibt später an, dass er aufgrund der untergehenden Sonne geblendet war und durch die starke Spiegelung im Wasser die Höhe vor dem Aufsetzen nicht richtig abschätzen konnte.

Nach der Landung auf dem Chiemsee wird das Flugschiff in die Stocker Bucht geschleppt.

Der Augenblick, in dem der DO-X das Leitwerk abknickt und im übertragenen Sinn das Genick gebrochen wird: Bruch in der Nähe von Passau auf der Donau.

Traurige Reste des abgeknickten Leitwerks des Flugschiffes an Land.

Da ist nichts mehr zu machen! Besatzungsmitglieder nehmen den Havarieschaden in Augenschein.

Im Juni

Aufbewahrung aufgelieferter Post beim Postamt Passau. Da die vorgesehenen Postflüge nach Budapest und Zürich in ihrer Durchführung nicht absehbar sind, wird die aufgelieferte Post bis dahin beim Postamt Passau aufbewahrt. Das RPM meldet dazu: *»Das Flugschiff DO-X hat bei der Landung in Passau eine Beschädigung erlitten; die Instandsetzung wird etwa zehn Wochen dauern. Zu welchem Zeitpunkt die zur Postbeförderung in Aussicht genommenen Flüge nach Budapest und Zürich stattfinden werden, wird durch das Amtsblatt veröffentlicht werden. Die bereits eingelieferten Sendungen werden bis zur Ausführung der Flüge beim Postamt Passau aufbewahrt.«*

17. Juni, Sonnabend

Das »Bruchgericht« der Deutschen Luft Hansa tagt in Berlin-Tempelhof. Nach Filmvorführung und Anhörung werden die Unfallursachen prozentual verteilt. 20 Prozent Schuld werden Horst Merz wegen zu schnellem Anfliegen, 60 Prozent der allgemeinen Witterungs- und Geländesituation und 20 Prozent einer bis dahin nicht festgestellten Sogwirkung des Schiffsrumpfes bei zu hoher Landegeschwindigkeit zugeschrieben. Ein ähnliches Unglück wird auch eine der italienischen DO-X ereilen. Möglicherweise lag eine

Konstruktionsschwäche im Heckbereich der Flugschiffszelle des Typs DO-X vor.

Juli bis August

Provisorische Reparatur in Heining. Nach dem Bruch liegt das Flugschiff einige Wochen auf einem engen Seitenarm der Donau vertäut und kann besichtigt werden, bevor die Reparatur in der Werft des Donauhafens von Passau-Heining erfolgt. Notwendige Nachfertigungen fehlender Teile sowie beschädigte, wieder gerichtete Stücke der Leitwerkkonstruktion werden dort zusammen- und angeschweißt. Ein großer Teil des Leitwerks, das abgebrochen am Rumpf hängen geblieben ist, kann so wiederverwendet werden.

18. August, Freitag

Endgültige Absage des Fluges nach Budapest. Das RPM teilt die Absage des Budapestfluges mit. Sämtliche zu der Zeit im Postamt Passau aufgelieferte und aufbewahrte DO-X-Post wird mit Gebührenerstattung an die Absender zurückgegeben. Bereits abgeschlagene Sonderstempel »Passau–Budapest« werden mit einem Linienrasterblock überstempelt. Weiterhin erhalten die Briefe und Postkarten den Stempelhinweis in schwarzer Farbe: »Flug mit DO-X Passau–Budapest wurde nicht ausgeführt. Postamt Passau.«

Warten auf die Reparatur. »Ausflug zu Pfingsten 1933«, so der handschriftliche Vermerk auf der Rückseite des Fotos. Die DO-X ohne Heck in Heining.

Unter freiem Himmel und mit großer Improvisation: die schwierige Reparatur in Heining im Juli 1933.

Stempelprovisorium auf gescheiterten DO-X-Postbelegen des geplanten Europafluges 1933.

Dokument des letzten Postfluges der DO-X: Flugbestätigungsstempel vom 5. September 1933.

5. September, Dienstag

Letzter Flug mit Post an Bord. Nach schwierigen provisorischen Reparaturarbeiten in Passau fliegt die DO-X zum Bodensee nach Altenrhein zurück. Auf diesem letzten offiziellen Postflug der DO-X gibt es deutsche Postbeförderung sowie den Transport von Zulieferpost aus Danzig, Liechtenstein und Russland. Mit Aufgabe- oder Durchgangsstempel aus Passau und Ankunftsstempel aus Staad bei Rorschach vom 5. September 1933 versehen, tragen diese Postsendungen den Sonderstempel: »FLUGSCHIFF Do.X PASSAU SCHWEIZ 1933« in violetter Stempelfarbe und vereinzelt den Stempelaufdruck: »Beförderung wegen Beschädigung des Flugschiffes Do.X verzögert« (violett). Einmal mehr Beschädigungen, die dem Flugschiff nicht nur das Leitwerk, sondern im übertragenen Sinn das Genick brechen. Mit dem Fiasko von Passau beginnt für die DO-X der Weg ins Museum.

September

Alter, neuer Eigentümer für die DO-X. In der Deutschen Luftfahrtrolle wird als neuer Eigentümer die Deutsche Versuchsanstalt für Luftfahrt e. V. in Berlin-Adlershof eingetragen. Das Eintragungszeichen D-1929 bleibt bestehen. Die Luft Hansa-Schriftzüge und -Symbole werden übermalt. Da die Grundfarbe nicht ganz getroffen wird, erscheinen die Flächen auf späteren Fotos als abgesetzte Rechtecke. Nach der Luftfahrtflaggenverordnung vom 6. Juli 1933 erhält das Seitenleitwerk an der Steuerbordseite gleich breite, schwarz-weiß-rote Querstreifen. Der schwarze Streifen beginnt an der oberen Stelle der Rundung des Seitenleitwerks. Die Fläche des Backbordseitenleitwerks ist rot mit einer mittigen weißen Scheibe und schräg gestelltem schwarzen Hakenkreuz.

1934

8. Mai, Dienstag

Revision der D.F.G. in Berlin. In den Tagen bis zum 12. Mai lässt die Deutsche Revisions- und Treuhand Aktiengesellschaft, damals in Berlin W. 8, Taubenstraße 46, durch ihren Mitarbeiter Herrn Bünger die Bücher der Deutschen Flugschiff Gesellschaft prüfen. Auftraggeber ist der »Herr Reichsminister der Luftfahrt«. Hermann Görings Ministerium will wissen, wie viel Gewinn der Deutschlandflug der DO-X in die Reichskassen gespült hat. Als endgültiger Überschuss aus dem Betrieb des Flugschiffes vom 24. März 1932 bis 31. Mai 1933 verbleiben lediglich 850,55 Reichsmark. Man hat es geahnt, und jetzt wissen die maßgebend Beteiligten: Mit der DO-X ist kein Geschäft zu machen! Nebeneffekt des erhaltenen Revisionsberichtes aus heutiger Sicht sind die wirtschaftlichen Zahlen des Betriebs des Flugschiffes, als »Salz in der Suppe« der vorliegenden Chronologie.

2. Juli, Montag

Gesellschafteranteile der D.F.G. werden zurückgegeben. Dies bedeutet das Ende der Geschäftstätigkeit der Deutschen Flugschiff Gesellschaft mbH., Berlin W. 9. Sie tätigt in den nächsten Jahren keine Geschäfte mehr. Die Gesellschaftsanteile der Direktoren Milatz und Schulte-Frohlinde gehen in den Besitz der Dornier-Metallbauten GmbH über, und es verbleibt nur ein GmbH-Mantel. Im Geschäftsjahr 1935/1936 vom 1. April 1935 bis 31. März 1936 werden als Geschäftsvorfälle lediglich Steuerzahlungen und Zinseinnahmen aus einem Bankguthaben bei der Deutschen Bank und Disconto-Gesellschaft, Depositenkasse C in Berlin W. 9, vermerkt. Der Jahresgewinn von 48,72 Reichsmark wird auf die neue Rechnung vorgetragen, die dann einen Gesamtgewinn von 2440,14 Reichsmark ausweist.

14. Oktober, Sonntag

Überführungsflug nach Travemünde. Start um 8.52 Uhr auf dem Bodensee in Friedrichshafen, rheinaufwärts und entlang der Nordseeküste. Landung um 15.10 Uhr vor Norderney. Unter dem Kommando von Fliegerkommodore *(Dienstgrad des Deutschen Luftsport Verbandes DLV, Tarnorganisation der Luftwaffe, Anm. d. Autors)* Friedrich Christiansen vom Reichsluftfahrtministerium fliegt Seeflugkapitän Fritz Kiessner das Flugschiff. Er ist sonst Ausbilder der Luft Hansa-Flugzeugführer in Travemünde. Insgesamt 19 Mitflieger sind an Bord der DO-X, darunter auch Navigationsoffizier Wilhelm Niemann, inzwischen Leiter der Navigationsabteilung der DVL in Berlin, und vier weitere Angehörige der alten Amerika-Mannschaft.

20. Oktober, Sonnabend

Weiterflug nach Wyk auf Föhr. »... *Unter der Führung von Fliegerkommodore Friedrich Christiansen traf das Flugschiff DO-X am Sonnabendvormittag um 11 Uhr ganz unverhofft vor der Wyker Reede ein und landete glatt auf dem Wasser. Das Flugschiff befand sich bekanntlich auf dem Fluge von Norderney nach der Ostsee. Fiede Christiansen hat auf dem Weg dorthin einen Abstecher nach seiner Heimatstadt Wyk auf Föhr gemacht. Die Nachricht vom Eintreffen von DO-X im Wyker Hafen verbreitete sich in Windeseile und war bald auf der ganzen Insel bekannt. Das Schiff wurde zur Besichtigung freigegeben. Wie beim ersten Besuch in Wyk wurde die DO-X auch diesmal wieder von unzähligen Menschen besichtigt ...«*

21. Oktober, Sonntag

Der letzte Flug des Flugschiffes DO-X 1b. Um 12.30 Uhr startet die DO-X von der Wyker Reede zu ihrem letzten Flug nach Travemünde. Dort trifft sie nach einer Stunde und fünf Minuten ein und wassert auf der Pötenitzer Wiek. Das Flugschiff wird in Travemünde-Priwall aufgelegt, und zum Jahreswechsel 1934/1935 erfolgt die Löschung des legendären Kennzeichens D-1929 der DO-X aus der Deutschen Luftfahrzeugrolle.

Letzte Stunden auf dem Bodensee. Vorbereitungen für den Überführungsflug nach Travemünde. Mit dem DO-Flug-Motorboot Altenrhein kommen Besatzung und Passagiere an Bord. Der »LUFT HANSA«-Schriftzug von 1933 am Bug ist übermalt.

1935

22. Januar, Dienstag

WGL-Vortrag von Wilhelm Niemann. Seit September 1933 leitet Kapitän Wilhelm Niemann die Navigationsabteilung der Deutschen Versuchsanstalt für Luftfahrt e. V. in Berlin-Adlershof. Er beginnt, seine DO-X Erfahrungen aus der Praxis terrestrischer-, funk- und meteorologischer Langstreckennavigation in praktische

Brauchbarkeit umzusetzen. Er will die 400-Grad-Teilung des Kreises, statt der 360 Grad, als dezimale Rechengröße einführen und findet dafür Anerkennung nach seinem Vortrag vor der 28. Mitgliederversammlung der Wissenschaftlichen Gesellschaft für Luftfahrt (WGL) in Berlin, wo er seine Arbeitsergebnisse präsentiert. Titel seines Berichts: »Langstrecken-Navigation in Luftfahrzeugen über Land und See im In- und Ausland«.

21. März, Donnerstag

Fliegertod von Wilhelm Niemann. Für 1935 plant der Navigationsoffizier der DO-X einen Alleinflug um die Welt. Dafür startet Niemann zu einem Übungsflug von Berlin aus, bei dem er in der Nähe von Beeskow, südöstlich von Berlin, notlanden muss. Bereits wieder auf dem Boden, reagiert seine Maschine unkontrolliert mit einem Satz nach vorn und verletzt ihn tödlich, als er mit dem Kopf auf den Kompass am Armaturenbrett aufschlägt. Nach einer Trauerfeier in Berlin, mit großer Anteilnahme offizieller Luftfahrtkreise, wird er auf dem Ohlsdorfer Friedhof in Hamburg beigesetzt.

Wilhelm Niemann während der Vorbereitungen zu seinem Weltflug, wenige Tage vor dem 21. März 1935, bei dem er mit seiner Maschine tödlich verunglückt.

Grabstein der Familie Niemann auf dem Ohlsdorfer Friedhof in Hamburg.

28. März, Donnerstag

Richard Wagner verunglückt auf dem Simsee. Erstflug- und Erprobungsflugzeugführer der DO-X-Flugschiffe Richard Wagner, Chefeinflieger der Dornier-Metallbauten GmbH, hat fliegerische Meisterleistungen bei den Überführungsflügen der DO-X 2 am 28. August 1931 und DO-X 3 am 13. Mai 1932 über die Alpen nach Italien vollbracht. Doch bei der Überführung eines Dornier-WAL-Flugbootes nach Jugoslawien erfüllt sich sein Fliegerschicksal. Er muss auf dem Simsee bei Rosenheim infolge einer Kühlerstörung notlanden. Aus größerer Höhe kommend, verschätzt er sich im Anflug auf den spiegelglatten See. Mit hoher Geschwindigkeit schlägt sein Flugboot auf dem Wasser auf, und Wagner verunglückt dabei tödlich.

Im April

Demontage für den Binnenwasserstraßentransport nach Berlin. Im Flender-Flugzeugdock der Erprobungsstelle Travemünde werden Leitwerk, Motorenanlage und Fläche sowie die Stummel und das Kommandodeck vom Rumpf des Flugschiffes abmontiert und auf Binnenkähne verladen. Per Flussdampfer-Schleppzug gehen der selbstschwimmende Schiffsrumpf der DO-X und die großen Teile auf Lastkähnen auf die Reise. Sie führt über den Elbe-Trave-Kanal, die Elbe und die Havel zum Berliner Westhafen.

Dornier-Chefeinflieger Richard Wagner, Erprobungs- und Überführungspilot der drei Flugschiffe vom Typ DO-X.

Nach tagelangem Weg über Flüsse und Kanäle: Ankunft des Dampfschleppers mit dem Rumpf der DO-X im Schlepptau. Im Berliner Westhafen kam der Torso für den Landtransport auf einen Spezialtieflader.

Berlin, 28. Mai 1935, um acht Uhr morgens: Knifflige Millimeterarbeit war nötig, um den »gerupften« Rumpf des Flugschiffes unter dem S-Bahn-Viadukt am Lehrter Bahnhof hindurchzubekommen.

27. Mai, Montag

Transport der Flugschiffsteile vom Westhafen zum Lehrter Bahnhof ins Museum. Kräne bugsieren die Lasten, zehn Tonnen schwer und 40 Meter lang, auf die extra dafür gebauten Transportanhänger. In der Nacht um 23 Uhr macht sich der ungewöhnliche Konvoi, von Traktoren gezogen, auf den Weg durch die Stadt. Dafür müssen die Stadtwerke zum Beispiel die Fahrleitungsdrähte der Straßenbahn vorübergehend entfernen. In einem späteren Bericht heißt es dazu: *»Der Weg führte über die Putlitzbrücke, deren Überquerung etwa drei Stunden in Anspruch nahm. Die nachfolgende Einmündung in die Stephanstraße erforderte weitere zwei Stunden. Somit ein sehr kompliziertes und zeitraubendes Unterfangen, das nur Spezialisten bewältigen konnten. Die weitere Streckenführung des DO-X-Transportes ab Stephanstraße führte über die Perleberger Straße, weiter über die Lehrter Straße zur Invalidenstraße. Dieser Abschnitt von etwa drei Kilometer Länge nahm weitere dreieinhalb Stunden in Anspruch. Am Morgen des Folgetages war eine letzte Hürde zu nehmen, welche für die den Bootsrumpf transportierende Mannschaft das größte Problem darstellte. Gleich dem sprichwörtlichen ›Kamel durchs Nadelöhr‹, bugsierte die Crew die kostbare Fracht unter dem S-Bahn Viadukt hindurch, zum Lehrter Bahnhof. Dort ohne Blessuren angekommen, wurde der Riese unter ebenfalls keineswegs einfachen Bedingungen wieder montiert und dem Publikum als Meisterwerk des Flugzeugbaus präsentiert.«*

Prunkstück der Deutschen Luftfahrtsammlung in Berlin. Der erste Blick nach Betreten der Eingangshalle fällt auf die DO-X.

1936

20. Juni, Sonnabend

Eröffnung Deutsche Luftfahrtsammlung, dem seinerzeit größten Luftfahrtmuseum der Welt, mit mehr als 120 Flugzeugen und Großobjekten. Prunkstück in der Eingangshalle des neu genutzten Ausstellungspalastes mit der Adresse Alt Moabit 4–10 in direkter Nähe des Lehrter Bahnhofs ist die DO-X. Heute steht auf dem damaligen Gelände des Museums das Bundeskanzleramt.

23. Mai, Sonnabend

Sie zählt zu den größten Luftfahrtausstellungen der 1930er-Jahre und ist als »Weltausstellung« anerkannt. Auf der »Internationella Luftfartsutställningen« (ILIS) in Stockholm ist alles vertreten, was mit der Luftfahrt zu tun hat, natürlich auch die Flugzeugbauer von Dornier. Die deutsche Luftfahrtindustrie spielt international noch nicht die bedeutende Rolle, die sie in den nächsten Jahren bekommen wird. Trotzdem gibt es viel Respekt vor den bemerkenswerten Leistungen, zu denen auch das flugzeugtechnische Spitzenprodukt DO-X gehört. Hier hat Claude Dornier die Möglichkeit einer internationalen Vermarktung noch nicht ganz zur Seite geschoben. So wird in Stockholm für die italienische Variante des Flugschiffs mit stromlinienförmig verkleideten Fiat-Motoren geworben. Ein großes Metallmodell der DO-X 2 ist der Blickfang auf dem Dornier-Stand in einer der Ausstellungshallen der ILIS, die sich auf 5300 Quadratmetern ausbreitet. Viel Wohlwollen bringt der schwedische König Gustav V. (1858–1950) den Bemühungen Dorniers entgegen. Er besichtigte die DO-X schon in Altenrhein im Frühjahr 1929 noch vor dem Erstflug der Weltsensation des Jahres. Während seines Rundgangs auf der ILIS besucht er auch den Dornier-Stand und fachsimpelt mit den Vertretern der Firma am Modell der DO-X 2.

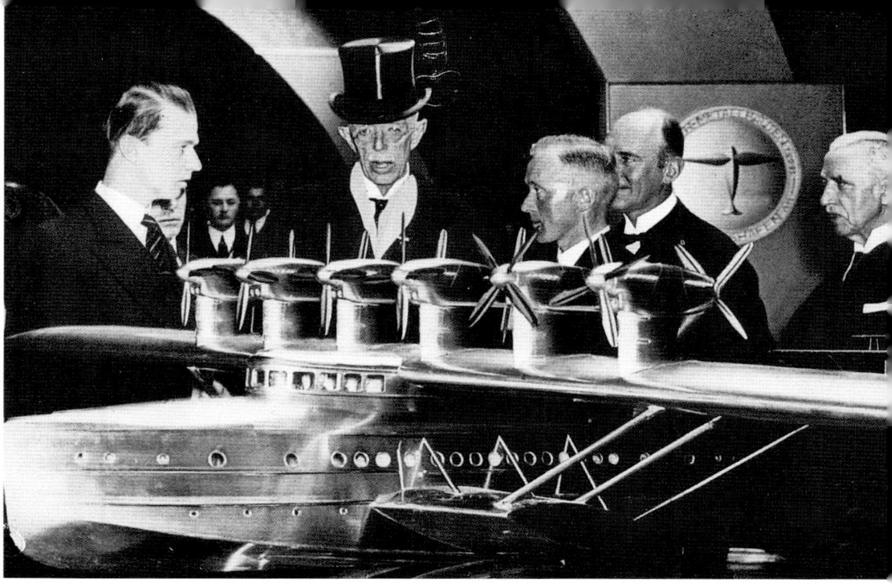

Seine Majestät König Gustav V. von Schweden (mit Zylinder) interessiert sich für die DO-X anlässlich einer internationalen Luftfahrtausstellung in Stockholm im Frühjahr 1936.

1938

4. März, Freitag

Fritz Wilhelm Hammer stirbt den Fliegertod. Südamerika-Kommandant und gefeierter Chef der DO-X-Besatzung in New York, Fritz W. Hammer, sollte bereits nach dem Brandunfall in Lissabon die Führung des Flugschiffes übernehmen – wogegen sich die Besatzung stellte. Er löste Friedrich Christiansen daraufhin in Rio de Janeiro ab und wäre wohl auch Kommandant für den Rückflug der DO-X nach Berlin geblieben, wenn nicht der Absturz des Dornier-WAL Olinda des Syndicato Condor mit drei Toten seine Anwesenheit als Direktor des Syndikats in Brasilien gefordert hätte. An diesem Freitag im März 1938 startet Fritz Wilhelm Hammer mit der JO 486, einer Junkers W 34 seiner ecuadorianischen Fluggesellschaft AERO SEDTA, und einer weiteren W 34 zu einem Erkundungsflug.

Er will die Reisezeit von Quito in 2700 Metern Höhe nach Guayaquil auf Meereshöhe von zwei Tagen auf anderthalb Flugstunden reduzieren. Dazwischen sind 4200 Meter hohe Pässe zu überwinden und einige Sechstausender zu umsteuern. Seine Maschine zerschellt am Nordhang des 6267 Meter hohen Vulkanes Chimborazo. Seine letzte Ruhe findet Hammer auf dem Deutschen Waldfriedhof von Quito, Ecuador.

1943

In der Nacht vom 23. auf den 24. November (Dienstag/Mittwoch)

Bombenangriff auf Berlin mit Treffern beim Museum. Während des ersten massiven Angriffs durch englische Bomber in der Nacht des 23. Novembers werden auch Teile der Museumsgebäude der Luftfahrtsammlung in Mitleidenschaft gezogen. Noch bleibt die »einsame« DO-X ohne Schäden. Die Großexponate des Museums sind schon im Sommer 1943 nach Hinterpommern an verschiedene Orte ausgelagert worden. Das Flugschiff lässt sich mit den Möglichkeiten der Kriegszeit nicht abtransportieren, und es bleibt an seinem Platz in der Eingangshalle.

1944

Frühjahr

Bei einem der vielen Nachtangriffe auf Berlin, von englischen Bombern geflogen, durchschlägt eine englische Luftmine das Hallendach über der DO-X und explodiert im Flugschiff. Es bleiben nur noch verbogene und zerfetzte Trümmer vom Flugschiff übrig.

In der von Bombenangriffen bereits demolierten Halle bleibt das Flugschiff anfangs von einer Zerstörung noch verschont.

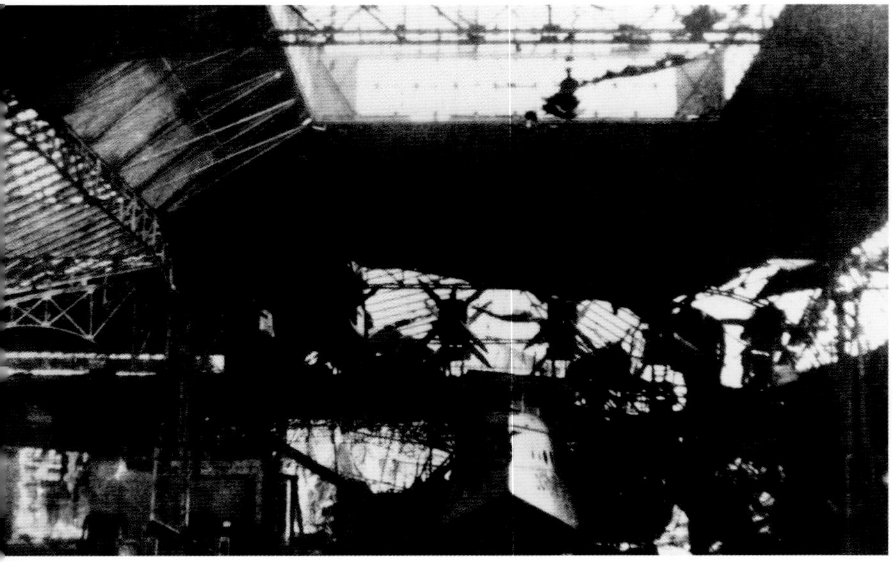

1946

In den Jahren 1946 und 1947 sind die Reste der DO-X »Anlaufstelle« für Metallverwerter und Souvenirsammler. Aus den Duraluminiumteilen fertigen pfiffige Improvisatoren der Nachkriegsjahre Aluminiumstangen für vielfältigen Gebrauch, zum Beispiel für Küchentabletts. Einige dieser metallenen Teile, letzte originäre DO-X-Hinterlassenschaften, sind heute in der Luftfahrtabteilung des Deutschen Technik Museums am Landwehrkanal in Berlin zu besichtigen.

1951

5. Dezember, Mittwoch

Erteilung der Abrissgenehmigung für die Ruinen der Luftfahrtsammlung. Bis zum Mai 1952 ist das Terrain vom Schutt und den letzten Überresten der Dornier DO-X geräumt. Wo der Aluschrott, der Stolz deutscher Flugzeugtechnik, landet, wird wohl für alle Zeiten im Dunkeln bleiben.

Nach der Totalzerstörung durch die Explosion einer Luftmine im Frühjahr 1944 bleiben nur noch verbogene Trümmer vom Flugschiff Dornier DO-X mit dem markanten Kennzeichen D-1929 übrig.

1980

Im März

Bei Baggerarbeiten für den Bau einer Autobahnbrücke kommen aus zehn Metern Tiefe Bruchstücke des DO-X-Leitwerkes an die Wasseroberfläche der Donau – nur wenige hundert Meter entfernt vom Lande- und Bruchpunkt der DO-X auf dem Kachlet-Stausee bei Passau am 9. Mai 1933. Nummern und Beschriftung weisen die Teile als eindeutig zum Flugschiff gehörend aus. Sie lagern seit April 2005 in der Luftfahrtabteilung des Deutschen Technik Museums in Berlin, für die Museumsbesucher gut sichtbar aufgestellt.

Quellen und Literatur mit Quellencharakter

Bundesarchiv, Berlin
Reichspostministerium: »Einrichtung und Aufhebung von Posthilfsstellen 1929–1939« (R 4701/18533)
Reichsfinanzministerium: »Reichsbeteiligung an der Dornier AG für Flugzeuge, Finanzierung der Entwicklung und des Baues des Flugbootes DO-X 1, Sanierung der Gesellschaft« (R 2/5596)
Dornier-Metallbauten GmbH, Stützung durch das Reich, Kosten der Indiensthaltung des Flugbootes DO-X 1931 (R2/5597)

Deutsche Lufthansa AG, Köln, Firmenarchiv
»DO-X-Flug«, Korrespondenz und Materialien zur Auseinandersetzung zwischen Horst Merz und Rudolf Cramer von Clausbruch. Zusammengestellt und kommentiert bis 1979 von Franz Preuschoff, DLH-Südatlantik-Pionier und erster DLH-Chefingenieur sowie Firmenarchivar nach dem Zweiten Weltkrieg

Dornier GmbH (jetzt EADS), Friedrichshafen, Unternehmensarchiv
Fotos, Korrespondenz und Berichte zur Geschichte der DO-X
Hier besonders:
»Wilhelm Niemann und das Flugschiff DO-X. Zum 60. Todestag von Kapitän Wilhelm Niemann am 21. März 1995«; fotokopierte Materialsammlung.
»Zusammenstellung der Starts und Flüge der DO-X für die Zeit 12.7.1929–14.11.1932«, Auflistung nach den persönlichen Unterlagen des DO-X-Bordwartes Ernst Brombeis

Niemann, Lena: Private Fotoalben und Interview

Ries, Karl: »Recherchen zur Deutschen Luftfahrzeugrolle«. Teil I = 1919 bis 1934, Mainz 1977

Literatur

Braunburg, Rudolf: Kranich in der Sonne. Die Geschichte der Lufthansa, München 1980

Brembach, Hellmuth (Hrsg.): Adler über See. Fünfzig Jahre deutsche Marineflieger, Oldenburg/Hamburg 1962

Dischl, Stahel u. a.: Schweizerischer Luftpost-Katalog, Handbuch. 2. Auflage, Zürich 1949

Dornier GmbH: DO-X 1929. Jubiläumsreprint der Sonderausgaben der Schweizer AERO REVUE von 1931 und 1932, Friedrichshafen 1979

Ders.: Dornier, eine Dokumentation zur Geschichte des Hauses Dornier, Friedrichshafen 1983

Dornier, Marcel: Palette meiner Jugend. Erinnerungen eines Malers, Starnberg 1993
Dornier, Tilgenkamp: DO-X. Das größte Flugschiff der Welt, Zürich 1931

Dornier-Post (Hauszeitschrift): Beilage: Durch dick und dünn mit dem Führer, Nr. 3, Mai/Juni 1939

DO-X-Weltreise-Bilder. 72 Sammelbilder mit Album der Peter Kölln Mühlenwerke, Elmshorn 1933

E-Stelle See. Die Geschichte der Flugerprobungsstellen Travemünde und Tarnewitz, Steinebach-Wörthsee o. J.

Gablenz, Carl August Freiherr von: D-ANOY bezwingt den Pamir. Ein abenteuerlicher deutscher Forschungsflug, Oldenburg 1937

Grieder, Karl: Dornier DO-X. Geschichte eines Riesen-Flugschiffes, aus: Der Lehrling, Schweizerischer Metall- und Uhrenarbeitnehmer-Verband 1974

Gütschow, Fred: Die deutschen Flugboote. Flugboote, Amphibien-Flugboote und Projekte von 1900 bis zur Gegenwart, Stuttgart 1978

Harms, Günter: Katalog der DO-X-Post 1981, Stuttgart 1981

Hindelang, Eduard (Hrsg.): Marcel Dornier. Gemälde – Zeichnungen – Graphik. Veröffentlichung des Museums Langenargen, Sigmaringen 1983

Hofbauer, Leder, Schmelzle: Die Welt der Überflieger. 75 Jahre Nordatlantikflug Ost–West, Bonn 2003

Höker, Paul Oskar: Im Dornier-Flugschiff DO-X, aus: Velhagen & Klasings Monatshefte, Heft 4, S. 539–546, Berlin 1930

Hormann, Jörg-M.: Elite im Dritten Reich. Die Geschichte der Deutschen Akademie der Luftfahrtforschung 1936–1945, Garbsen 1988

Ders.: Ein Schiff fliegt in die Welt. 75 Jahre Dornier-Flugschiff DO-X D-1929, Bonn 2004

Ders.: Zeppeline, Marineluftschiffe und Marineflieger. Museumsführer des Deutschen Luftschiff- und Marinefliegermuseums AERONAUTICUM, Nordholz, Hamburg 2001

Hormann, Kliem: Claus Bergen: Marinemaler über vier Epochen, Hamburg 2002

Hundert Jahre Deutsche Luftfahrt. Hrsg. Museum für Verkehr und Technik, Berlin/Gütersloh 1991

Italiaander, Rolf: Wegbereiter Deutscher Luftgeltung. Neun Lebensbilder, Berlin 1941

Langsdorf, Werner von: Flieger und was sie erlebten. Siebenundsiebzig deutsche Luftfahrer erzählen, Gütersloh 1935

Mantey, Eberhard von (Hrsg): Die Kapitäne Christiansen. Nach Logbüchern erzählt, Berlin 1933

Matthias, Joachim und Heinz: Tod und Sieg über den Weltmeeren. Das Buch der Ozeanflieger, Berlin 1939

Nagel, Alfred: Die beiden Luftriesen DO-X und D 2000. Zwei Wunderwerke deutscher Flugtechnik, aus: Monatshefte für Literatur, Kunst und Wissenschaft, Heft 3, September 1930

Pfister, Gertrud: Ein Leben zwischen den Welten: Antonie Strassmann – Ein biographischer Versuch, aus: Olympisch bewegt. Festschrift zum

60. Geburtstag von Prof. Dr. Manfred Lämmer, Köln 2003

Pletschacher, Peter: Großflugschiff Dornier DO-X. Eine Bilddokumentation über das erste Großraumflugzeug der Welt, 1929, 1. Auflage, Stuttgart 1979

Regnat, K. H.: Vom Original zum Modell: Dornier DO-X, Bonn 1998

Saris, Wilhelm P. B. R.: Deutsche Lufthansa 1926–1945. Geschichte, Bekleidung, Abzeichen, Norderstedt 1999

Strassmann, Wolfgang Paul: Die Strassmanns. Schicksale einer deutsch-jüdischen Familie über zwei Jahrhunderte, Frankfurt 2006

Tilgenkamp, Erich Dr. und Dornier, Maurice: Dornier DO-X D-1929. Mit dem ersten Flugschiff der Welt über drei Kontinente, Sonderdruck der Schweizer AERO REVUE , Zürich 1932

Tilgenkamp, Erich Dr.: Das Dornier-Flugschiff DO-X. Sonderdruck der Schweizer AERO REVUE, Zürich 1931

Wachtel, Joachim: Claude Dornier. Ein Leben für die Luftfahrt, Planegg 1989

Wuest, Walter: Sie zähmten den Sturm. 75 Jahre Aerodynamische Versuchsanstalt Göttingen, Göttingen 1982

Abbildungsnachweis

Claus Friedrich Bergen (© 2006 Bild-Kunst, Bonn): Seiten 61 o. und u., 62 o. und u.

Hector Cabezas, Frankfurt: Seite 110

Firmenarchiv Deutsche Lufthansa AG, Köln: Seiten 70 o.l. und u., 75 o.l., 86 u.

Deutsches Porzellanmuseum, Hohenberg/Eger: Seite 57

Firmenarchiv: Dornier GmbH, Friedrichshafen: Seiten 10/11, 12, 13 u., 14, 16 u., 17, 18 (3), 19, 20 o., 22, 26, 28 l., 29 m.l. und r., 30 (3), 31 o., 33 u.l., 34 o., 35 u., 36 u., 37 o. und u., 39 m., 41 o.l., 49 u.l. und r., 50, 51 o., 55 m., 56 u., 59 u., 63, 64, 65 u., 74 o., 77, 80, 82, 83 u., 84 u., 87, 89 o., 91 o., 94/95, 96 u., 97 o., 98, 99 o. und m., 100, 101 m., 102 o., 104 o., 109, 115 u.l. und u.r., 120 o., 122, 126, 129 (3), 135 o., 139 o., 141 o. und u., 142, 143 u., 147 o., 153 o., 157 u., 158, 159 o. und u., 160 u., 163 o. und u., 166 u., 168 u., 169 o.l., 175 u., 176 u., 181, 183 (3), 184, 186 l. und r.

Nachlass Robert Förster c/o Dr. Thomas Förster, Wismar: Seite 144 o. und m.

hofbauer media, Heidelberg: Seiten 34 u., 43 u., 53, 59 u.l., 102 u., 104 u., 105, 111 o., 119 u., 121 o., 145 u., 169 o.r, 173 u.l.

Archiv Jörg-M. Hormann, Rastede: Seiten 6/7, 15, 21, 24/25, 27 u., 31 m. und u., 33 u.r., 36 o., 37 m., 38 o., 39 u., 44 (3), 46/47, 49 m.r., 51 u., 52, 54, 56 o., 59 o., 60, 65 o., 66, 67, 68, 69 m., 70 o.r., 71 o. und u., 74 u., 75 o.r., 76, 78/79, 83 o., 86 o., 89 u., 90, 101 o. und u., 106 o., 107 o. und u., 108, 111 u., 114 o., 115 o.l und o.r, 116/117, 120 u.r., 121 m., 125 o., 130, 131, 132/133, 137 r., 138 (3), 141 m., 145 o., 146 m., 147 m., 149 m. und u., 151 o.l. und m., 157 o., 161 o. und u., 162, 165 o., 167 m. und u., 170/171, 172, 173 o. und u.r, 174 o. und u., 175 o., 176 o., 179 o. und u.r., 180, 185

Stadtarchiv Kiel, Kiel: Seiten 148, 149 o., 150

Dr. Volker Koos, Rostock: Seite 145 m.

L. Niemann, Hamburg: Seiten 9, 35 o., 41 r., 55 u., 69 o., 97 u., 106 u., 118 o. und u., 120 u.l., 125 u., 135 u., 139 u., 140, 143 o., 146 o., 147 u., 151 o.r., 168 o., 182 (2)

Foto Pamperin, Travemünde: Seiten 20 u., 23 o., 160 o.

Klaus D. Patzwall, Norderstedt: Seiten 42, 45, 69 u., 164 u., 165 u., 166 o., 167 o.

Archiv: Dr. John Provan, Kelkheim: Seiten 23 u., 27 o., 29 u., 32 o. und m., 88, 91 u., 96 o., 112, 137 l., 153 u., 164 o., 177 o. und u., 178 (3), 179 u.l.

Dr. Albrecht Schulte-Frohlinde, Düsseldorf: Seite 28 r.

Dr. W. Paul Strassmann, East Lansing, Michigan, USA: Seiten 119 o., 136

Sylter Archiv, Westerland: Seiten 154 o. und u., 155 o. und u., 156 o. und u.

ullstein bild, Berlin: Seiten 29 o., 32 u., 33 o., 43 o., 55 o., 58, 59 m., 84 o., 99 u.

Kai Winkler, Nordheide: Seiten 13 o., 16 o.

Evelyn Zegenhagen, Washington D.C. USA: Seite 114 u.

Nachlass Karl Alfred Ziegler c/o Dr. Klaus Daser, Salem: Seiten 38 u., 39 o., 40, 49 o.